班主任心育活动设计丛书

BANZHUREN XINYU HUODONG SHEJI 36 LI

初中卷

班主任心育活动设计36例

钟志农 主编

教育科学出版社
·北京·

本书编委会

主 编

钟志农

副主编

裘志平　杨昕珠

编委

丁玲琴	王雅兰	王志汝	王燕芝	习永玲
韦竹群	毛珊珊	毛杨镜	冯　剑	史　媛
史蓓蓓	叶云红	叶新春	叶玲玲	申　莉
白　瑶	沙士良	宋清儿	吴昊蔚	孙明锋
杜碧波	李少美	李晋芳	李安彬	李　静
李　岩	苏　林	邵爱莉	沈卫华	罗国兰
罗　莉	陆怡汝	郑　怡	郑金平	陈　浩
陈　华	陈雪勇	陈雪芬	金青青	徐亚男
胡为民	胡继宏	胡美如	张　玲	杨绿菲
俞永坚	赵红霞	赵卫卫	赵联苹	施叶娟
姜　琼	段旭雯	郝向荣	周建标	姚　进
黄　琦	黄杭娟	凌旭群	钱雪飞	顾少强
高　静	梁雪静	傅慧群	曹敏柱	霍黎碧
缪　群	董利平	董忠明		

目 录
CONTENTS

推荐序（张侃） | 001

总序　追逐心中的梦 | 003

初中心育活动课主题设计架构 | 007

◆ **活动模块一　学而有道**

○ **活动专题1　我能"尊师善相处"（顺应）** | 002

【活动参考目标】 | 002

【活动参考课例】

　　有心栽花花自开 | 002

【活动参考资料】

　　师生感情与教育效能 | 008

○ **活动专题2　我能"课堂勤参与"（主动）** | 009

【活动参考目标】 | 009

【活动参考课例】

　　尊重·专注·参与 | 009

【活动参考资料】

　　鼓励学生积极参与课堂学习任务 | 014

◎ **活动专题 3　我能"阅读和预习"（会读）** | 015

【活动参考目标】| 015

【活动参考课例】

　　学习无极限 | 016

【活动参考资料】

　　选择关键词来推动你的阅读和思考 | 022

◎ **活动专题 4　我能"听课和笔记"（善听）** | 022

【活动参考目标】| 022

【活动参考课例】

　　眼到、耳到、心到、手到 | 023

【活动参考资料】

　　笔记是整理和组织信息的手段 | 028

◎ **活动专题 5　我能"记忆和复习"（巧记）** | 029

【活动参考目标】| 029

【活动参考课例】

　　记忆快车 | 030

【活动参考资料】

　　增进记忆的方法 | 036

◎ **活动专题 6　我能"质疑和解疑"（探究）** | 037

【活动参考目标】| 037

【活动参考课例】

　　"狗与土拨鼠"的思考 | 038

【活动参考资料】

　　学贵存疑 | 044

活动模块二　和谐相处

○ **活动专题7　我能"同室不操戈"（克制）** | 046

【活动参考目标】 | 046

【活动参考课例】

　　请口下留情 | 046

【活动参考资料】

　　非暴力沟通的四个要素 | 051

○ **活动专题8　我能"交友和保密"（慎言）** | 052

【活动参考目标】 | 052

【活动参考课例】

　　人际交往的"吉祥三宝" | 052

【活动参考资料】

　　青春期早期的友谊问题极为敏感 | 058

○ **活动专题9　我能"道歉和让步"（和解）** | 059

【活动参考目标】 | 059

【活动参考课例】

　　人际关系的"润滑剂" | 060

【活动参考资料】

　　道歉是修复关系所必需的 | 065

○ **活动专题10　我能"大度和包容"（大气）** | 066

【活动参考目标】 | 066

【活动参考课例】

　　生活中总有误会 | 067

【活动参考资料】

　　宽恕是一种选择 | 071

◎ **活动专题11　我能"调解和劝导"（协调）** | 072

【活动参考目标】 | 072

【活动参考课例】

　　牵手此岸　沟通彼岸 | 072

【活动参考资料】

　　训练学生担任化解同伴冲突的调解员 | 079

◎ **活动专题12　我能"表达爱双亲"（通情）** | 080

【活动参考目标】 | 080

【活动参考课例】

　　沟通，从"说"开始 | 080

【活动参考资料】

　　对长辈的"十不准" | 086

◆ **活动模块三　豆蔻年华**

◎ **活动专题13　我能"举止更绅士（淑女）"（涵养）** | 090

【活动参考目标】 | 090

【活动参考课例】

　　悦纳自己的性别角色 | 090

【活动参考资料】

　　马克思谈男女性别形象 | 095

◎ **活动专题14　我能"持礼待异性"（持礼）** | 096

【活动参考目标】 | 096

【活动参考课例】

　　异性交往要有"礼" | 096

【活动参考资料】

　　异性交往礼仪 | 101

活动专题15　我能"知爱与慎爱"（识爱） | 101

【活动参考目标】 | 101

【活动参考课例】

　　"爱"，让我们等一等 | 102

【活动参考资料】

　　培根论爱情 | 107

活动专题16　我能"冷藏心中情"（冷静） | 108

【活动参考目标】 | 108

【活动参考课例】

　　穿越情感的风暴 | 108

【活动参考资料】

　　盲目陷入"青春恋"的危险 | 114

活动专题17　我能"不摘青涩果"（守范） | 114

【活动参考目标】 | 114

【活动参考课例】

　　花季宣言 | 115

【活动参考资料】

　　用正确的价值观抵制色情内容 | 121

活动专题18　我能"拒绝性骚扰"（自护） | 122

【活动参考目标】 | 122

【活动参考课例】

　　向性骚扰说"不" | 122

【活动参考资料】

　　应对性骚扰的"三部曲" | 127

活动模块四　　学海冲浪

活动专题19　我能"管好时间账"（理时） | 130

【活动参考目标】| 130

【活动参考课例】
　　科学管理周末时间 | 130

【活动参考资料】
　　和时间赛跑 | 135

活动专题20　我能"思维有导图"（明晰） | 136

【活动参考目标】| 136

【活动参考课例】
　　让你的思维跃然"纸"上 | 137

【活动参考资料】
　　知识网络与智力磁场 | 142

活动专题21　我能"查漏勤补缺"（反思） | 143

【活动参考目标】| 143

【活动参考课例】
　　"查"方知漏　"勤"可补缺 | 144

【活动参考资料】
　　反思是提高自律学习能力的有力工具 | 150

活动专题22　我能"自控增效率"（效能） | 150

【活动参考目标】| 150

【活动参考课例】
　　善自控者成大器 | 151

【活动参考资料】
　　没有手机时注意力最集中 | 157

活动专题 23　我能"学习重习惯"（习惯） | 158

【活动参考目标】| 158

【活动参考课例】

　　向好习惯说"hello" | 158

【活动参考资料】

　　初中生学习习惯自测 | 163

活动专题 24　我能"跳起够得着"（弹性） | 164

【活动参考目标】| 164

【活动参考课例】

　　把握自己的方向 | 165

【活动参考资料】

　　时刻提醒你自己坚持你的目标 | 170

◆ 活动模块五　　突破自我

活动专题 25　我能"上网懂节制"（节制） | 174

【活动参考目标】| 174

【活动参考课例】

　　QQ 的快乐与烦恼 | 174

【活动参考资料】

　　互联网吞噬时间 | 182

活动专题 26　我能"追星有理性"（达理） | 182

【活动参考目标】| 182

【活动参考课例】

　　我和我的偶像 | 183

【活动参考资料】

　　"偶像崇拜"是青春期的过渡性行为 | 188

活动专题 27　我能"自强挖潜能"（挖潜） | 189

【活动参考目标】 | 189

【活动参考课例】

　　掌声响起来 | 189

【活动参考资料】

　　一个发展中的人总是不断对自己提出挑战 | 193

活动专题 28　我能"逆境求奋起"（拼搏） | 195

【活动参考目标】 | 195

【活动参考课例】

　　阳光总在风雨后 | 195

【活动参考资料】

　　挫折和艰难能增强我们的力量 | 201

活动专题 29　我能"自信不攀比"（独行） | 202

【活动参考目标】 | 202

【活动参考课例】

　　做一只高飞的小小鸟 | 203

【活动参考资料】

　　五招增强你的自信 | 209

活动专题 30　我能"直面对现实"（求实） | 210

【活动参考目标】 | 210

【活动参考课例】

　　筑梦者和幻想者 | 210

【活动参考资料】

　　彻底做你自己 | 216

活动模块六　　迎接挑战

◎ 活动专题31　我能"不求太完美"（容短）| 220

【活动参考目标】| 220

【活动参考课例】
　　活出真实的自己 | 220

【活动参考资料】
　　识别完美主义信念 | 225

◎ 活动专题32　我能"培养好情绪"（稳定）| 226

【活动参考目标】| 226

【活动参考课例】
　　想法换一换，情绪大变样 | 227

【活动参考资料】
　　理性情绪疗法的三种辩论策略 | 232

◎ 活动专题33　我能"宣泄减压力"（纾解）| 233

【活动参考目标】| 233

【活动参考课例】
　　天使与魔鬼 | 234

【活动参考资料】
　　安其不安，安其所安 | 240

◎ 活动专题34　我能"放松与冥想"（守神）| 241

【活动参考目标】| 241

【活动参考课例】
　　进入心灵花园 | 241

【活动参考资料】
　　每天练习放松使你的身心感觉更好 | 247

活动专题 35　我能"正向做暗示"（自勉） | 248

【活动参考目标】| 248

【活动参考课例】

　　我们的心中充满阳光 | 248

【活动参考资料】

　　每天花半小时思考愉快的事情 | 255

活动专题 36　我能"临考好心态"（调心） | 256

【活动参考目标】| 256

【活动参考课例】

　　我来了，我看见了，我征服了！| 257

【活动参考资料】

　　准备一套简洁的自我激励语句 | 263

参考书目 | 265

后　记 | 267

推荐序

翻开这套《班主任心育活动设计丛书》中的一篇篇教案，读着钟志农老师精心设计的积极心理导向的心育活动主题架构，再回头来看他那篇文情并茂的自序，心里涌起许多感动。

我们知道，良好的心理素质是人的全面素质中的重要组成部分，心理健康教育是提高中小学生心理素质的教育，而健全的人格和正常的智力则是人们保持心理健康的基本条件。对于成长中的中小学生，尤其要注意通过能顺应学生成长"关键期"的心理训练，促进学生人格与智力两方面的积极发展，降低他们在发展过程中出现适应不良甚至是心理障碍的可能。因此，学校心理健康教育的主要任务，首先不是要解决"有没有心理疾病"的问题，而是要关注学生"发展是否正常"的问题，是要面向全体学生，通过开展系统的教育和辅导活动，促使他们的心理素质逐步得到提高。这样一个心理健康教育的总的指导思想，在这套丛书中得到了充分的体现。丛书针对小学1~3年级、小学4~6年级、初中、高中、中等职业学校不同阶段学生的年龄特点和发展需要，抓住了每个发展阶段中学生面临的主要发展任务，以班级心育活动课为载体，有计划、有重点地进行指导和训练，目标明确，思路清晰，架构完整，活动形式丰富多样，操作步骤具体翔实。相信这套系统、科学、实用的设计方案定将受到一线班主任和心理教师的热烈欢迎，对深入持久地开展中小学心理健康教育起到积极的推动作用。这是我想表达的第一个想法。

第二个想法，学校心理健康教育的基本导向应该是积极的。这几十年，我们国家的变化举世瞩目。而经济的发展、社会的发展，归根到底是为了人的发展。"提升国民幸福感"，已经成为国民经济"十二五"规划的核心目标之一，得到社会和各级政府的高度认可与关注。中小学心理健康教育同样要围绕这个核心目标，为提升下一代公民的幸福感服务，促使我们的孩子具有积极的自我意识，良好的社交能力，稳定的情绪心态，有效的自我控制能力，并对外界环境的刺激或压力有一定的耐受力及康复能力。近年来的心理学研究证明，通过对个体的"心理资本"进行干预与调整，将会直接影响个体主观幸福感、工作学习绩效和生活满意度。我高兴地看到，钟志农老师主编的这套《班主任心育活动设计丛书》，自始至终地贯彻了积极心理学的理念和导向，从健全人格和发展智力这两个层面上，引导学生在不同的成长阶段，努力学会不同内涵的"我能"，从认知、情感和行为三个维度，层层推进和积累学生的"心理资本"，这是应用心理学对建设和谐社会、建设幸福中国作出直接回应的一次有益的尝试。

钟志农老师曾长期在学校担任一线教师和班主任，后来又在校长、教育行政及教育科研部门任上历练数十载，其间从事心理健康教育研究与实践近二十年，既具备比较扎实的心理学理论功底，又拥有丰富的教育教学实践经验，而且至今仍深入学校心理辅导第一线耕耘不辍，是我国中小学心理健康教育领域难得的一位"复合型"专家。2007年他的著作《心理辅导活动课操作实务》出版后，即被各地教育行政部门和师范院校列为班级团体辅导师资培训教材。而此次他联合各省市中小学一线教师，精心编写推出的这套系列活动设计，更是他和几百位作者花了很多心血取得的成果。钟老师对180篇教案逐字审阅、酌定，精心修订、补正，一次次与作者沟通交流，花费了数百个日日夜夜。这位为教育事业默默奉献了四十余载的研究者和实践者这么做的目的，只是为了实现那个不断追寻的朴素的梦想：为了我们的孩子心灵健康成长，为了我们的教育回归到从"心"出发的本真！

我相信，从事学校心理健康教育的老师们，只要愿意在一个岗位或者在一门学科踏踏实实地奋斗下去，无论才华如何都可以取得一定的成就，都可以为社会作出独特的贡献，都可以得到社会充分的认可。钟志农老师的足迹可谓一个例证。

是为序。

国际心理科学联合会副主席
中国心理学会原理事长
中国科学院心理研究所原所长、教授、博导
张 侃
2011年11月24日于北京

总　序

追逐心中的梦

在我的心里，一直有一个梦。

其实，人生就是与梦相伴的。在我童年的时候，梦是带色彩的，五光十色，光怪陆离。二十几岁时，常是灰黄色的梦：灰黄色的土地，灰黄色的天空，天地间则是铺天盖地的黄尘，还有巴彦淖尔连绵不绝的沙丘……

到了五十几岁，我还是在做梦、寻梦。1993年，当时我根本不知自己人生航船的"定锚点"在何处。一个偶然的机会，我对"小荷才露尖尖角"的学校心理辅导产生了浓厚的兴趣。于是，我日间忙天忙地忙教研，晚上就开始编织自己的人生梦。经过一番"沙里淘金"，我为自己确定的第一个"定锚点"就是"初中生心理辅导目标体系的研究"，没想到，从此一发而不可收，踏上了一条漫长的寻梦之路。

后来的一切都是"做梦也没想到"：做梦也没想到，1999年，教育部颁布了《关于加强中小学心理健康教育的若干意见》，心理健康教育从此成了稳定的国家行为；做梦也没想到，有那么多的新生力量加入了心理健康教育专兼职教师的队伍；做梦也没想到，心育活动课从当初国内寥寥数人的自发探索，发展成开遍全国的心育之花；做梦也没想到，从教育部"若干意见"和"指导纲要"两个重要文件颁布后，整整十年过去了，却没能盼来一个系统的心育活动课的"课程大纲"……

于是，一线的心理老师们开始迷茫了、困惑了，大家只好凭着各自的理解，去思考何为"发展性、预防性的心理辅导"，何为"青少年成长的轨迹"。于是，心育活动课的随意性出现了，老师们只好自己熟悉什么内容就上什么内容,自己知道什么素材就使用什么素材,而学生成长中面临的一些困惑和需要却被严重地淡化或者是忽略了。于是,心育课堂里的单调、重复现象出现了:老太太的两个儿子卖草帽、雨伞,从小学卖到高中还没有卖完;处理消极情绪的办法从小学到高中都是"发泄、倾诉、睡觉、打球",而且不管年龄大小统统开讲"A-B-C"理论;不管是否真的需要,课堂上动不动就让学生闭上眼睛"冥想"放松……于是,老师们日渐感到备课资源匮乏,上课题材千篇一律,职业倦怠情绪慢慢滋生。

于是,这件事情让我辗转反侧了。

我做梦都在想,总有一天,我们的国家,我们的政府,能够出台一套从小学到高中一以贯之的心育活动课"课程标准",那样,老师们的心中就可以有一幅清晰的学生成长"路线图",就一定可以在开课方向和选题上有效地避免一再的"黑暗中的摸索与徘徊"!

我做梦都在想,总有一天,我们的教育能够真正做到"以心为本",把引导学生"学会做人、学会学习"放在第一位,而不是从早到晚"拴"住学生,让他们陷入无穷无尽的作业、考试、竞赛和补课中。那样,我们的教育就一定可以有效地提高下一代的心理素质和道德素养,我们中国人走出国门时就一定能够赢得世人由衷的尊敬,真正扬眉吐气!

我做梦都在想,总有一天,我们的家长、我们的老师、我们的领导干部,能够冲破那一团团扭曲孩子天性、扭曲教育本质、扭曲社会价值导向的障眼迷雾,让我们的家庭充满不再功利的亲情,让我们的学校回归不再功利的本真,让我们的社会不再充斥功利的迷思!

我做梦都在想,总有一天,我们的孩子,那千千万万可爱的孩子们,能够不用背负沉重的书包,能够不用终日埋头桌前林立的书山题海,能够不被父母们那用心良苦却收效甚微的唠叨声所淹没。到了那时,他们将更加自由地畅游书海,更加给力地龙腾虎跃,更加勇敢地塑造真我。到那时,他们一定会拥有真正欢乐的童年,一定会拥有真正灿烂的青春,一定会拥有阳光万里的前程!

怀着这样的梦想,去年 10 月,在北京的一次会议上,我向与会的领导率直进言:"一线的老师们盼望心育活动课的大纲早日出台,我们等了一个'十五',又等了一个'十一五'。现在,十年时间已经过去了,而老师们的教育生涯中能有几个十年?"

在激情的涌动中,我突然萌发了一个大胆的想法:在官方的权威方案颁布之前,为什么不可以先从民间做起?

事实上,我从去年4月份开始,就在酝酿一个发展性心育活动课的"六六工程",并且已经在两所中学、两所小学里加以实践与探索。所谓"六六工程",就是指每个学期开出6节心育活动课,每个学段6个学期,共开出36节课,形成一个有系列、有规划的发展性、预防性心育课程体系。这些心育主题完全针对学生的发展需要,从小学到高中,共设计144个专题,再加上中等职业学校的"六六工程",总共有180个系列性的开课主题,而且力求避免重复。

回头想来,这真是一个宏大的"工程"!在这个过程中,如何建立一个符合本土国情的发展性心育活动课主题架构,是最为劳神费时的,可以说让我到了"殚思竭虑"、"如痴如醉"的地步。尤其是这180个主题中,有100个以上的主题都是新的切入口、新的视角、新的立意,是以往十多年间心育活动课中没有被认真关注或者只是被粗线条关注的主题。单单是这一点,就表明我们是在开辟一条充满荆棘的"心"路。

参与这套丛书教案设计的290多位老师,90%以上是一线的班主任。尽管他们对于心育活动课经验不足,但他们对学生现状的了解,他们对探索"以心为本"教育路径的热情,与这套丛书的读者群——中小学班主任却肯定是息息相关、脉脉相通的。

说到"心育活动课",就是"心理健康教育活动课"的简称。"心育"的概念是班华教授和燕国材教授在20世纪90年代中期最早提出来的。如燕国材就说:"心育即心理教育的简称。亦可称为心理素质教育,甚至可称为心理健康教育。"[①] 所以,书名和正文内数百处相同概念我均表述为"心育活动课",以求简洁。

为了帮助班主任尽快地把握心育活动课的设计规律,我们以团体辅导活动的四个阶段(团体热身阶段—团体转换阶段—团体工作阶段—团体结

---

① 燕国材. 教育十论——我对教育问题的一些基本看法 [M]. 北京:中国建材工业出版社,1998:360.

束阶段）作为基本体例，这样等于给初涉心育活动课的班主任递上了一根"拐杖"。关于这四个阶段的操作性含义，请读者参阅丛书的理论分册《探寻学生心灵成长"路线图"——中小学心育活动课程开发指南》，这里就不再赘述了。但是要强调的是，这四个阶段的体例设计是帮助初学者"入门"的，不可将其理解为一种僵死的"套路"。换句话说，"入格"是为了"合格"，"合格"是为了"出格"。

在每一个活动专题的开头，我们都提供了"活动参考目标"，这些目标的操作性定义请见丛书的理论分册；中间是"活动参考课例"，以备班主任借鉴之需；最后是"活动参考资料"，目的是拓宽班主任在这一专题上的理论视野或提供某些活动素材。

这个世界上有很多的事情，我们总以为可以慢慢来，今天做不了，可以等到明天去做。反正明天的太阳还会升起，反正事情既然这样一天一天拖过来，也就可以这样一天一天拖下去。但是也许有些人会突然发现，有那么一天，在你一松手、一转身的时候，事情突然会完全改变了。

所以，追逐我们心中的梦想，恐怕"一万年太久，只争朝夕"！

只是我不知道，梦境与现实，到底哪一样能够令人更为满意？但不管是"痴人说梦"也好，"梦想成真"也好，我是一个"追梦人"。用当下时髦的话说，我算得上是一个追梦追到"骨灰级"的心理健康教育的"发烧友"。

可我相信，怀抱梦想、追逐梦想而百折不回的同道，一定有千千万万！那就让我们互相呼唤着，鼓励着，从脚下的土地上开始，朝着我们的梦想，一起奔跑吧！

钟志农
2011 年 11 月 15 日于钱塘江畔

初中心育活动课主题设计架构

——引导初中生学会36个"我能"

心育总目标	埃里克森人格发展关键期	活动模块及阶段目标	活动主题	积极心理品质发展重点	适用年级
1. 提高全体学生的心理素质 2. 充分开发学生的潜能 3. 培养学生乐观、向上的心理品质	"自我统合"的关键时期 发展顺利则个体会有明确的自我观念与自我追寻的方向	活动模块一 学而有道 阶段目标：掌握初中学习方法，帮助学生尽快适应初中学习生活	我能"尊师善相处"	顺应	初一年级，以初一上学期为主
			我能"课堂勤参与"	主动	
			我能"阅读和预习"	会读	
			我能"听课和笔记"	善听	
			我能"记忆和复习"	巧记	
			我能"质疑和解疑"	探究	
		活动模块二 和谐相处 阶段目标：提高初中生人际交往水平，促进他们的自我意识健康发展	我能"同室不操戈"	克制	初一、初二年级，以初一下学期为主
			我能"交友和保密"	慎言	
			我能"道歉和让步"	和解	
			我能"大度和包容"	大气	
			我能"调解和劝导"	协调	
			我能"表达爱双亲"	通情	
		活动模块三 豆蔻年华 阶段目标：开展青春期教育，促进初中生异性之间的正常交往	我能"举止更绅士（淑女）"	涵养	初一、初二、初三年级，以初二上学期为主
			我能"持礼待异性"	持礼	
			我能"知爱与慎爱"	识爱	
			我能"冷藏心中情"	冷静	
			我能"不摘青涩果"	守范	
			我能"拒绝性骚扰"	自护	
		活动模块四 学海冲浪 阶段目标：预防因学习受挫而衍生的行为问题，帮助学生提高元认知能力，减少学业上的两极分化	我能"管好时间账"	理时	初一、初二、初三年级，以初二下学期为主
			我能"思维有导图"	明晰	
			我能"查漏勤补缺"	反思	
			我能"自控增效率"	效能	
			我能"学习重习惯"	习惯	
			我能"跳起够得着"	弹性	

（续表）

心育总目标	埃里克森人格发展关键期	活动模块及阶段目标	活动专题	积极心理品质发展重点	适用年级
4. 促进学生人格的健全发展		活动模块五 突破自我 阶段目标：调整自我概念，增强学习信心，减少学业挫败带来的逃避行为	我能"上网懂节制"	节制	初二、初三年级，以初三上学期为主
			我能"追星有理性"	达理	
			我能"自强挖潜能"	挖潜	
			我能"逆境求奋起"	拼搏	
			我能"自信不攀比"	独行	
			我能"直面对现实"	求实	
		活动模块六 迎接挑战 阶段目标：找到合理的目标定位，增强自我同一性，以良好的心态迎接成长道路上的第一次重大挑战	我能"不求太完美"	容短	初一、初二、初三年级，以初三下学期为主
			我能"培养好情绪"	稳定	
			我能"宣泄减压力"	纾解	
			我能"放松与冥想"	守神	
			我能"正向做暗示"	自勉	
			我能"临考好心态"	调心	

说明：一般说来，每个学期大致安排8节心育活动课，其中，6节可在上述主题总体设计架构内选择，2节为校本心育活动课，由班主任或心理教师根据本地、本校实际情况（例如城乡区别、地域区别、学校类型区别、生源区别，等等）设计主题。

◆ 活动模块一

学而有道

阶段目标：

掌握初中学习方法，帮助学生尽快适应初中学习生活。

适用年级：

初一年级，以初一上学期为主。

活动专题 1 | 我能"尊师善相处"(顺应)

【活动参考目标】

1. 了解与理解

使学生对师生沟通有一个正确的认识,了解师生之间离不开彼此的沟通,顺畅的师生沟通能尽快消除误会,改善师生关系,提高学习生活的质量。

2. 尝试与学会

(1) 引导学生遇到各种师生矛盾情境时能尝试多角度考虑问题。

(2) 帮助学生学会处理与教师发生误解或矛盾时的基本技巧。

3. 体验与感悟

(1) 通过不同的同学对师生矛盾的不同态度与处理方式,来体会事物的多面性,尝试感悟生活中的辩证法。

(2) 通过活动感悟到,在和教师沟通不畅时,如何守住"不拿学科赌气"的底线,把师生矛盾的损失降到最低限度。

【活动参考课例】

有心栽花花自开
——我能"尊师善相处"

活动理念

进入初中以后,学生首先要面对的就是适应教教师、新同学、新环境的问题,尤其是和教师的关系直接影响到了学生的学习和生活的质量。本节课旨在通过活动,让学生感受到和教师沟通的重要性,同时初步学会如何处理和教师沟通不畅的基本技巧,并能将其运用到日常学习生活中去。

> 活动准备

　　课件；白纸两张（撕纸游戏用）；座位6人小组排列。

> 活动过程

一、团体热身阶段：撕纸小游戏

　　1. 游戏"撕纸"

　　（1）教师引导：所有同学必须闭上眼睛；所有同学不能讲话。然后根据教师的语音提示撕纸，再请大家把撕好的纸打开，小组内的同学互相看看：撕出的图案一样吗？

　　（2）改变规则，重新做一次。这一次的规则是：所有同学必须闭上眼睛；听不明白的指令可以提问。然后请大家把撕好的纸打开，小组内的同学互相看看：撕出的图案一样吗？

　　（3）全班分享：这一次比上一次进步的最重要的原因在哪里？

　　2. 教师小结

　　这个游戏说明沟通在人际交往中有很重要的作用。作为学生，交际的对象主要是同学、家长和老师，今天，我们就一起来探讨一下我们如何与老师相处。（出示课题）

二、团体转换阶段：小林"打蔫"了

　　1. 案例讨论

　　（1）出示案例。

　　小林，初一（3）班学生，平时比较调皮。一天英语课上，年轻的英语老师王老师说："昨天的作业还有4个人没交，是哪4个人？"这时，小林在下面嘀咕了一声："傻帽！何止4个？"王老师很生气地走到小林面前，把作业本往小林的桌子上一扔，说道："你数数看，到底几个！"小林把手一甩，作业本都被他推到地上。"捡起来！"王老师生气地说。"我就不捡！"小林也不甘示弱。"我看你捡不捡！"王老师去拉小林，"我就不捡！"小林用力推了王老师一把。"你们班的英语没法上了！"王老师气得走出了教室。

教室里一下就炸开了锅,同学们马上分成了以下几派。

"挺林派":小林,你太帅了,把老师都气走了!

"倒林派":小林,你怎么把老师都气走了?快去道歉。

"煽风点火派":小林,这次你惨了,等着处分吧!

"告状派":老师怎么可以这样?我们去找校长。

"理智派":快点去找班主任。

(2)小组讨论:处于舆论中心的小林,接下来该怎么做呢?(讨论后学生回答)

(3)教师引导:我们很多同学都提到了要向老师道歉,小林到底怎么做的呢?(投影出示案例续1)

小林慢慢地走到英语老师办公室门口,正准备推门的时候,听到办公室里王老师正愤怒地向同事抱怨:"这个小林,太没教养了,气死我了!"

教师提问:好不容易鼓起勇气的小林,此刻他会怎么选择呢?(学生回答)

(4)教师引导:从刚才的交流中,很多同学都理智地选择了坚持进门道歉。而事实上,在这样的情况下,有些人就可能因愤怒而控制不了自己——我们的小林就这样委屈地离开了……(投影出示案例续2)

小林扭头离开了,在操场上挨到下课。后来被班主任老师找到,在班主任的劝说下,小林和班主任一起找到王老师,表达了自己的歉意。

第二天,王老师在课堂上也对她昨天过激的行为表示了歉意。同学们都认为这场风波就这样过去了。

没想到,从此以后,大家发现小林慢慢变得不愿意和别人交往了,上英语课也经常精神不振,成绩也一落千丈……

教师提问:小林这是怎么了?(小组讨论,全班交流分享)

2. 案例引申

(1)小组讨论:刚才同学们很热烈地谈了自己的意见,我们现在回过头来再看:小林不是道歉过了吗?他的心结为什么没有打开呢?(学生回答)

（2）教师引导：小林表现反常，"打蔫"了，于是班主任又找他了，那么有效果的沟通应该具备什么样的前提条件？（学生回答）（投影出示案例续3）

班主任：小林，你最近精神状态不好，人也内向了很多，是不是心里有什么困惑？可以跟我谈谈吗？

小林：我觉得王老师对我冷淡了，我不知道她是不是对我还有意见。

（3）小组讨论：如果你是小林，此时你会怎么做呢？（小组讨论，全班交流分享）

（4）刚才大家都帮助小林想了很多好的办法，那么我们一起来看小林是怎么做的。（投影出示案例续4）

在班主任老师的鼓励下，小林走进了心理辅导室。在老师的帮助下，小林又真诚地给王老师写了一封信，向她诉说了自己的困惑。王老师看到信后，立刻找到小林，真诚地说："都是老师不好，对你关心不够，害你这么长时间都没能静下心来读书。"小林也终于打开了自己的心结，眼眶里闪动着感动的泪花。

（5）教师点评：师生之间天天打交道，有时难免出现矛盾或误解。如果不及时处理好，就会既伤害同学，也伤害老师。虽然小林最后和王老师重归于好，但是他也付出了沉重的代价。因为对于刚刚进入初一的同学来说，最大的危害可能就是因为反感老师而反感这位老师教的科目，最后影响到自己上这门课时的积极性和学习成绩。这是一个值得深思的教训。所以，一旦和老师出现了矛盾或误会，我们必须积极、主动、真诚地和老师进行沟通。那么，该怎么做呢？

三、团体工作阶段：天使与魔鬼

1. 经历回顾

请同学们闭上眼睛，先深呼吸进行放松，然后细细回想一下自己的成长经历，再完成句子。

我曾经和_____老师有过矛盾，因为_____。

2. 角色扮演

（1）活动说明：6人小组活动，一位同学扮演"凡人"，要求具体地说出一件引起他与教师矛盾的事件；4名同学分别扮演两名"魔鬼"和两名"天使"。"魔鬼"的任务是只考虑学生自身感受，发泄情绪；而"天使"的任务则是给凡人一些好的应对建议，并分析这样做的理由。最后一名同学充当组织者和观察员，维持活动的秩序，同时记录"天使"和"魔鬼"的主要观点。

（2）教师示范：老师先来做一个简单的示范，老师充当"凡人"，来说一件让我与同学产生矛盾事情。然后请4位同学上来，分别试着来当一下"天使"与"魔鬼"，感受一下活动的基本要求。（示范中教师适当指导）

（3）小组角色扮演：先由"凡人"说出他的事件，然后"魔鬼"和"天使"轮流发表意见，主持人维持秩序和记录，10分钟后，活动停止。

3. 展示反馈

（1）教师引导：同学们交流得很深入，接下来我们请几个小组把你们刚才说的向大家展示一下。

（2）小组自愿上台展示角色扮演。

（3）展示之后教师询问"凡人"的感受：听到"魔鬼"的言论感觉怎样，自己有过这样的想法吗？听到天使的感受呢？天使的哪一句话最让你感觉良好？

（4）教师点评：把刚才大家展示的意见归纳起来：一是要理解老师教这么多学生很不容易，有时难免焦虑上火；二是自己可能有过失，应该反思自己；三是对老师有意见也应该当面沟通为好，不能怄气；四是对老师的表情、语气不要过于敏感，老师考虑的事情比较多，有时忽略自己可以理解；五是相信老师能理解和包容学生，老师若有做得不对的地方，也会做自我批评。

四、团体结束阶段：牢记"不怄气"

1. 沟通无效不赌气

（1）教师引导：但是，世界上的事情是复杂的，有时候，师生矛盾的责任也可能在老师方面，而我们同学主动沟通的努力有时候也可能会"碰壁"，这时候我们该怎么办?

（2）小组讨论：和老师沟通无效该怎么办？

（3）全班分享，也可争论。

（4）师生沟通无效同样是常见的。此时要牢记守住一条"底线"，就是不和老师"怄气"。要知道师生之间如果真正对立起来，受伤害最严重的肯定是学生，学生很可能"带着情绪进课堂，怀抱反感看老师"，这样做的结果，可能就是这一门学科的成绩就"全线崩溃"了。所以，无论怎样，请记住，"不拿一门学科的成绩去和老师赌气"！

2. 送上"三颗心"

（1）投影出示"三颗心"。

（2）教师小结：在此，我也代表所有的老师送给大家三颗心：一是"爱心"。所有的老师都是爱你的，也许他有过过激的言行，但是他的内心里

一定是真心地希望你健康、快乐成长的！二是"恒心"。不要因为一次沟通失败而放弃努力，很多时候沟通是需要多次的。三是"信心"。相信老师一定是通情达理的，相信你一定能和老师沟通好，相信你一定能把这门学科学好！我相信，只要师生都拥有这三颗"心"，大家一定能顺利化解彼此间的误会，让师生成为好朋友。

> **活动反思**

该活动着眼于刚进入初中的新生。初一新生往往面临学科增多带来的学业压力，以及班级人数增多所带来的受关注程度减小等方面的问题。由于缺少沟通的经验和技巧，一旦和教师产生误会，他们很容易导致学业成绩下降，甚至出现厌学情绪，进而引发更严重的问题。因此，我们在活动设计中，以"学生和老师万一沟通不畅怎么办"为本节课的重点来引导学生进行讨论。而在操作过程中，考虑到学生可能对沟通的办法了解不多，因此我们通过案例（续4，见本书第5页），帮助学生打开思路，学生的想法就活跃了很多。最后的团体结束阶段，再次把"沟通无效"的问题从正面提出来，引导学生感悟"赌气"、"怄气"是得不偿失的。

在学校里，处理好师生矛盾的主要责任应该在教师身上，因为学生还是

未成年人，如果把调整关系的重点都放在增进学生的沟通技巧上，是很难有成效的。但对学生又不能不进行这方面的教育和训练，这就是上这节心育活动课在理念上要特别注意的地方。如果一味要求学生该如何如何做，一点不涉及教师方面的问题，那么学生是不会真心投入这节课的。所以，要特别注意团体结束阶段提出的"沟通无效不赌气"这一内容，不可轻轻带过，因为，也许这一小段时间才是这节课的重心所在。

（浙江省富阳市永兴中学　姚进　王志汝）

【活动参考资料】

师生感情与教育效能

在学校中，学生往往是先喜欢教师，再喜欢教师所提供的教育。他们很注重对教师的整体感觉是"喜欢"还是"不喜欢"，然后再来决定对教师的教育是"接受"还是"不接受"。这种现象也符合通常的人际关系规则。在人际关系的规则中，有一条最重要的原则，那就是一个人事业上的成功，只有15%是由于他的专业技术，另外的85%要靠沟通技巧。因为人是充满感情的，有各自的需求和欲望，有不同的兴趣和偏好，有自己独特的心理空间。师生交往时，如果教师伤害了学生的自尊和感情，学生与教师的人际关系必然僵化，那么，教师无论有怎样的良好用心，学生也不会接受了，并从内心深处对教师产生很大的抵触感。当学生喜欢一个教师后，对这个教师所给予的教育影响会产生很大的接纳感，会带着良好的情感来正面理解教师的语言，接受教师的要求。因此，学生是先喜欢教师，再喜欢教师所提供的教育，接受教师所施加的教育影响。

（唐思群 等：《师生沟通的艺术》）

活动专题 2 | 我能"课堂勤参与"(主动)

【活动参考目标】

1. 了解与理解

使学生懂得在课堂上积极举手回答问题都是为了激活大脑,而不是为了证明自己有一个正确的答案。

2. 尝试与学会

通过活动让学生初步学会在课堂上具有互相尊重、耐心倾听、包容歧见的正向人际行为,共同构建良好的课堂氛围。

3. 体验与感悟

体验因大脑被充分激活后带来的学习效率提升的畅快感。

【活动参考课例】

尊重·专注·参与
—— 我能"课堂勤参与"

活动理念

初中生在入学之初能否适应良好,直接影响到他们能否尽快改变小学养成的学习模式,以初中生特定的学习方式、学习能力参与到学习活动中来,而这将直接关系到他们能否从一开始就避免陷入"因学业适应不良"导致"被分化"的黑色旋涡。而入学适应能力的一个重要方面是"化被动为主动",提高课堂听课效率。只有改变被动听课方式,采取积极参与课堂活动、勇于举手发言、认真倾听同学观点等主体性学习方式,才能大大提高课堂学习效率,克服因"走神"、注意力分散引发的学习效率低下的问题。本节心育活动课就是为此目的而设计的。

> 活动准备

分组：4~6人一组；制作课件；准备视频（美国励志影片《死亡诗社》剪辑）；准备短剧表演；准备配乐诗朗诵。

> 活动过程

一、团体热身阶段：春风入课堂

1. 观看视频

（1）播放由罗宾·威廉斯主演的美国励志电影《死亡诗社》（又名《春风化雨》）片段。视频内容简介：

影片中的基廷老师来到一所非常正统的贵族学校，设计了一系列极具冲击力的课堂活动，引导学生积极投入到课堂师生互动之中，学生内心沉睡已久的自我逐渐开始苏醒。在课堂上表现胆小逃避的学生托德在基廷老师的激励下，转瞬间奇迹般地成了诗人。他的创造力就如同开闸的洪水，滔滔不绝；犹如突然喷发的火山，势不可当。教室里鸦雀无声，很长时间后，同学们才如梦方醒，爆发出热烈的掌声……

（2）小组讨论：这一段视频给你留下的印象最深的是什么？这样的课堂你喜欢吗？你会用怎样的关键词来描述你欣赏的这种课堂氛围？

（3）全班分享。

2. 教师点评

同学们肯定喜欢这样的课堂，在这样的课堂上，同学们的学习潜能会如同火山的岩浆一样奔涌出来。把你们刚才描述这种课堂氛围的关键词概括一下，就是：民主的、开放的、平等的、尊重的、轻松的、活泼的、生动的、和谐的、幽默的、积极参与的、师生互动的，等等。

二、团体转换阶段：交流须专注

1. 心理小短剧

（1）教师引导：课堂首先是语言交流的场所，所有的知识信息都要通过语言来传递。而语言传递的效果最终要体现在接受信息的学生"听"进了、"听"懂了多少。所以，专注于"听"，是提高课堂学习效果的第一道关。

(2) 心理小短剧表演：《小 A 的苦恼》

（旁白）小 A 是位篮球迷，上星期天她看了一场 NBA 的球赛，比赛在湖人队与奇才队之间展开，最终湖人队以 100∶97 获胜。湖人队的科比·布莱恩一直是小 A 的偶像，科比全场拿到了 34 分，表现非常出色。星期一，小 A 兴奋地想告诉同学们这个好消息。

情境一：星期一，刚进学校，小 A 就遇到了同学小 B。她走上前拍拍小 B 的肩说："嗨！昨天湖人队胜了，科比表现好神勇！……"小 B 很不耐烦地打断小 A 的话："别当我不知道，100∶97 是不是？科比不过就拿了 34 分，有什么了不起！"小 A 只能怏怏不乐地走开了。

情境二：在学校食堂门前，小 A 遇到了同学小 C。小 A 上前说："昨天的 NBA 看了吗？""没有，结果怎么样？"小 C 一边说话，一边东张西望，一会儿又挖挖耳朵，小 A 忍无可忍地叫道："你怎么可以这样，不跟你讲了！"小 C 也大声地说："不说就不说呗！我又没求你讲！"

情境三：走进教室，同学小 D 正在做作业，小 A 走上前去对他说："昨天的 NBA 一定看了吧！""嗯。"小 D 点点头。以后小 A 每讲一句，小 D 就点一次头以示赞同。最后小 A 问："你觉得科比打得怎么样？""啊？你刚才在说什么？"看着小 D 一脸的茫然，小 A 顿时失去了谈论的兴致，怏怏地走开了，自言自语地说："怎么没有人能好好地听我说呢？"

2. 剧情探析

(1) 小组讨论：小 A 为什么很苦恼？

(2) 请剧中人小 A 谈一下，他所经历的事情，他的感受是什么，不专注的倾听者有哪些表现（提示：姿态、眼神、动作、语言、表情……）。

(3) 教师点评：不专注倾听的具体表现有：不感兴趣、漠不关心、不断插嘴、抢着说话、不耐烦，等等。不专注的倾听是对讲话者的不尊重，不专注的倾听会阻塞信息交流的通道。反之，人们认真倾听我们说话，对我们来说就是一份特殊的礼物；做个专注的倾听者，会为你赢得更多的朋友。

三、团体工作阶段: 参与在课堂

1. 课堂参与的第一要义是专注"听"

（1）教师引导：生活中的倾听技术在课堂学习中显得更为重要。一个学生在课堂上能不能专注倾听老师的讲课内容，能不能专注倾听同学的课堂发言，直接反映了他的课堂参与深度。

专注的倾听者包含五要素：
- 诚心：抱着谦虚态度听。
- 专心：仔细听，不要一心二意。
- 用心：捕捉对方话语中隐含的深意。
- 耐心：不要轻易插嘴。
- 应心：适当的回应，鼓励对方。

（2）小组讨论：如果你是正在课堂上发言的同学，你希望班里的同学们如何倾听你的观点？如果你是课堂里的其他同学，你觉得别人在发言时应该如何表现你的倾听？

（3）全班汇报分享。

（4）教师点评：课堂上，专注的倾听者包含五个要素：诚心、专心、用心、耐心、应心。

在课堂上，不专注的听课者会给自己的学习效率大大减分；而若是能做一个专注的听课者，你就会为自己的积极参与大大加分。

2. 课堂参与的第二要义是敢于"说"

（1）教师引导：课堂专注地倾听（包括听老师讲，听同学说）是积极参与课堂的前提条件。如果我们认真"听"了，就一定会有自己的想法、看法，想要表达出来。于是就可能会有一种不吐不快的"说"的冲动。

（2）小组讨论：当你想举手回答问题的时候，你的机体感受（比如心跳、血压、脸色、肢体）会有怎样的变化？你在情绪、心态上会有一种怎样的体验？这些变化说明了什么？

（3）全班分享。

（4）教师点评：大家说的"心跳加快"、"血流上涌"、"脸色发红"、"肌体紧张"等表现，正说明我们的整个机体，特别是大脑部位，被充分地激活了。这个时候，我们的注意力会更加集中，思维速度会变得更加快捷，头脑会变得格外清醒。

3. 如果"说"错了怎么办？

（1）教师引导：回答问题不可能总是正确的，有时出错的几率还比较高。这时候该怎么办？

（2）投影案例。

赵晓莉上初中后,爸爸经常嘱咐她:课堂上要积极举手回答问题,这样脑子才会动得快,成绩才能有进步。但是有一次上数学课,赵晓莉主动要求上黑板解方程式,结果出现错误,下面立刻有同学小声议论说:"出什么风头?不懂装懂!"赵晓莉立即觉得当众出了丑,脸涨得通红,眼泪直在眼眶里打转……

(3)小组讨论:你在课堂上有答错问题受到嘲笑的时候吗?你当时心里是怎样想的?我们应该怎样对待这种主动举手回答问题却遭遇挫败的事情?

(4)全班分享。

(5)教师点评:要把举手回答问题看成一个展示自己的机会,一个锻炼思维能力、语言表达能力的机会;看成是一个与老师交流、与同学交流、与自己交流的机会。

4. 头脑风暴:"参与性课堂格言"荟萃

(1)教师引导:请大家在小组里讨论一下,在班里我们应该形成怎样的共识,才可以打消大家怕答错问题被人嘲讽的顾虑。每个小组至少想出三句简洁明了的"参与性课堂格言"。

(2)小组群策群力,想出的"参与性课堂格言"越多越好。

(3)全班分享"名句荟萃"。

(4)教师点评:老师也与大家分享一句"参与性课堂格言":"举手的目的是为了激活脑子,而不是证明自己有一个正确的答案。"

四、团体结束阶段:尊重"听"与"说"

1. 美文欣赏:《马路上的蟋蟀声》(配乐朗诵)

有一位长年住在山里的印第安人,因为一次特殊的机缘,接受一位纽约的朋友邀请,去纽约做客。当纽约朋友带着印第安人走出机场准备穿越马路时,印第安人突然对纽约的朋友说:"你听到蟋蟀的叫声了吗?"纽约的朋友笑着说:"您大概坐飞机太久了,这机场的引道连接到高速公路,怎么可能有蟋蟀的叫声呢?"

又走了几步路,印第安人又说:"真的有蟋蟀!我清楚地听到了它们的声音。"纽约的朋友笑得更大声了:"您瞧!那边正在施工打洞,机械的噪音那么大，怎么会听得到蟋蟀的叫声呢？"印第安人二话不说，走到斑马线旁安全岛的草地上，翻开一段干枯的树干，招呼纽约的朋友观看那两只正在高歌的蟋蟀！

纽约的朋友当场露出了难以置信的表情，直呼不可能："你的听力真是太好了，能在如此吵闹的环境中听到蟋蟀的叫声！"印第安人说："你也可以啊！每个人都可以的！我可以向你借几个硬币来做个实验吗？""可以！当然可以！我口袋里有各种大小的硬币，您全拿去用吧！"纽约的朋友很快把钱掏出来交给印第安人。"您仔细看着，尤其是那些眼睛原本没朝我们这儿看的人！"说完话，印第安人把铜板丢到柏油路上，突然，有好多人转过头来看，甚至有人开始弯下腰来捡硬币。

"您瞧！大家的听力都差不多，不同的是，你们纽约人专注的是钱，而我专注的是自然与生命。所以，听到与听不到，完全在于有没有专注地听。"

2. 教师小结

无论是"听"还是"说"，都要用你全部的身心去专注于它们。在课堂上更是这样，你全身心专注于"细听"，意味着你对老师和同学的尊重；你全身心专注于"敢说"，意味着你对自己的尊重。一句话，全身心投入的"听"和"说"，都应该受到我们的尊重，只有充满尊重的课堂才是和谐的课堂。

（浙江省杭州市惠兴中学　郑金平）

【活动参考资料】

鼓励学生积极参与课堂学习任务

建立一个鼓励积极参与、阻止违纪或逃避任务行为的学习环境，这种方法能够推动任务参与的程度。有六个任务"对课堂管理的成功是关键的：（1）组织具有建设性的班级环境；（2）建立班级的规则和步骤；（3）管理过渡期；（4）管理课堂作业；（5）与学生进行全面的交流；（6）教授亲社会行为"(Rathvon,1999)。研究表明,如果教师在第一年中先发制人地构建学习环境,并在这方面投入了很大的精力,那么在之后的几年中,学生会更加积极地参与学习任务。与此类似,如果在构建有利于学业成功的班级环境时,教师花费了较少的精力,那么学生可能会较少地参与课堂任务,并且出现较多的破坏行为。而当学生出现破坏行为时,教师最终会分配大量的时间,主要是干预不良行为而不是引导良好行为,学生参与的程度也随之下降。并且,对教师来说失控之后再重新控制并不是容易的事,这远比提前建立起建设性的环境并保持这种环境要困难。因此,为了促进学生的参与和学业的成功,我们应该把构建课堂环境看做是一种预防策略,这种策略包含了相互联系的许多方面,并且在学年开始时就开始实施。

(迈瑞尔 等:《21世纪的学校心理学》)

活动专题 3 我能"阅读和预习"(会读)

【活动参考目标】

1. 了解与理解

(1)了解自己存在的不良阅读习惯,如慢读、指读、复读和回跳等。

(2)知道初中生阅读与预习能力的基本要求,如浏览扫读、逐节详读、复述概括等。

2. 尝试与学会

初步学会阅读预习的基本技巧和各种符号标记。

3. 体验与感悟

通过阅读训练和交流,感受与原来的阅读方法、预习方法的不同之处,从而养成良好的阅读与预习的习惯。

【活动参考课例】

学习无极限
——我能"阅读与预习"

活动理念

进入初中以后，学生除了身心发生巨大的变化之外，还面临着如何改变小学时的学习方式来适应初中学习需要的重大转折。其中，能否学会阅读既是学习活动的重要前提，又是预习环节中的关键所在。基于这样的认识，本课通过具体的材料和活动来对学生进行阅读训练与指导，旨在引导学生认识原有阅读方式的不完善之处，并初步学会科学的阅读与预习方法，从而帮助学生改善学习方法，提高初中学习活动的效率。

活动准备

游戏道具：扑克3副，剪刀6把；阅读情况调查表；阅读材料（1～3）每人1份。

活动过程

一、团体热身阶段：扑克造塔

1. 游戏规则

每小组准备扑克20张，剪刀一把，2分钟内完成任务，比哪一组的扑克塔更高，更有创意。

2. 分享游戏感受

做事要讲究方法；要突破常规思维；互相合作、互相鼓励也很重要。

3. 教师点评

的确，做任何事情方法都很重要，方法加上你的创造那就能无往不胜！回顾过去，同学们在小学已经学习6年了，老师想问大家，你们学会"读书"了吗？今天，你们"读"初中了，但是否认真想过：该怎样"读"这个初中的"书"呢？所以，今天让我们先来学会"阅读与预习"，它可以让我们在初中阶段的学习"发展无极限"!

二、团体转换阶段：阅读初探

1. 探讨"阅读"的内涵

（1）教师引导：你对"阅读"两个字如何理解？

（2）学生自由发表意见后，教师点评："阅"，就是看。"阅读"，就是边看边读，就是一个"看书并理解书中内容"的过程。

（3）投影。

英国著名心理学家、教育学家东尼·博赞认为，阅读包括7个部分，即识别（文字的认知）、吸收（眼睛看到，传至大脑）、内部融合（把看到的信息加以联系）、外部融合（把看到的内容和以前拥有的知识结合起来分析、批判、选择、鉴赏和摈弃）、保留（把看到的信息储存起来）、回忆（需要时把储存的信息反馈出来）、交流（把信息投入应用过程，如写作演讲等创造性表达）。

2. 自我测评：你会阅读吗？

（1）小组内完成阅读情况调查表。

下面是一些关于阅读习惯和阅读技能的小测验，请回答"是"或"不是"。

逐字逐句地阅读有助于理解。（　　）

应努力百分百地理解所读的内容。（　　）

当阅读时，眼睛必须不停地逐行浏览所读的内容。（　　）

当阅读漏掉了某些内容时，必须回头把它弄清楚之后再往下读。（　　）

当遇到文章中的重要内容时，应该做笔记，以便于记忆。（　　）

笔记内容主要为句子和所读信息的有序列表。（　　）

应在身边备一本词典，以便遇到不认识的字时立即查阅。（　　）

只是看过，从不在书上留下痕迹。（　　）

阅读后看完就算，用不着和别人交流。（　　）

喜欢出声阅读。（　　）

（2）学生统计自己填写的"是"、"不是"的个数，然后与组内同学交流自己的阅读方法和预习方法。

（3）教师解释测试结果："是"的个数越多，你的阅读方法越有问题。每个问题反映了某些不良的阅读习惯，如1、3、4、5、7涉及阅读的速度，存在慢读、指读、复读、回跳、干扰等影响速度的行为；2、6、8、9、10涉及阅读的理解力问题。

3. 尝试阅读

（1）学生阅读材料1：鲁迅小说《一件小事》（节选，此处文字略）。

（2）学生交流阅读情况，指出存在的问题，如缺少质疑、符号不详等。

（3）投影出示：一位北京特级语文教师的《一件小事》阅读笔记。

"我这时突然感到一种异样的感觉，觉得他满身灰尘的后影，刹时高大了，而且愈走愈大，须仰视才见。而且他对于我，渐渐的又几乎变成一种威压，甚而至于要榨出皮袍下面藏着的小来。"

（深刻的自我剖析）（自私渺小的我）

（4）研讨：学生在组内进行阅读笔记的对比，找出差距，分享体会。

（5）全班交流，如我们的差距在于不会使用各种阅读符号、缺少理解和点评、对原文某些段落没有思考"为什么"，等等。

（6）教师点评：有效的预习就是要读仔细，并用好符号，做好记录。有句话说"不动笔墨不看书"，做记号能提高读书效果。

三、团体工作阶段：阅读再探

1. 浏览扫读

（1）教师引导：如果阅读对象是一本书，要先浏览封面信息（书名、作者、出版单位）、内容提要、目录、序言和后记；然后"扫读"标题、摘要等，以把握书本的内容和大致结构。

如果阅读的是一篇课文，"扫读"时要抓住关键词、摘要、标题、讨论、图表等有代表性的内容，首段和结尾段也是"扫读"的重点，从而把握主题、重点和逻辑结构。

（2）"扫读"训练。要求说出摘要、关键词。

学生阅读材料2：《生命中的三盏灯》（王虎林）

大学留言册的扉页,是恩师赠我的留言。虽然只寥寥数语,却字字珠玑,闪耀着智慧的光芒。多少年来,它们就像三盏灯,照亮我前进的路。

第一盏灯:志存高远。人的一生中,你求上,有可能居中;你求中,则有可能居下;而你若求下,则必定不入流。所以在人生起步的时候,立志必须高远。要学雄鹰展翅飞,不效燕雀安于栖。只有这样,才能激发你生命的潜能,步步为营,逐渐走向辉煌。

第二盏灯:把握当下。昨日如流水,一去不回头。对过去空流泪、徒伤悲,不但于事无补,反而会消沉了意志,浪费了精力。而不可及的明日,太缥缈,不可捉摸。正确的方法就是关注现在,把握当下。只有这样,你才能有所作为,不负此生。

第三盏灯:永不气馁。人的一生中,有许多无法预料的苦难悲伤,就宛如层层乌云,铺天盖地压来。如果就表面看来,它们十分强大势不可当,但这一切并不可怕。而最可怕的是人的萎靡不振。这正是许多人失败的真正原因。

三条赠言,是我生命中的三盏灯,它们永远高悬在我人生的航船上,指引我躲开迷茫、失望、悲伤这些暗礁,鼓励我乘着智慧、欢乐、信心鼓起的风帆,在人生的大海上,向一个又一个更高更远的目标前进。

2. 逐节详读

(1)教师引导:详读时注意三个方面:

提问——将标题转换成问题。

细读——圈点画线,边注眉批。

思考——疑点标注"?"。

阅读中的圈点、画线等符号记录是阅读者的思维痕迹,也称"痕迹阅读法"。心理研究表明,"痕迹阅读"能把人的注意、记忆、想象等心理因素调动起来,从而形成阅读学习的内动力,变被动阅读为主动阅读,变一般性阅读为深层阅读,是一种非常有助于提高阅读能力的方法。

(2)出示投影。

常用的"痕迹符号"有——

●用直线号"_____"或黑点,标示重要内容。

- 用曲线号"﹏﹏﹏"标示特别内容。
- 用连圈号"。。。。。。。。"标示佳句。
- 用小三角"△"标示关键性字词。
- 用惊叹号"！"标示精彩语段的欣赏。
- 用问号"？"标示质疑。
- 用交叉号"×"标示文中的错误或对作者的否定。
- 用括号加批语，标明读者的鉴赏意见。

使用符号也可根据自己的习惯，自己编制，创造出其他的符号。不过一旦使用就要一用到底。另外，无论用什么符号，都要注意不可随处勾画，到处都是要点反而没有重点了。当然，"痕迹阅读法"仅限于阅读自己的书。

（3）分小组在下面的阅读材料上进行"痕迹阅读法"训练，包括在组内质疑问题。

学生阅读材料3：《秋雨》片段（张爱玲）。

雨，像银灰色黏湿的蛛丝，织成一片轻柔的网，网住了整个秋的世界。天也是暗沉沉的，像古老的住宅里缠满着蛛丝网的屋顶。那堆在天上的灰白色的云片，就像屋顶上剥落的白粉。在这古旧的屋顶的笼罩下，一切都是异常的沉闷。园子里绿翳翳的石榴、桑树、葡萄藤，都不过代表着过去盛夏的繁荣，现在已成了古罗马建筑的遗迹一样，在萧萧的雨声中瑟缩不宁，回忆着光荣的过去。草色已经转入忧郁的苍黄，地下找不出一点新鲜的花朵；宿舍墙外一带种的娇嫩的洋水仙，垂了头，含着满眼的泪珠，在那里叹息它们的薄命，才过了两天的晴美的好日子又遇到这样霉气薰薰的雨天。只有墙角的桂花，枝头已经缀着几个黄金一样宝贵的嫩蕊，小心地隐藏在绿油油椭圆形的叶片下，透露出一点新生命萌芽的希望。

3. 复述概括

（1）教师引导：请注意了解上文主题；能看出作者从几个层面来分析讨论，每个层面有哪些重要观念；对本节讨论做概要的结论。

（2）学生分组对阅读材料3进行复述概括训练。

四、团体结束阶段：阅读升级

1. 阅读故事：一张宣纸造就一个书法家——体会"用心"与"悟神"

（1）投影出示故事。

宋代米芾，幼时在书馆苦学三年写字未成。一日听说有个书法很不错的秀才进京赶考路过此地，便特去求教。秀才看完他临帖的一大沓字后，说："跟我学字可以，但需买我的宣纸，五两纹银一张，拿回去写，三天后再来。"米芾听后先是吓了一跳，怀疑他有心难为人，但终是学字心切，狠狠心掏出五两纹银买了秀才一张宣纸捧回家。因惜纸贵，久久不敢提笔练字。只用没蘸墨汁的笔在书案上画来画去，想着每个字的间架和笔锋，竟似将字印活在心中一般，渐渐入迷，不知三日已过。这天秀才来了，叫米芾写个字给他看，米芾提笔写了个"永"字，竟然大有进步，漂亮极了。秀才问其为何三日没写一字，答说："因怕浪费了……"秀才笑道："对，写字不只是动笔，还要动心；不但观其形，更要悟其神，现在你已懂了写字的诀窍。"便提笔在纸上添写"永不忘，纹银五两"。又掏出纹银还给米芾，出门走了。从此，米芾谨记这位启蒙老师的教诲，终于成为宋代著名的大书法家。

（2）学生分享感悟："用心"成就"成功"，"悟神"悟出"功夫"！

2. 教师小结

如果我们想要更多的玫瑰花，就必须种植更多的玫瑰。如果我们想要更多的稻谷，就必须清除稻田里的稗草。如果我们想要"学习无极限"，就必须学会阅读与预习！

> 活动反思

本节心育活动课本着为学生适应中学打好基础的目的设计内容，活动设计符合学生的身心特点。首先，通过游戏感悟方法的重要性；然后通过测试、预习练习明白自己在阅读方面存在的问题；再通过具体的材料进行阅读方法的训练，有的放矢。材料不仅是阅读训练的载体，本身也是对学生进行德育教育很好的内容。通过活动，学生对阅读预习的科学方法有了基本的了解，相信定能通过具体学科的实践来使自己形成良好的"阅读与预习"的习惯。

（浙江省杭州市惠兴中学　罗国兰）

【活动参考资料】

选择关键词来推动你的阅读和思考

在报纸和杂志文章中,开头和结尾的几段常常包含了大部分重要的信息,而中间的段落则是些细节。如果你所阅读的材料是这种类型的话,那么在略读时,应集中在开头和结尾的一些段落。

……

你可以使用两个窍门,帮助你理解和保持注意力。

第一个窍门是在阅读时,为每一段的主题和次要主题设定一个关键词。这种练习将迫使你在阅读时深入材料并思考。最终,你的目标应该是在不中断阅读的情况下,提高你选择这些关键词的能力。

用这些关键词,特别是采用思维导图的形式,你就完全有可能记住整本书的全部细节。事实上,与图像相关联的关键词将为你的思维导图提供基本的构件。

第二个窍门是当你通读一个段落时,把第一句与其余部分联系起来,并问自己:这一段是介绍,还是过渡、总结,或是它与后面的词句实际上没有任何关系。

(博赞:《快速阅读》)

活动专题 4　我能"听课和笔记"(善听)

【活动参考目标】

1. 了解与理解

(1) 了解"学会听课、学会笔记"在初中学习过程中的重要性。

（2）梳理听课过程中的问题与困难，懂得一些基本的听课规范。

2. 尝试与学会

（1）通过活动，使学生了解克服课堂分神的要领是"眼到，耳到，心到，手到"。

（2）能够主动尝试和学会不同的笔记形式，基本学会记笔记的操作性要求。

3. 体验与感悟

通过活动，让学生感受听一堂课实际上是一种多感官并用联动的过程。

【活动参考课例】

眼到、耳到、心到、手到
——我能"听课和笔记"

活动理念

通过调查，刚进初中的学生面对的主要问题有："课程越来越难了，作业越来越多了，竞争越来越激烈了，自己的独立自主能力越来越强了，但是上课容易走神，作业总是质量不高……"，很多同学会乱了阵脚，不知道怎么处理初中的学习问题。所以引导学生学会学习是适应初中学习的第一步。在学习过程中，预习、听课、复习、作业、订正、反思等步骤中最重要的就是听课（当然也包括笔记）。

活动准备

课前调查，发现学生中课堂笔记比较有特色的样例；搜集规范化课堂笔记的范例，拍成照片；准备课件、实物投影；座位安排：按6人小组排列，并给每一个组员编号。

活动过程

一、团体热身阶段：眼疾手快

1. 给数字画线

（1）活动规则：请学生用准备好的白纸，把老师报的数字写到白纸上，每组都是一连串的数字，每组数字老师会有不同的游戏指令。数字仅报一次，每组数字的游戏规则也仅报一次，看哪位同学能在最短的时间内完成要求。例如：

在某个数字下画线，如在"8"下画线，4875578268681440826810372648528。

在两个相同的数字下画线，如6609875534799342992239667573397。

在两两相邻数字下画线，这两两相邻的数字是其和等于10的两个数字，如25964587365591542875370910 8746。

（2）活动开始，看谁心静、眼疾、手快。

（3）展示结果之后，请学生分享经验或体会。

2. 教师点评

在刚才的分享中，大家谈到首先要集中注意力，听清楚游戏规则，记录正确的数字组，才能确保最快完成要求。同样的道理，课堂上，我们听课最大的敌人就是注意力不集中，那我们究竟可以通过什么方法来提高课堂学习效率呢？

二、团体转换阶段：趣味小测验

1. 趣味测验

（1）教师引导：为了更好地了解大家的学习状况，我们先来完成一个综合小测试。请每组的1号同学从桌子里拿出试卷发给组里的每个同学。请你们估算一下，做完这样一张测试卷最快需要多少时间（学生可能回答"20分钟"）。

（2）测试要求：A. 每个同学先把试卷浏览一遍。B. 答题时要求安静、迅速、准确。C. 完成的同学请举手示意老师。（大部分同学马上开始埋头做试卷，争做最快的那一个。其实试卷的最后有提示："仅做试卷的第一大题。"）

（3）测试反馈：2分钟内有学生完成、举手。因为听了老师的测试要求先浏览试卷，看清了考试要求。大多数同学因为注意力不集中，走神，没听到老师的指令，导致事倍功半。

（4）教师点评：课堂上，大家可以通过"听"获取有效信息；另一方面，"看"也是获取有效信息的最直观的途径。但是对于大部分同学而言，最困难的是如何集中注意力去听，去看。注意力涣散往往导致思维力度不够，观察不细致，记忆不精确，它是影响课堂效率的最重要的负面因素。

2. 头脑风暴

（1）教师引导：大家都有上课不能专心致志、容易走神的苦恼，那我们是否有自己独特的克服上课走神的方法呢？在小组里分享一下，注意：只说自己的方法，不反驳别人的说法。组长把大家的经验记录在纸上。

（2）小组讨论，组长反馈。

（3）教师点评：

①自我暗示法。比如，用自言自语的方式提醒自己。

②情景想象法。比如，把课堂想象成自己是在某场重大的考试中。

③培养间接兴趣法。比如，为自己树立一个目标。

④积极注意法。比如，大多数同学选择记笔记或者积极参与到课堂活动中。

三、团体工作阶段：眼到、耳到、心到，还需"手到"

1. 案例分析

（1）展示案例。

李老师身边有一个同学小王，平时上课反应很活跃，举手很积极，老师很喜欢；而且每次作业也都不错，但是考试成绩却不是很理想。小王的妈妈觉得很奇怪，就仔细观察了，发现他做作业、复习都很认真，而且他每次考试时都能很快复习完。于是妈妈去学校找老师了，后来老师去翻了这位男生的课本，恍然大悟，原来……

（2）各抒己见：你觉得李老师究竟发现了什么？（学生可能回答：没有任何笔记；笔记很乱；笔记很简单；没有抓住重点和难点；课后没有及时整理笔记……）

（3）教师点评：从小王的学习习惯和成绩效果中，我们可以发现，听课和笔记十分重要，认真记好笔记，不仅能够提高我们的课堂效率，也直接影响我们的学习成绩。

2. 展示样例、范例

（1）教师引导：在克服上课走神的方法中，很多同学提到了记笔记和参与课堂活动这两种。因为大家觉得这两个方法既能帮助抓住课堂重点，又能督促自己不断思考。当然，每个人记笔记的方式各不相同，老师课前从同学当中收集了一些大家自己最满意的笔记。我们来看看这些同学记笔记都有些什么技巧。比如，是不是老师说的都要记下呢？是不是记在任何地方都可以呢？

（2）以实物投影仪出示学生课堂笔记的样例多份。

（3）小组讨论、分析、比较、总结。

学生1：老师写在黑板上的一定要记下来。（板书：记提纲，按图索骥）
学生2：不理解的地方一定要注上记号。（板书：记疑难，课后追根寻源）
学生3：来不及记的地方空缺，但是先仔细听。（板书：及时补充）
学生4：老师的讲解也要有选择地记，特别是重点部分。（板书：记重点，有的放矢）

（4）教师点评：一节课关键是跟着老师的思路听课，然后记笔记。但是，每个人都难免笔记记得不快或记得不完整，所以我们要学会用一些符号来节约写笔记的时间，或者突出笔记中的重点部分。比如，【】（）＝＝〒↑↓☉●○◎★☆■「」◆◇▲△▼▽……；或者用一些自己看得懂的压缩信息来替代完整信息，比如，用"社——"来代表"社会主义"，等等，让笔记具有自己的特色。其次，下课后要及时整理笔记，及时回忆有关信息。同时，还要仔细审阅笔记，对错字、错句或者记得不确切的地方进行修改，使笔记有"准确性"。再次，对笔记内容进行提纲式排列，体现其内在的逻辑性，使笔记具有条理性。最后，还要省略无关紧要的笔记内容，使笔记具有简明性。

（5）展示范例。教师逐一向学生展示不同类型笔记的范例图片，请学生表达他们对不同类型笔记的看法，并让学生即兴给这一类型的笔记起一个名字。

（6）教师点评：大家平时记笔记要讲究方法，强调"眼到、耳到、心到、手到"。同时还要注意选择合适的笔记类型，如，批注式、框架式、树形式、图表式和网络式等。众多笔记类型中，没有哪一种是最好的。但只要适合自己的学习特点、适合这门学科的学科特点，那就将是收效最大的。

四、团体结束阶段：现场比赛

1. 学以致用

（1）教师引导：今天大家通过一些游戏与活动，发现了许多克服课堂分神的好方法，尤其是及时做好课堂笔记。那么多课堂笔记形式中，到底哪一种适合你，每位同学的想法和选择肯定不一样。下面，我们来一个现场比赛，请你选择一种你喜欢的笔记形式，来参与这次比赛，看看效果如何。

（2）老师简介郁达夫生平，学生练习记课堂笔记。

郁达夫，1896年12月7日出生于浙江富阳县满洲弄的一个普通家庭。兄弟三人，大哥干农活，二哥打工。七岁入私塾，九岁便能赋诗。1908就读于富阳县立高等小学，1910年考入杭州府中学堂，与徐志摩是同学，后又到嘉兴府中学堂和美国教会学堂等校学习。1913年，考入日本东京第一高等学校医科部。他通五门外语，分别为日语、英语、德语、法语、马来西亚语。1921年6月，郁达夫和郭沫若、成仿吾等人组织成立创造社，编辑《创造季刊》，同年10月，出版我国第一部白话短篇小说集《沉沦》。郁达夫在进行文学创作的同时，积极参加各种反帝抗日组织，先后在上海、武汉、福州等地从事抗日救国宣传活动，并曾赴台儿庄劳军。1938年底，郁达夫应邀赴新加坡办报并从事宣传抗日救国，星洲沦陷后流亡至苏门答腊，因精通日语，被迫做过日军翻译，其间利用职务之便暗暗救助、保护了大量文化界流亡难友、爱国侨领和当地居民。因其在南洋从事抗日活动，最终遭日本宪兵逮捕，1945年9月17日被秘密杀害于印度尼西亚的苏门答腊。

（3）现场效果反馈：教师可提问在某一年，郁达夫做了什么事，文章中一共提及了几个人物，等等，并请学生复述自己笔记的要点，教师给予评价和鼓励。

2. 教师小结

从这个现场比赛中我们可以发现，听课过程中的笔记确实十分重要。我们要规范自己的课堂习惯，集中课堂注意力，不仅要从"听、看、思"三个方面监督自己，更要选择适合自己的笔记形式，认真记好笔记，让"眼、耳、心、手"多感官并用联动，这样才能提高学习效率，取得优异的成绩。

> 活动反思

拿到这个主题时，最初备课时是把"会听课"分为"听、看、思和笔记"四个方面来阐述的。每一个点设置一个活动，希望给学生留下深刻的体会，以期通过这些技巧训练达到知识与方法的内化。但考虑到对学生而言，这些听课的技巧从理论上大家都了解，关键是如何让学生有更加深刻的体验性的认识，并且能够把这些认识渗透到平时的听课习惯中。所以最初的课堂思路试教后收效并不明显。由此想到学生课堂上最大的困惑就是如何克服课堂分神的现象。另一方面，学生对课堂笔记的作用和课堂笔记的技巧从没有一个完整的思考，只知道要记课堂笔记，但又很容易变得很盲目，手忙脚乱，抓不住重点，无法平衡听课和记笔记这两个活动。学生更需要的是记笔记的过程和模式这些实践性的指导。

根据调整后的设计，整节活动课采用了小组合作的课堂形式，而且活动设计比较有趣，所以学生兴趣比较浓，课的氛围比较活跃，特别是在笔记的形式和技巧方面，学生有了明显的进步，收到了良好的效果。

（浙江省富阳市永兴中学　李少美）

【活动参考资料】

笔记是整理和组织信息的手段

你在听和读的时候，要把做笔记当做整理和组织信息的手段。做笔记是由一系列复合行为组成的、由每个人独立完成的过程。它并不是简单地在纸上写字那种被动记录的行为，而是一种通过整理、分类来帮你记住信息的手段。有效的记笔记策略包括突出主要思想、组织要点、比较和对照相关关系，以及抓典型等。为此在做笔记过程中你要进行观察、聆听、回顾、组织和记录。世上找不出两个用完全相同方式记笔记的人，因为每个人对相关的主题和老师都持有不同的信念和态度，他或她自身的偏见和想象、精神状态和聆听技巧，都是影响个人记笔记过程的因素。

这里有几套笔记系统能够在你听和读的时候帮助你组织信息，你可以在其中挑一个符合你的学习和个性风格的系统来提高你的学习水平。如果你是一个听觉型学习者，你可以把你的读书笔记复述一遍，录入磁带，反复地放它几遍。如果你是分析型学习者，你也许会更钟情于线性的、按顺序记录的或者正规的记笔记方法。如果你是视觉型学习者，那就要用一些图画、列表、图片来补充你的笔记。你可以运用一些特殊的方式来摘录板书、幻灯和讲义中的内容。课后你要及时翻看你的笔记来巩固学习,并把你的笔记同课本中的材料相对照。如果你是一个创造型学习者,那就可以去收集一些与众不同的信息。你可能会喜欢采用一种颇具创意的概略图,或者是一种被称为"记忆地图"的格式,因为它把信息都用一张可视大图呈现出来,并且允许进行天才式的创造。如果你是一个动感型学习者,那么,你也许有着一种领导风格的个性,喜欢积极主动的学习方式。你可以通过记录和改撰素材使学习变得更具动感;和你的学习小组、学习伙伴一起工作;收集事例、故事、图表;使用小卡片;甚至站着做读书笔记。你会发现一种在很多课堂中都很实用的样板笔记系统,或者采用一种能够达到预期目的的综合以上类型的混合型系统。

(费里特:《追求卓越——大学生成功秘诀》)

活动专题 5 我能"记忆和复习"(巧记)

【活动参考目标】

1. 了解与理解

(1) 了解遗忘的规律是先快后慢、先多后少,因此记忆必须抓早抓快,由此自觉地把握复习的 4 段最佳时间。

(2) 了解记忆的三个基本过程及其主要任务。

2. 尝试与学会

学会初中生必须掌握的几种记忆方法,如归类记忆、表格记忆、卡片记忆、思维导图记忆、提纲记忆,等等。

3. 体验与感悟

交流分享各自的记忆小窍门,体验成功学习的快乐。

【活动参考课例】

记忆快车
——我能"记忆和复习"

> 活动理念

初中一年级是学生入学适应和记忆发展的关键期。这时，若能培养学生良好的记忆习惯和方法，不仅能够加快他们适应初中学习生活的进程，而且也为他们今后的学习做好了铺垫。记忆和复习密不可分，90%的复习要依靠记忆。了解记忆的过程，而后学习记忆的规律，从而找到复习的方法，这是一个连贯的过程。本节课旨在通过生动、形象的方式让学生学习记忆规律并由此总结出相应的复习策略，使学生快乐记忆，轻松复习。

> 活动准备

上课前四天请学生背诵50个英语单词，逐天进行听写。

> 活动过程

一、团体热身阶段：游戏激趣

1. 教师分享——我的记忆苦恼

小时候看动画片《机器猫》，它有一种神奇的面包，只要在书上印一下，然后吃下去就可以将书上的内容铭记于心。那时，我是多么想得到那面包啊，再难吃的面包也没关系。可生活中究竟有没有记忆的灵丹妙药呢？今天，我们一起来参加一次记忆快车的旅行，边走边看，让记忆变得轻松、有趣。

2. 激趣游戏——数字记忆

（1）教师出示10组数字，要求学生按编号写出，不可颠倒，写完后比较第1组和第10组是否有进步。

5894337495894362/6458943/1758943/47258943/5894376

5894392/58943673/862958943/42835894316/5894337495894362

（2）交头接耳：看看自己的成绩，有进步吗？为什么会在这么短的时间里有进步?

(3) 教师点评:从中我们总结出记忆规律1——两头比中间容易记,并把较长材料分成若干段来记。

二、团体转换阶段:记忆规律

1. 课前调查小结

每个小组把课前第二天、第三天、第四天所写的英语单词数量分别汇总后,计算出小组成员的3个平均数。

2. 找规律

我们发现第一天忘记的单词最多,之后忘记的慢慢减少了,这正符合有名的艾宾浩斯遗忘曲线。说起来真是有点不可思议,一天后竟然有55.8%的东西被遗忘了。一个月后遗忘率是72.1%,就是说,我们在第一天后的29天里遗忘了16%的东西,还不到第一天遗忘的三分之一。

3. 寻找记忆的法则

(1) 小组讨论:根据这样的规律,我们在记忆知识后的什么时候去复习效果最好呢?

(2) 教师点评:从中我们可总结出记忆规律2——当天的功课当天复习;因为遗忘是"先快后慢",所以复习要"先密后疏"。

三、团体工作阶段:记忆快车

1. 记忆快车第一站——记忆规律我来找

(1) 讨论:结合表1、图1、图2,你觉得在哪几个时间段里进行复习能

时间间隔	记忆量
刚刚记忆完毕	100%
20分钟之后	58.2%
1小时之后	44.2%
8—9个小时后	35.8%
1天后	33.7%
2天后	27.8%
6天后	25.4%
一个月后	21.1%

表1

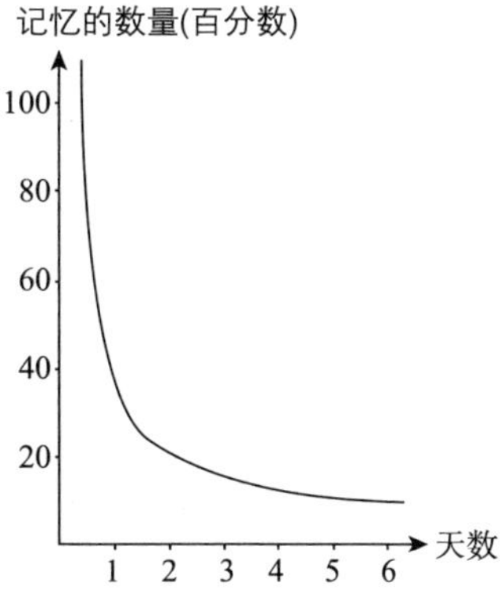

图1

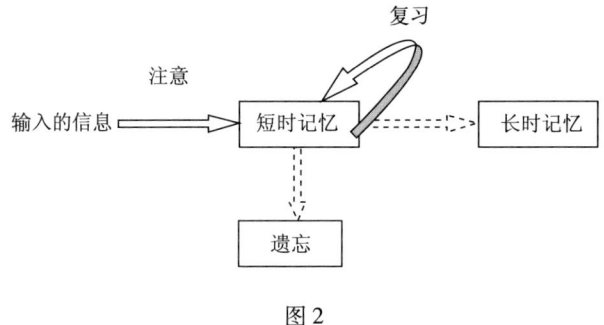

图 2

有最好的效果?

（2）学生分享后，教师点评。

第一次复习——学习新知识后及时复习，比如，下课前 5 分钟，老师做小结归纳时，用最精练的语言回想课堂学习内容的框架、要点时，发现有不清楚的地方及时查对笔记和课本。

第二次复习——在第一次复习的同一天晚上，看看课本或笔记，用自己的话复述要点，或背诵已记忆的内容，也可以像放电影一样回想当天学习的各科知识，发现问题后，第二天早晨及时复习。

第三次复习——每周一次，将本星期学习的主要内容复习一遍。

第四次复习——每月一次，将以前所学的知识全部复习一遍。

（3）投影出示保持记忆的基本过程及其主要任务。

①第一阶段（瞬时记忆）——强调发现"金子"（重点内容），又叫"选择性知觉"。

②第二阶段（短时记忆）——强调"嘴唇运动"（一定要动嘴！）与"重新编码"。

③第三阶段（长时记忆）——强调"多次重复"。

2. 记忆快车第二站——记忆方法我知道

（1）小组分享：我的记忆诀窍。

（2）全班交流：学生各说各的诀窍，教师分类归纳，并强调其中 4 种方法于后——

①归类记忆法：将同一类型、同一特征的事件或东西归并在一起（请同学们自己举例）。

例如：可以把同一年发生的历史事件归为一类，如重庆谈判、抗战胜利都是在1945年。如在记英语单词中字母"oo"的发音时，大部分同学对长短音分不清，而他们又没有明显的规律。这时，我们就可以把初中阶段发[u]音的单词归纳出来。结果发现，除了字母组合"ook"中"oo"发[u]音外，其他单词可以根据汉语意思变成一句话来记："好[good]脚[foot]站[stood]在木头[wood]上。"这样，另外四个常见的发[u]音的单词就记住了。

归类之后，如果内容比较多、比较重要，还可列成表格来帮助记忆。那就成为"列表归类记忆法"了。

下面给大家一段材料，看谁可以又快又好地把材料整理成一个表格。

埃及（Egypt）：地跨两洲。埃及是阿拉伯埃及共和国的简称，绝大部分位于非洲东北部。亚洲非洲的分界线：苏伊士运河。埃及领土面积逾100万平方千米。宗教：伊斯兰教；首都：开罗（千年古都）。沙漠广布：埃及北部地中海沿岸属地中海气候；大部分地区属热带沙漠气候。终年炎热，干燥少雨。

俄罗斯（Russia）：面积最大的国家。俄罗斯幅员辽阔，领土1708万平方千米，是世界上面积最大的国家，也是唯一地跨两个大洲和东西半球的国家。温带大陆性气候为主：俄罗斯大部分地区属于温带大陆性气候，冬季漫长而严寒，夏季短促而凉爽。俄罗斯在1991年由苏联解体为俄罗斯。首都莫斯科位于东欧平原。

法国（France）：欧洲的经济大国。国土：面积55万平方千米。人口：5889万人。首都：巴黎。地势：东南高，西北低，平原和丘陵占全国的五分之四。气候：温带海洋性气候，气候变化小，全年降水分布均匀。

学生展示练习结果后，投影出示样表：

国　家	面　积	首　都	气　候
埃及	100万平方千米	开罗	地中海气候和热带沙漠气候
俄罗斯	1708万平方千米	莫斯科	温带大陆性气候为主
法国	55万平方千米	巴黎	温带海洋性气候

②卡片记忆法：每张卡片只写一个概念或问题（或者是单词速记表、语法规则、数学公式，等等），并且要编号。

——卡片的正面是概念、问题；卡片的反面是概念的内涵或问题的答案，但是文字应该尽量简洁，只需列出关键词、提示语或答案的提纲。

——内容简单的卡片可以听课时当堂制作，就如同是把课堂笔记做到了卡片上一样；内容较复杂的卡片可以在晚上或双休日复习时制作，就如同是一次信息重组和加工一样。

——卡片要随身携带，利用点点滴滴的时间随时复习。可以看卡片正面做自测，也可以看卡片反面做自测。每天携带的卡片应该经常变换。

——卡片积累多了的时候，可以按编号顺序自测复习，也可以打乱编号顺序复习。

——哪些学科需要制作卡片，要根据自己的情况来确定。可以先从一门学科开始，尝到甜头后再逐步扩大范围。

③思维导图记忆法：思维导图是一种简单而有效的图像思考和笔记工具，它用"画"的方法来记录思考和创作的过程，是一种组织结构性思维工具。思维导图具有极大的可伸缩性，它顺应了我们大脑的自然思维模式。从而，可以使我们的主观意图自然地在图上表达出来，从而增强我们的记忆能力。关于思维导图，我们在后面的心育活动课中，会有专题加以训练，这里就不展开了。

④提纲记忆法：把学习内容编写成提纲，就是对学习材料进行分析、综合、概括、理解的过程，这对记忆是很有好处的。经过了自己的分析、用自己的语言组织的提纲，是比较容易记忆和保持的。

记忆方法有几十种，但对于初中生来说，以上四种方法是必须牢牢掌握的。

（3）教师点评：由此我们可以概括出记忆规律3——形象的、相互联系的材料容易记忆。所以要把抽象的、分散的材料转化成形象的、有内在逻辑联系的材料。

3. 记忆快车第三站——记忆效率抓"高峰"

（1）教师引导：每一天当中，记忆效率比较高的时间段称为记忆的"高峰期"。

①第一个高峰期是早晨起床后：大脑在睡眠过程中并没有停止工作，而是在对头一天输入的信息进行编码整理。早晨醒后没有新的信息干扰，此时记忆印象清晰。

②第二个高峰期是在上午8点到10点：这时精力上升到旺盛期，处理识记效率高，记忆量增大。

③第三个高峰期是在下午6到8点：这是一天中记忆最佳期。

④第四个是临睡前1小时左右：这时识记材料后就入睡，不再有新信息输入，所以没有相互抑制的影响。

（2）小组交流：在这四段高峰期，你是怎么记忆的？

（3）教师点评：学学朱熹的"三到"——读书要"心到、眼到、口到"。因为视觉获得知识能记住25%，听觉获得知识能够记住15%，视觉、听觉结合起来能记住65%。我们把要记忆的材料化成美妙的音符，让你的脑子、眼睛、耳朵、嘴巴一起动起来，让记忆变得更加轻松有趣。

四、团体结束阶段：记忆策略

1. 记忆十要诀

相信这节课的交流与练习，会提高和增强大家的记忆力。除掌握记忆的规律和方法外，你的自信心、目的性、动机、兴趣和情绪等非认知因素对记忆也有重要的影响。在这里老师带来了关于记忆的十个要诀，供同学们参考。

背诵——记忆的根本　理解——记忆的基础　趣味——记忆的媒介
应用——记忆的动力　卡片——记忆的仓库　争论——记忆的益友
重复——记忆的窍门　联想——记忆的捷径　简化——记忆的助手
整理——记忆的措施

2. 教师小结

记忆不仅仅是大脑的功能，我们要调动全身的感觉器官来为记忆服务，眼睛要看，耳朵要听，脑子要转，手要写，嘴巴要说。相信上课的时候我们边听边写边记，复习的时候我们嘴里大声朗读出来经常会记得更牢。

> 活动反思

学生记忆的负担重已是不争的事实，因而引导学生掌握记忆的方法实在是刻不容缓之事。本课紧扣心育活动课"活动"的特点，从开始的激趣游戏入手，引发学生浓烈的学习兴趣。另外，本次活动引导学生自己去发现知识的特点。记忆规律以及记忆复习要点全部是在教师的引导之下让学生自主发现的。其三，强调学以致用，当堂训练。从心理学角度看，记忆方法属技能范畴，必须加以反复实践才能为学生所掌握。但是，纵观本次活动，各环节之间的联系还不够缜密，素材偏多，有些活动部分教师讲解的话语稍多了一些，今后在实施中还可以加以提炼和浓缩。

（浙江省富阳市永兴中学　李晋芳　河北省石家庄市第22中学　吴昊蔚）

【活动参考资料】

增进记忆的方法

1. 保持良好的生理状态。睡眠充足，消除疲劳，学习后适当休息；进行放松活动，如深呼吸、肌肉放松、休闲娱乐和体育活动等。

2. 自我暗示产生良好的精神状态。回忆成功记忆的经验，对要记的内容产生兴趣；努力发现其中的熟悉之处和新奇之处，强化所记内容的重要性和意义；集中注意，不要分心，安排好学习时的环境以防干扰。

3. 积极地记忆。试图将回忆与反复阅读相结合；提出问题，边想边学，写书评，多多讨论，把要记住的知识传授给别人。

4. 多种感官活动。放声读、听录音、勤笔记、看图像，因为百闻不如一见，耳听为虚，眼见为实；设法把要记的内容变成活动的图像，利用自己所擅长的感官活动进行记忆。

5. 意义性编码。对无意义的材料人为地进行意义编码；分类整理，与已有知识联结成网；多角度思考，产生多种联想，如接近联想、相似联想、对比联想和因果联想。

6. 合理安排学习和复习时间。机械性练习、死记材料的复习宜分散进行；趣味性强的练习、思考性材料的复习宜集中进行；相似材料的学习和复习最好不要相继进行。

（李晓文 等：《现代心理学》）

活动专题6 | 我能"质疑和解疑"（探究）

【活动参考目标】

1. 了解与理解

（1）了解学习离不开"质疑"，提出疑问后就要积极有效地加以解决。

（2）理解解疑的途径主要分为独立思考和大胆求助。

2. 尝试与学会

（1）通过小组讨论的形式使学生学会辨析什么才是有效的"质疑"，怎样提出有意义、有价值的问题。

（2）通过情境表演的形式，初步掌握解疑的有效途径，初步学会如何有效地独立思考和大胆求助。

3. 体验与感悟

（1）通过对不同学科、不同类型问题的探讨，感受何为有意义、有价值的"质疑"。

（2）感悟在质疑遭遇尴尬时应该如何积极有效地面对，并能保持积极向上、不断进取的学习态度。

【活动参考课例】

"狗与土拨鼠"的思考
——我能"质疑与解疑"

> 活动理念

初一学生从小学踏入初中,学科数目增加了,学业难度提升了,学习负担加重了。由于生理、心理、学校环境、学习容量、人际关系等方面的改变,初一学生产生了一定的适应困难。而帮助他们提高入学适应性,顺利完成从小学向初中学习生活的转变,则是初一发展性辅导的重要内容,学习方法上的指导更是至关重要的课题。

"质疑"与"解疑",是初一学生迫切需要学习并掌握的重要学习方法。它不仅能使学生更快、更好地适应初中生活,也能使学生在学业上产生成就感,在学校里产生归属感。本节课旨在通过活动,让学生了解如何有效地"质疑"与"解疑",知道其途径和方法,并能将其运用到日常的学习活动中,以帮助学生提高学习的效率。

> 活动准备

课件、问题评比卷(每个小组1份);座位以4人小组形式安排;活动道具(苹果)。

> 活动过程

一、团体热身阶段:离奇的"狗与土拨鼠"

1. 引人入胜的小故事

(1)教师引导:同学们,现在老师要为你们讲一个小故事《狗与土拨鼠》。请大家认真听、仔细思考。

有一天,一只狗在路上走,突然发现路边有一只土拨鼠。于是,它就开始追赶这只土拨鼠。土拨鼠拼命地跑,狗就在后面使劲地追。这时,土拨鼠发现旁边的地里有一个洞，就钻进了洞里。于是，狗就坐在那里等，它想："小样儿，我就不信你不出来！"不一会儿，洞里就钻出了一只兔子。兔子开始跑，狗就又拼命地在后面追。跑着跑着，兔子发现路边有一棵树，于是就爬到了树上。狗急了，在树下拼命地大叫。于是，兔子就从树上掉了下来，压在了狗身上，把狗给压死了。

（2）教师提问：听了这个故事，大家有什么疑问吗？

（3）学生们开始对故事中存在的疑点或不合理的地方提出疑问。

（4）教师点评：看来大家都有"质疑"的精神。其实，"质疑"是人的天性、本能和冲动。古今中外许许多多的伟人都曾对"质疑"提出过自己的见解。孔夫子曰："学而不思则罔，思而不学则殆。"法国著名哲学家狄德罗也曾说："质疑是迈向哲理的第一步。"而伟大的科学家爱因斯坦则更是指出："提出问题比解决问题更重要。"

2. "质疑"小调查

指导语：请你根据自己的情况如实回答下面的问题。

（1）你觉得经常提问对学习有帮助吗？

  A. 有，帮助很大 B. 有，帮助不明显 C. 没有 D. 不确定

（2）你平时问问题吗？

  A. 是，经常 B. 是，有时 C. 是，不过很少 D. 不是

（3）在听课时，觉得老师讲的似乎不太对，你会怎样？

  A. 算了，老师总是对的，如果我说错了，会被同学笑话的。

  B. 上课时和同桌小声讨论。

  C. 马上提出来，与老师探讨。

  D. 先记下来，课后再向老师请教。

3. 分析抽样调查结果

随机抽样，分析调查结果。

二、团体转换阶段："质疑"层次有深浅

1. 从一个苹果引出的"质疑"

（1）教师出示一个苹果，提问：对我手里的苹果，你可能会提出什么

问题?

(2) 头脑风暴：小组提出的问题越多越好。

(3) 全班分享后，引出新的问题：什么是质疑？（学生即兴回答）

(4) 教师点评：质疑就是"对某个事物提出的疑问"。通过苹果的例子，大家可以了解到"质疑"的四个阶段：表层质疑阶段、里层质疑阶段、深层质疑阶段、联想质疑阶段。

2. 优秀问题大评比

(1) 小组讨论：下列问题分别属于"质疑"的哪个阶段？哪一些问题是有深度、有价值、有意义的？

问题展示：

1. 《愚公移山》的故事大家都听说过。有人赞叹愚公坚持不懈，有人却认为有闲工夫移山还不如搬家。愚公到底应该移山还是应该搬家？你认为呢？

2. There _____ some food and drink on the table.

　A. are　B. is　C. has　D. have

3. 牛吃草问题：一片草地，每天匀速地在长草，可供9头牛吃12天，或供11头牛吃10天，问可供10头牛吃几天？

拓展：一个水池有水源向里进水，如在池塘干时，进水用了3台抽水机抽，则30天水满。如用10台抽水机抽，则57天抽完，如用8台抽水机抽则几天抽完？

4. 一面镜子竖直挂在墙上，某人站在镜前1米处，从镜中看到自己上半身，他想看到全身，则应该（　　　）

　A. 后退2米　B. 前进0.5米　C. 后退4米　D. 无论前进或后退都无法看见

5. 一束光线与水平面成30°角射来，为了使反射光线水平行进，则需把水平镜放到与水平面成多大角度的方向上？

 疏漏的源头在哪里？

课前：养成预习的好习惯。做到不动笔墨不读书，要边读、边想、边圈画，在预习时要找出难点即困惑点。

课上：认真听讲，勤于思考，敢于提问。在听课过程中如果有困惑的地方，要及时记录下来。

课后：通过当天的作业、练习以及平时的测试，来发现学习中的漏洞。

(2) 学生现场点评，可以争论，并说明为什么认为该问题是有深度、有意义的。

3. 寻找"质疑"的源头

(1) 讨论：为什么我们平时找不出

问题，但考试时却会有很多问题暴露出来？我们究竟应该从哪里去找问题呢？

（2）全班分享后，教师点评（见上图）。

三、团体工作阶段："解疑"路径多曲折

1. "解疑"途径之一：独立思考

（1）探讨"独立思考"。

案例一：

英语例题：She always goes shopping on Sunday.

教师：因为主语是 she，所以这里的 go 要加 es。

学生：为什么啊？always 不是已经加了 s，变成三单形式了吗？

教师：always 不是动词啊！

案例二：

老师：They are pants. We can't say, It's pants.

学生：为什么啊？

老师：因为裤子有两条裤管啊！

学生：那穿进去的地方不是只有一个吗？

老师：……

建议：_____

（2）学生交流后，教师提出"如何独立思考"的建议。

①避免产生思考恶习——思考不周、思考扭曲、思考偏颇。

②养成良好的审题习惯——看清题目要求。

③回顾激活已有知识——看书本、看笔记。

（3）SOS：小明对数学很感兴趣，有一次他遇到了一道非常难的奥数题，他用老师教的办法解题，但是 3 个小时以后，还是解不出来，他很痛苦。你觉得他应该怎么做？

（4）学生交流后，教师点评"如何独立思考"的建议。

①平时——不要钻"牛角尖"，要学会另辟蹊径。

②考试——顾全大局、学会放弃。

2. "解疑"途径之二：敢于求助

（1）情境表演。

指导语：接下来我们进行小组情境表演，1~5组根据第一个情境来展示你在求助老师时曾经遭遇过的事情；6~10组根据第二个情境来展示你在求助同学时遭遇过的事情。准备时间为3分钟。

情境一：考试之前，我去办公室问老师问题……

情境二：考试之前，我在复习中遇到了问题，于是我向旁边的同学求助……

小组准备表演，展示与分享在求助过程中曾经遭遇过的尴尬或羞辱。

（2）各小组展示反馈。

（3）现场讨论观后感：你是否也曾遇到过这样的事情？如果遇到了类似的情况，我们应该如何应对呢？

（4）教师点评：求助老师时要树立良好的心态，理解老师的繁忙与"严肃"，跨越"害怕批评"的心理障碍。求助同学时要实行"对等互助"：水平及能力相当的同学可以建立"学习互助圈"，这样才可能在一个相近的水平线上共同探讨平时在学习中遇到的问题。

四、团体结束阶段："质疑"、"解疑"留余音

1. 分享感受

（1）你对今天探讨的主题有什么体会或疑问吗？

（2）你对其他同学提到的困惑有什么不同的看法吗？

2. 学无止境

（1）教师小结：无论是在平时的生活还是学习中，我们都会遇到许多的困惑与不解。这时，就需要大胆地质疑、积极地解疑。解疑的途径多种多样，如何正确地对待解疑过程中遭遇的困境，也是我们人生的必修课之一。通过今天的这堂课，相信大家都有了很多的感受和体验。把这些所得应用到初中阶段的生活和学习中去，相信大家一定能收获颇丰。

（2）课外延伸：对于学习方法的研究和探索是我们整个求学生涯的基本功。因此，我们在这里提供一张表格，供大家课后研究。

学法指导综述

学习水平	懂	会	熟	巧	通
基本要求	对所学内容知道"是什么"和"为什么"	对所学内容知道在哪里用和怎么用	能把书本知识变成自己的认识并进一步转化为经验	在懂、会、熟基础上运用所学内容解决问题的方法和技能	对所学做到融会、流畅使用
内在联系	学习水平的五字标准是一个有机整体,它们之间既顺序而成,互相衔接,又互相渗透、互相促进。前面的标准为后面的标准奠定基础,后面的标准又可以提升前面标准的档次				
学习对策	不懂:加强课前预习、课堂听课和课后质疑	不会:加强课后复习与练习,认真解疑	不熟:加强复习,多次重复,强化记忆	不巧:在掌握基本解题法的基础上,精选训练;多反思自评	不通:注重知识结构的内在联系,加强归类概括、提纲挈领的训练
学习情感	树立学习信心,挖掘自己的学习潜能,以最佳心境投入学习过程是成功的秘诀				

活动反思

  本课的意义在于让初一学生学会如何有效地"质疑"与"解疑",提高学习效率,增强学业上的成就感,尽快适应初中的学习生活。活动一开始,我们就利用了一个有趣的小故事,把学生带入主题,并进行了思维的热身。之后,我们又采用小组合作的形式来进行问题的评比和情境的表演,不仅活跃了课堂气氛,同时也让学生在讨论和表演的过程中感受和体验"质疑"与"解疑"的要领与技巧。但是,对于"质疑"与"解疑"这两块内容的比重问题,教师把握得不是很好,总想"两手抓、两手都要硬",结果导致重点不突出。今后应进行相应的调整,权衡好这两块内容的比重,突出"解疑"这一块主题,让学生在小品展示与分享的过程中,真实地呈现曾经在求助中所遭遇的一些困境或不愉快,从而使学生更好地体会在求助中所应掌握的技巧,或应该拥有的心态，并学会与老师、同伴建立和谐、友好的关系。另外，考虑到这一次学法指导课是初一学习适应性辅导中的最后一次，我们特地为学生设计了一份具有综述性质的表格，供学生课后延伸拓展。

（浙江省富阳市永兴中学　徐亚男　浙江省杭州市惠兴中学　王雅兰）

【活动参考资料】

学贵存疑

学贵存疑，疑而后问，问而后知，人的大脑只有在"问"中才处于兴奋状态。学习过程实质上就是提出问题、分析问题、解决问题的过程。

读书学习一定要"生疑"。这里说的"生疑"，是指及时地提出一个为什么，加强对知识的理解，才会挖掘更深。

剑桥大学著名教授卢瑟福曾看到一个学生深夜还在做实验，就问他："上午你在做什么？"学生回答："做实验。"卢瑟福又问："下午做什么？"学生回答："做实验。""那么晚上呢？""做实验。"于是，卢瑟福问："那么你什么时候思考呢？"

后来，卢瑟福就在剑桥大学物理实验室的醒目之处贴上了那句名言："别忘了思考！"

如果把书籍比做罕见的矿石，要想提炼出黄金，创造出新的知识财富，就必须掌握善于思考的"点金术"。一边读书一边思考，可以养成随时思考的习惯。学思结合，可以避免漏掉重要的知识，收到循序渐进、步步深入的效果。

（金伟：《最高效的50个学习方法》）

◆ **活动模块二**

和谐相处

阶段目标：

提高初中生人际交往水平，促进他们的自我意识健康发展。

适用年级：

初一、初二年级，以初一下学期为主。

活动专题 7 | 我能"同室不操戈"（克制）

【活动参考目标】

1. 了解与理解

（1）通过活动让学生明确：很多同学矛盾的升级都源于言语冲突，如果不加控制，很容易演化为双方的恶性互动。

（2）理解同学之间发生各种矛盾很正常，关键是要有一颗宽容之心，并能自觉提高自己化解人际矛盾的交往水平。

2. 尝试与学会

（1）引导学生初步学会避免人际矛盾冲突的一些基本方法，处变不惊，防止矛盾扩大、升级。

（2）通过人际情境的体验和角色扮演，尝试如何管理不健康的负面情绪，并学会用更积极的、冷静的回应方式来替代冲动型行为。

3. 体验与感悟

感受愤怒、冲动造成的恶果及其对自己和他人带来的伤害，体验尊重和体谅别人给自己内心带来的安宁。

【活动参考课例】

请口下留情
——我能"同室不操戈"

> 活动理念

中学阶段是中学生长身体、长知识、长智慧的时期，也是其道德品质与世界观逐步形成的时期。在这一时期，初中生面临着生理、心理上的急剧变化，加上紧张的学习和陌生的环境，很容易产生心理上的不适应，同学之间往往会为一些小事而引发语言冲突，甚至是肢体冲突。而且，如果学生动不动就发怒，还会造成多方面的危害。如，影响个体的身心健康、破坏人际关系、影响正常的学习和生活等；当愤怒到失去理智和控制力时，更是会造成危及生命和危害社会的严重后果。本节课旨在通过活动、案例讨论、角色扮演等形式，引导学生懂得很多矛盾的升级都源于言语冲突，并让学生了解一些避免言语失控引发矛盾冲突的基本方法。

> 活动准备

调查了解学生在哪些场合和哪些时间段容易发生矛盾；让两位学生事先排练好小品《双"城"击掌记》；每个小组准备白纸若干，每人一支笔；准备新编历史剧《将相和》所需的小道具（如象征性的帽子或服饰）；小组角色扮演《小"将""相"和》的名卡"老将"、"老相"，"小将"、"小相"，每组1套。

> 活动过程

一、团体热身阶段：双"城"击掌记

1. 小品《双"城"击掌记》

内容简介：两个名字里都带"城"的初一男生在课间玩一种原地击掌的游戏，结果因为语言上发生冲突，最后大打出手。由此导入正题。

2. 想好就说

（1）小组讨论：同学之间因言语而引发的矛盾冲突最容易在哪些地方、哪些时间段发生？

（2）全班分享。

（3）教师点评：寝室、操场、走廊、小店等地方，容易发生人际冲突；而时间主要集中在晚寝前、课间、课外活动时。

二、团体转换阶段：校园小插曲

1. 播放视频：校园情景剧

一天中午，小A和小B在三楼走廊上背英语，看到楼下操场上有一位男同学 C 经过。

A："这个人怎么这么矮？"

B："是啊！"（对着小 C 喊道："喂，侏儒！"）

C：转过头来四处张望，找不到叫喊的同学，继续往前走。

A："这人长得还真难看！"

（继续喊话："喂，恐龙！"）

C：抬起头，看到了三楼走廊上的小 A 和小 B，停下脚步，喊道："找死啊！"

小 A 和小 B 感到他不是初一的同学，不再作声，马上把头缩了回来。

当天晚上，小 C 带了几位初三的同学到寝室找小 A 和小 B……

2. 小组讨论

（1）同学之间这些矛盾小插曲发生的原因是什么？这些矛盾发生后会导致怎样的后果？你有什么好的方法来预防此类事件的发生吗？请结合你的生活经验具体谈谈。

（2）全班分享。

三、团体工作阶段：新编历史剧《将相和》

1. 老剧新评《将相和》

（1）投影历史故事《负荆请罪》。（故事情节略）

（2）小组讨论：你如何评价蔺相如和廉颇？

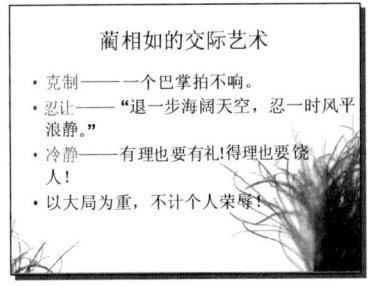

蔺相如的交际艺术
- 克制——一个巴掌拍不响。
- 忍让——"退一步海阔天空，忍一时风平浪静。"
- 冷静——有理也要有礼！得理也要饶人！
- 以大局为重，不计个人荣辱！

教师在学生分析的基础上，总结归纳：

蔺相如的交际艺术——（见左图）

廉颇的交际艺术——

反思——能醒悟。

勇气——知错就改。

回应——采取对等的高姿态。

2. 新编新演《将相和》

（1）引导语：如果廉颇、蔺相如生活在现代社会里，他们也有了电话、汽车、网络，那么很可能不会再用"负荆请罪"的方式来化解矛盾了。请大家想象一下：他们彼此会采取什么态度和技巧来化解矛盾？他们会怎么做？

怎么说？怎么回应对方？在小组里讨论后，每个小组派 4 个人上来表演新编《将相和》（角色：廉颇及随从，蔺相如及随从）。

（2）历史剧新编新演：现代版《将相和》。

（3）小组讨论：现代版《将相和》里的廉颇和蔺相如，他们哪些事做得好？哪些话说得好？

3. 现编现演《小"将""相"和》。

（1）教师出示《小"将""相"和》剧本的前半部分。

教室里，学生"小将"买了一杯可乐，置于课桌上。学生"小相"从室外进来，一不小心把桌上的可乐打翻在地。

小将：（怒目）你有毛病啊，干吗把杯子打翻？

小相：我又不是故意的，谁叫你把这个杯子放在这个位置的？

小将：这是我的桌子，我想放就放。你打碎了杯子，难道还有理？你必须道歉，赔我东西。

小相：道歉，没门。你自己没放好，责任在你，还要我赔，美得你，神经病！

小将：（举拳）你竟然骂人！

小相：（昂头）就骂了，怎么样？神经病！

小将：（晃拳）你再骂，别怪我不客气！

小相：（正面对立）就骂你脑子有毛病了，怎么样？想打架呀？来呀！谁怕谁呀！

（两个人恨意顿生，扭打在一起）

旁白：小将在打架中吃了亏，越想越恨，第二天就叫同学去打小相；小相在第二轮中吃了亏，又叫同学去打小将……小小的一杯可乐，竟然引发了一场校园冲突，这是谁也没有想到的。

（2）小组讨论：小小的一杯可乐，为什么会引发了一场校园冲突，你们认为哪个环节出了差错？（学生回答）

（3）教师引导：如果廉颇、蔺相如在世，会如何劝导小将与小相化解矛盾冲突？请在 4 人小组内演一演，两位同学扮演老将、老相，两位同学扮演小将、小相，共同把这出剧的后半部分演成"大团圆"结局。表演时，请大家佩戴与角色相符的名卡。

（4）教师现场观察，选出精彩剧本在全班分享。

四、团体结束阶段："观众"留言

1. 新编《将相和》观众留言

（1）教师引导：看了新编历史剧和现代剧后，请用精炼优美的语言给那些平时容易发生言语冲突的同学写一句劝勉的话。

（2）小组内书写"留言"，学生即兴交流分享。

（3）教师点评精彩留言。

忍一时，退一步，做心胸开阔的人！

保持冷静，学会换位思考。

矛盾僵持时，学会求助他人。

如果错了，学学廉颇，主动认错；如果有理，学学蔺相如，得饶人处且饶人！

旁观者或知情人：及时劝阻，劝阻无效立即告知班主任或其他任课老师。

2. 教师小结

在今天的课堂里，我们的同学有了很多的感受和体验。只要你们尝试着把今天课堂里的收获运用到你们的生活中，相信你们也能够做到面对矛盾，泰然处之。希望大家做语言文明、心胸开阔有教养的人！希望我们班能成为同学团结、师生和睦、充满温馨的大家庭！

> 活动反思

本活动设计从学生生活中常见的口角逐步升级出现的冲突导入，学生很有感触，很有话可说，所以整堂课学生参与的热情始终很高。在充分讨论的基础上引导学生进一步思考：同学之间这些矛盾发生的原因是什么？这些矛盾发生后会产生怎样的危害？明确了这些问题后，教师再进一步深入引导：你有什么好的方法来预防此类事件的发生吗？这样的问题设计水到渠成，非常自然。然后再用大家都熟悉的"负荆请罪"的故事来让学生深入领会蔺相如处理矛盾的高超智慧，并用新编历史剧《将相和》和新编新演《小"将

"相"和》的形式,将故事拉近到学生身边,使学生有一种豁然开朗的感觉。

遗憾的是学生对蔺相如处理矛盾的智慧领会得不够深入,有些还是在教师的引导下得出的,这似乎与他们的社会成熟度不足有某种关系。

(浙江省富阳市永兴中学　胡为民　浙江省嵊州市马寅初中学　叶新春)

【活动参考资料】

非暴力沟通的四个要素

非暴力沟通指导我们转变谈话和聆听的方式。我们不再条件反射式地反应,而是去明了自己的观察、感受和愿望,有意识地使用语言。我们既诚实、清晰地表达自己,又尊重与倾听他人。这样,在每一次互动中,我们都能聆听到自己和他人心灵深处的呼声。同时,它还促使我们仔细观察,发现正在影响我们的行为和事件,并提出明确的请求。它的方式虽然简明,但能带来根本性的变化。

为了彼此能乐于互助,我们专注于四个方面——非暴力沟通模式的四个要素。

首先,留意发生的事情。我们此刻观察到什么?不管是否喜欢,只是说出人们所做的事情。要点是,清楚地表达观察结果,而不做判断和评估。接着,表达感受,例如,受伤、害怕、喜悦、开心、气愤,等等。然后,说出哪些需要导致那样的感受。一旦用非暴力沟通诚实地表达自己,前三个要素就会得到体现。

……

立即提出非暴力沟通的第四个要素——具体的请求。

……

(卢森堡:《非暴力沟通》)

活动专题 8 | 我能"交友和保密"(慎言)

【活动参考目标】

1. 了解与理解

(1) 懂得对于初中生来说,友谊和分享秘密、保守秘密是紧密相关的。

(2) 懂得不可以用传播朋友提供的信息作为向他人换取友谊的手段;在女生群体中,不传"闲话"更是一条不可触碰的交往"底线"。

2. 尝试与学会

通过在校园具体人际矛盾情境下的体验和角色扮演,学习在各种特殊场合下如何为朋友保守秘密、不相互传闲话等沟通技巧。

3. 体验与感悟

(1) 在活动与分享中体会到与人交往一定要呵护对方的自尊心。

(2) 领悟到建立友谊一定要遵守"游戏规则",由此感受为朋友"保守秘密"的重要性。

【活动参考课例】

人际交往的"吉祥三宝"
——我能"交友和保密"

活动理念

学会交友的要求是很多的。比如礼貌、宽容、诚信等都是人际交往中所不可缺少的品质,而我们认为真诚、尊重和保密是青少年交往的"三大法宝"。进入初中之后,随着学生日益走向成熟,他们的自我意识也逐步增强。当学生过多地关注自我时,往往会有意无意地忽视他人的感受,甚至忽视他人的存在,由此闹出许多人际矛盾。本课旨在通过人际年轮圈的审视,引导学生有意识地内省自己的人际"财富"圈,并借助对日常生活中的情景故事的讨论，渗透有关真诚（发自内心）、尊重（给人面子）、保密（不传闲话）等交往理念，帮助学生建立起双赢的人际交往圈。

活动准备

课件；学生练习纸；座位按 6 人小组排列。

活动过程

一、团体热身阶段：无法分离的无名指

1. 暖身活动

（1）首先大家伸出两手，将中指向下弯曲，将中指的第二指节对靠在一起。

（2）然后将其他的 4 对手指分别指尖对碰。

（3）请确保在游戏过程中，中指始终紧靠在一起，其余手指只允许一对手指分开。

（4）请张开你们那对大拇指，合拢大拇指。张开食指，合拢食指。张开小指，合拢小指。

（5）最后请试着张开无名指。情况如何？

2. 分享体会

在你的生活中，有没有这样的人像今天的无名指一样和你紧紧贴合在一起，与你共享欢乐，分担痛苦？

3. 教师点评

朋友与我们如影相随，密不可分，他们的存在让我们拥有了一种看不见的财富——那就是人际财富。

二、团体转换阶段：我的人际年轮圈

1. 绘制人际年轮圈

（1）首先在三个同心圆中央画一个圆点代表自己。

（2）现在以这个实心圆点为中心，我们有了三个半径不等的同心圆。它

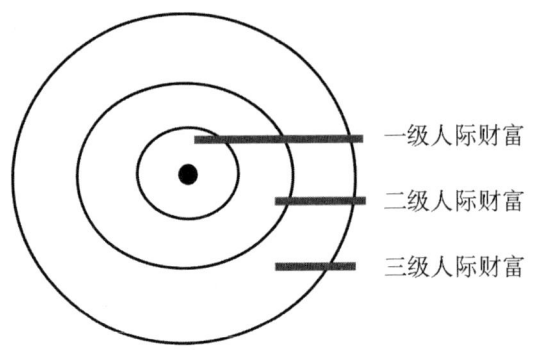

们代表三种人际财富或者人际圈。将你周围朋友的名字写在图上,名字越靠近中心圆点,表明他与你的关系越亲密。

(3)请把你的"店面朋友"写在最大一个同心圆内,他们是你的"三级人际财富"。"店面朋友"可以平时见面打个招呼。一般来说,在这样的朋友之间,20句固定的话就够用。例如:"你好吗?""吃饭没?""去那里?""好漂亮!""还好啦!""没什么!"

(4)请把你的"客厅朋友"写在第二大同心圆内,他们是你的"二级人际财富"。"客厅朋友"时常聚在一起聊天戏耍,八卦一下最近的媒体新闻,大家一起"哈啦"打发时间。

(5)请把你的"心灵密室朋友"写在最小的同心圆内,他们是你的"一级人际财富"。你愿意让对方走进自己心灵的最深处,分享你内心的秘密、痛苦和快乐。

2. 讨论和分享

(1)小组讨论:你的人际财富如何分布?三个年轮圈中的总人数是多少?知心好友的比例是多少?哪些朋友值得珍惜?

(2)教师点评:无论哪种朋友,在相处时,请你珍惜!因为也许他会进入店面,穿过客厅,来到卧室……我们的人际圈是不断流动的,有人退出,有人进入。那么,我们应怎样做,才能让更多的人进入我们的人际圈内呢?

三、团体工作阶段:人际交往"吉祥三宝"

1. 人际交往的第一宝——待人要真诚

(1)教师引导:人际交往的敏感度往往超越人类的想象,就连一个人的微笑是真情的流露还是故意装出来的,或许也能被对方敏锐地捕捉到。

(2)学生分享:哪张图片的真诚度更高?(呈现图片,让学生判别图中人物笑容的真诚度)

(3)教师点评:内心对他人有高度的尊重,脸上才会有真诚的笑容。

2. 人际交往的第二宝——给人留面子

（1）教师引导：在我们的校园生活中，人与人之间每天都在发生着这样那样的接触。在这些人与人的互动当中，同样有一个是否尊重他人或者是否受到他人尊重的问题。

（2）小品表演：《试卷风波》

（旁白：期中考试结束了，试卷批改好了，课代表正在发数学试卷，同桌小明与小强坐在位置上）

课代表：（手拿一叠试卷）发数学试卷啦，同学们！

小明：（叹息）好紧张啊，要发试卷了！

小强：（信心十足地）有什么好紧张的啊！

（旁白：课代表走到小明跟前）

课代表：给你。

（旁白：小明扫了一眼分数，立刻把分数捂住）

小强：（扯小明手中的试卷）哎，你多少分？让我看一下，看一下！

（旁白：小明小强正在拉扯，课代表走过来递试卷给小强）

课代表：小强，恭喜你，考得很好啊！

小强：（展开试卷，兴奋地）啊！我90分！我90分！（得意地向周围的同学扬扬自己的试卷）看到了吗？我90分！（又转向小明）你到底多少？（终于扯出了试卷，嘲笑）啊！才60分？这么简单的题你才考60分？你脑子进水啦？

（3）小组讨论：如果你是小明，你心里会有什么样的感受？又会有什么样的行为反应？如果你是小强，当你看到小明拿到试卷的表情后，又会怎样处理？为什么？

（4）全班分享。教师继续引导：我们初中生正处在成长阶段，心理学上形容这个年龄的青少年为"半成熟半幼稚"。如果把刚才大家看到的小强的表现分析一下，他的哪些语言、哪些举动是属于"幼稚"的？小强怎样改变他的语言方式和行为方式，我们就可以认为，他是正在走向"成熟"的？

（5）小组内分别列出"幼稚的语言行为"和"成熟的语言行为"，在全班分享。

(6) 教师点评：不尊重他人隐私，不给别人留面子，就是幼稚的交往行为，是5~6岁儿童的交往模式；而尊重别人的隐私，处处照顾别人的感受，说话做事都知道给人留面子，才是成熟的交往模式，也是我们中学生应该掌握的交往技巧。

3. 人际交往的第三宝——不可传闲话

(1) 教师引导：说话不给人留面子，这是伤害朋友最容易犯的"低级错误"。除此而外，在我们中学生当中——特别是在女生当中，还有一个"低级错误"也时常出现，那就是传闲话。

(2) 投影呈现案例。

小云是一个乖巧的女孩，很少主动地去与人交流，于是乎显得孤零零的。同学小兰主动和小云交谈，很快两个人就成了亲密的朋友。她们谈学习、谈老师和同学，也谈心里的一些小秘密。生活似乎过得快乐而令人兴奋。

青春心思开始悄悄地潜入小云的内心。朋友的支持与陪伴总能让躁动不安的小云舒心很多。于是有一天午休时，她对小兰说出了埋在心底许久的秘密：喜欢班里的小高，喜欢他长得帅帅的，喜欢他学习好……

第二天早上，当小云踏进教室的时候，发现同学的眼光怪怪的，小声议论着，说笑着，有同学还当着她的面大声喊小高的名字。唉！尴尬！脸红！

可随之而来的是气愤！"他们怎么会知道的？小兰，是你吗？为什么？我是那么信任你！你怎么可以……朋友是这样的吗？"小云知道小兰已经成为过去了！

时间是可以抚平一切的。悲伤渐渐淡了，可小云常常会想：我交往的人是值得信任的人吗？她会成为过去的那一个吗？我该对人说内心的话吗？

(3) 小组讨论：你怎么看小兰的行为？她如此嘴快，你觉得可能有几种原因？请用几个关键词来做分享。

(4) 全班分享后，教师点评：不为朋友保密，一定会极大地伤害朋友的感情和尊严，辜负了他对你的信任，降低了你自己的人格。而且，一旦你爱传闲话的名声传出去之后，你就可能失去更多本来可以成为你朋友的人。传闲话的原因很多，但最根本的一点，是他们头脑中缺少一个"警报器"。也就是说要时时提醒自己："传闲话"可能造成友谊的"致命伤"，千万不能去触碰它!

（5）小组训练：如果你遇到下列情境，你将如何控制自己透露小云秘密的冲动？

——当别人在争论小云是否也陷入"青春恋"了，而只有你一人知道实情的时候……

——当对小云有意见的同学想找"把柄"攻击她，而来向你"套话"的时候……

——当某同学跟你透露他人小秘密之后，要求你也拿出一点"情报"做交换的时候……

在小组里2人一个组合，进行角色训练。

对于小云，你想说什么？试着帮助小云，劝导她。（进行现场演练）

（6）全班抽样展示后，教师点评：一个好的朋友是一个忠诚于你的人，是一个会替朋友保密的人。而要交到这样的朋友，自己也要做一个够朋友的人，真诚、可靠，为自己的嘴巴"站好岗、放好哨"。

四、团体结束阶段：感受与探寻

1. 探寻交往的秘诀

（1）教师引导：在刚才小云的案例中，同样是"小云心里喜欢小高"这样一件事情，为什么小云会觉得在私下里与小兰分享时是一种快乐，而一旦被小兰泄密、在全班张扬开去时就是一种羞辱？

（2）全班自由讨论分享。

（3）教师点评：同样一件事情，在小范围内说悄悄话可以减轻内心的纠结感，而在大范围内张扬开去就有可能出现极为复杂的局面，从而伤及当事人的自尊感。

2. 教师小结

人的内心深处，最敏感、最脆弱的地方，就是自尊心。与人交往，不管是一般的点头之交（"店面朋友"），还是同窗好友的厚谊之交（"厅堂朋友"），或是亲如兄弟姐妹的心灵之交（"密室朋友"），成功的秘诀都在于对别人的尊重。所以，时时处处以真诚待人，时时处处顾及对方的感受，时时处处给对方留面子，时时处处尊重对方的隐私，时时处处为对方保守小秘密，这些就是我们青少年在人际交往中走向成熟的指路明灯。

> **活动反思**

本次心育活动课旨在通过一种温馨的话题探讨方式，引导学生意识到，真诚、尊重和保密是交友的基础。因此在热身活动之后中，我们以"我的人际交往年轮圈"作为本节课的发端，激发学生的兴趣和想象力，让学生盘点一下自己的"人际财富"，并且反思一下个中缘由。接下来，在工作阶段，我们带领学生探讨了人际交往的"吉祥三宝"。除了待人是否真诚之外，尊重他人在初中生身上最常见的错误，就是说话不留面子和喜欢传播他人隐私。因此这两个问题在本节课的团体工作阶段中作为重点探讨，并通过案例讨论和情境训练，来引导学生深入思考、感悟和体验，实施效果总的说来是不错的。最后结束阶段，通过一个设问，引领学生对人际交往的成功秘诀再次做深入的探索。在此基础上，教师的小结为整个活动要达到的目标一锤定音。

（浙江省富阳市永兴中学　孙明锋　胡继宏　浙江省杭州市萧山六中　韦竹群　浙江省杭州市惠兴中学　罗国兰）

【活动参考资料】

青春期早期的友谊问题极为敏感

在青春期中期（13~15岁），对于忠诚的关注，以及由于害怕被人拒绝而引发的担忧会变得更为明显，而且可能暂时超过对内心表达的关注，并且这种情况在女生身上尤为明显。……在此时期，青少年同朋友间的冲突类型也会发生改变，年龄较大的青少年之间的冲突往往是围绕着私密性的问题，而年龄较小的青少年间的冲突则是由于公开的无礼举动。

在青春期中的焦躁阶段，对于朋友的嫉妒，在女孩身上会明显地增多。……在此年龄阶段，女孩子开始越来越担心她们同朋友之间的关系，因为她们正开始逐渐过渡到同异性间的关系上去。正如沙利文所指出的，这一过渡有时会使人感到不安。……她们之间的交往会更富攻击性。……尽管青少年同其他同龄人间的冲突，要多于青少年同好朋友之间的冲突，但是同好朋友之间的争吵会带有更加明显的情绪变化（也就是说，会很愤怒，或者会感到受到了很大的伤害）。但是更为重要的是，相比于普通朋友间的冲突，青少年更可能努力去化解同好朋友间的冲突，从而维持他们之间的关系。

　　青春期中的女孩子会对深厚友谊表现出更大的兴趣，更多地谈及她们同朋友间的交流，更多地关注朋友是否忠诚，表现出由于受到拒绝产生的更强的焦虑感；而且在对恋爱关系进行评价的时候，也会更为看重情感上的紧密联系。和男孩子相比，女孩子更可能会以不同的方式来对待密友和普通朋友，会为了与人际交往有关的话题发生更多的争吵；而且似乎更愿意将她们之间的友谊变成是专属性的，不允许其他人来打扰；此外也不愿意让其他的班级同学加入到他们的小团体活动中。

　　男孩间的矛盾持续时间较短，往往是针对权力和控制这样的话题（比如说，这次该谁玩游戏），更可能升级为打架，而且不需要刻意加以化解就能自动解决，解决的方式常常就是"随它去吧"。相反，女生间的矛盾则持续时间较长，往往是由对于彼此间关系的某种形式的"背叛"而引起的（比如说，泄露了秘密，或者是忽视了对方），只有当其中的一方向对方道歉了之后，才能得以化解。

（斯滕伯格：《青春期——青少年的心理发展和健康成长》）

活动专题 9 ｜ 我能"道歉和让步"（和解）

【活动参考目标】

1. 了解与理解

正确认识在人的生活和生存过程中离不开人际交往，和谐的人际关系能够帮助人提高学习、生活、工作的质量；不和谐的人际关系则会影响人的情绪和健康，降低我们生活的质量。

2. 尝试与学会

（1）通过活动让学生尝试在做错事、说错话时主动向对方道歉；同时在别人做错事、说错话并向自己道歉的时候能做出让步，以此来建立和谐的人际关系。

（2）能够主动尝试换位思考，从而关注自己的行为举止，学会多角度与他人沟通、和谐相处。

3. 体验与感悟

体验同学之间良好人际关系的重要性，感悟自己的自我中心意识可能给他人带来的伤害。

【活动参考课例】

人际关系的"润滑剂"
——我能"道歉与让步"

活动理念

初一年级学生正值青春发育期，身心发展不同步，心理成熟水平落后于生理水平，在人际交往中突出的特点是：过分强调"自我"，自我中心现象严重。他们在人际沟通方面缺乏换位思考，不能从对方的角度体察、理解对方的感受，并说出让对方乐于接受的话语。因此，有些学生说的话令人感觉是"横着出来的"，很容易引起对方的反感。但说话者本人也许仍不自知，时间一久，自然会严重影响与他人的交往，并可能朝着两个方向发展：或者是刚愎自用，强化原来的语言缺陷（表达过分强硬，发生争吵时只进不退）；或者是不再敢说话，缄默、郁闷、孤僻。所以，提高初一学生对人际沟通的认识，训练他们的沟通能力，在意识到自己讲错话、做错事的时候能及时道歉，在彼此发生争执冲突时能够主动让步，是非常必要的。这将大大有助于推进他们的社会成熟度。

> 活动准备

请两位同学准备两个小品表演；收集有关人际交往的故事（或学生中的事例）；全班分 4 人小组，每个小组准备一支记录笔、一张对开白纸。

> 活动过程

一、团体热身阶段：沟通游戏

1. 游戏 1："大西瓜"、"小西瓜"

（1）当老师说"大西瓜"时，同学们双手的大拇指和食指合拢成为一个大圆圈；当老师说"小西瓜"时，同学们用大拇指和食指合拢成为一个小圆圈（做五遍）。

（2）当老师说"大西瓜"时，同学们用大拇指和食指合拢成为一个小圆圈；当老师说"小西瓜"时，同学们双手的大拇指和食指合拢成为一个大圆圈（速度由慢到快，直到同学们错误百出，气氛热烈为止）。

2. 游戏 2：自我介绍

所有同学围成里外两圈，相向而立。

（1）播放音乐，音乐响时，同心圆内外圈反方向转动。

（2）音乐停，面对面的两个同学彼此握手寒暄，并相互介绍自己上初一以来的进步。

（3）音乐声再起时，游戏继续进行。

注意事项：同学们可以击掌而歌，以营造气氛。每次相互介绍时间为 1 分钟左右，整个过程控制在 5 分钟左右。

（4）教师点评：通过以上游戏活动，我们感受了沟通是建立良好人际关系的有效途径。

二、团体转换阶段：文具盒风波

1. 情境表演

（1）教师引导：语言是人际交往的主要工具，语言表达得好不好能直接影响彼此的关系。下面我们来看一个情景剧。（学生表演）

（旁白：丁零零……下课铃响了，小鹏有事快步走出教室，感觉手臂无意中碰了一下别人的桌子。因为走得急，他未加理会，更未察觉自己已经不小心碰掉了小军放在桌子上的文具盒，文具盒里边的文具撒了一地。小军捡起来一看，发现文具盒被摔得有些变形了，钢笔也摔断了。这个文具盒可是他舅舅从日本带给他的礼物，用了才不到两周时间，他心里非常痛惜、感到很不高兴……过了好一会儿，小鹏才回到教室。）

小军：嘿！小鹏，你这个人怎么搞的，没长眼睛呀！把我的文具盒碰到地上了！

小鹏：说什么呢？说谁呢？你才没长眼睛呢！我又不是有意的，再说，是我碰掉的吗？有证据吗？可别诬陷好人哪！一个小小的文具盒，有什么大不了的？

小军：嘿，你这人怎么回事，摔坏了人家的东西，你还嘴硬，蛮不讲理，真是个无赖，你这个……

小鹏：谁无赖，你才诬赖呢！你这个……

（同学们拉开了他俩……）

2. 小组讨论

（1）这两位同学为什么会争吵起来？站在小军这一边，假如别人这样对待你，你会有怎样的感受？站在小鹏这一边，如果别人这样对待你，你心里又会有怎样的感受？

（2）这两位同学如果要想平息这场矛盾，他们应该怎么说、怎么做才好呢？

请各小组组长将你们的讨论结果简要阐述清楚，与全班同学共同分享。

三、团体工作阶段：道歉与让步

1. 角色重置

（1）指导语：刚才有几个组的交流意见很有创意，那么有哪些同学愿意用角色扮演的形式展示给大家，与大家共同分享？

（2）由各组学生自愿上台表演。

小军：小鹏，你刚才急匆匆地往外走时，你把我的文具盒碰到地上摔坏了。这可是我舅舅从日本带给我的礼物，我很痛惜，心里很不高兴。

小鹏：哎呀，真是对不起，都怪我粗心，原来我碰掉了你的文具盒。这样吧，放学后我马上到商店买一个新的赔你，好吗？

小军：没关系，你又不是故意的。我看文具盒修一修还可以接着用，我家里还有钢笔，拿来用就行了，你不用赔。不过你以后走路不要太急，这样容易发生意外。

小鹏：谢谢你的谅解，我知道了，今后我会注意的。我们一块看看文具盒怎么修吧。

（3）小组评议：针对以上角色扮演的情境，请同学们在小组里做出评议：在他们的表演中，哪些言语表达、态度方式是令人愉快的？他们的表达方式对你今后与同学交往相处有哪些启发？

（4）教师点评：总结刚才同学评议的意见，这次，小军和小鹏在语言表达上有许多可借鉴之处。比如（投影展示）：

小军的表达方式——客观陈述事实但不做评判；表达自己内心的感受；表达自己对对方的理解、包容和让步；提出给对方的建议和希望。

小鹏的表达方式——首先表达歉意；表达对处理后果的积极态度；表达对对方谅解的谢意；采取必要的补救行动。

（5）小组沟通训练：按照上面提出的道歉与让步的表达句式，在小组里2人一组进行沟通训练，先由一人扮演小军，另一人扮演小鹏；然后角色互换，再练习一次。

2. 头脑风暴

（1）教师引导：在前面的文具盒案例中，我们已经训练了有效沟通中的表达句式。但有时候往往因为自己的情绪没有控制好，结果"擦枪走火"，双方都会感到很生气。所以我们还要进一步研究一下，道歉与让步的前提是如何控制好矛盾激发时的冲动情绪。

（2）小组分享：每个人分享"最令我生气的一件事"，当时自己是怎样处理的，效果如何。

（3）教师引导：每个人都有了切身体验之后，我们一起来想想：当自己和同学之间出现矛盾或冲突的时候，如何控制好自己的冲动情绪，为有效的沟通铺平道路?

（头脑风暴规则：4人小组讨论5分钟，组长再将沟通要点写在白纸上；各小组派代表上讲台前将白纸张贴起来，然后陈述本组意见；不可重复其他组意见，也不可反对其他组意见）

（4）教师点评：投影呈现在控制冲动情绪方面应注意的问题。

①稳定情绪，心平气和地说出理由，不做武断的评价。
②注意避开别人的"心理敏感区"。
③态度平和诚恳，尽可能面带微笑。
④语气语调温和婉转。

总之，除了沟通时的表达句式很有讲究之外，说话的态度也是一种艺术。对人尊重、态度平和、说话得体，可以使矛盾双方情绪稳定、气氛和谐；如果态度粗鲁或语气生硬，则会激怒对方，使其产生反感厌恶之心，矛盾冲突就会升级。

3. 他山之石

投影呈现名人沟通之道：

间接提出别人的错误，要比直接说出口来得温和，比较不引起别人强烈的反感。（美/卡耐基）

恰如其分的沉默是明智的，胜过一切雄辩。（古希腊/普鲁塔克）

礼貌周全不花钱，却比什么都值钱。（西班牙/塞万提斯）

向别人道歉，说声"对不起"不是什么大事，但是它是一种情绪镇静剂，是解开人们感情上疙瘩的良药。（美/康克琳）

四、团体结束阶段：礼让贵"先"

1. 视频：《谁先让一步？》

（1）视频内容：因道路维修，出现"瓶颈"，交通堵塞。面对面的两辆车都想抢道通过，结果"顶牛"了。两位司机谁也不肯让一步，后面的车辆越来越多……

（2）全班分享：在人际交往中，也经常会出现这种"顶牛"的现象，这个视频对你有什么启示？

2. 教师总结

（1）投影："道歉与让步的小技巧。"

尊重别人，态度尽量平和，不乱发脾气。
避免使用指责性的"你……"句式。
学会让步，不斤斤计较，大事化小，小事化了。
直接或间接地主动道歉。
注意对对方的友好示意有积极的回应。
及时展现你的微笑＋必要的肢体接触（如拉手、拍背、拥抱等）＋传递友好信息（如赠送小礼物、及时提供对方需要的帮助等）。

（2）教师小结：俗话说："牙齿和舌头还有打架的时候。"在人际矛盾中，学会主动道歉，学会"有理也让人"，就能使自己的交友之路更加宽广，心灵更加阳光。

活动反思

本活动内容操作性很强，不是教师说说道理就能收到很好的效果的。所以活动中应以学生讨论为主，让学生参与、训练、体验、领悟，从角色扮演中领悟一些人际沟通的基本道理和基本方法。在活动理念上，教师要牢牢把握"小切口"，集中力量突破"道歉"和"让步"的技巧，以及两者的前提——控制矛盾现场的冲动情绪，防止把这一节活动课上成泛泛议论人际沟通技巧的"通识"课。

（宁夏回族自治区吴忠市第四中学　陈　华）

【活动参考资料】

道歉是修复关系所必需的

那些致力于道歉和宽恕领域的专家们提出了下列建议：

1. 道歉必须是真诚的。那种迫于无奈的道歉，或者没有承担冒犯行为责任的道歉，对修复裂痕毫无用处。道歉的主要意图是挽救或重建一段关系。犯错的人必须要有诚意。

2. 若要道歉发挥作用，那么犯错的人必须努力表明他/她是应该被责备或感到羞愧的一方，或者是他/她做错了、不得体、误解了，或者非常愚蠢。道歉是一种减少被冒犯人的伤痛和羞耻感的尝试。

3. 成功的道歉包括三个组成部分：（1）说明并承担冒犯的责任（表明你知道自己做错了什么，以及它产生的影响）；（2）解释为何你做出这种错误行为，而且如果这是真的，为何这不是你正常的行事方式（这表明你对保持你们之间的关系感兴趣，而你将来不会再这样）；（3）表示真正的后悔。

4. 道歉的时间非常重要。有些道歉应该立刻做出（比如让某人感到尴尬，或者把液体撒在他人的衣服上）；严重的冒犯可能需要延长时间——或许是几个星期或几个月——以开始恰当的道歉程序。

道歉是一种力量的展现。这是一种诚实的行为，因为我们承认自己做错了；这是一种慷慨的行为，因为它重建了被我们冒犯到的人的自我概念。它为修复关系提供了希望。

（古德 等：《心理学与人生》）

活动专题 10 | 我能"大度和包容"（大气）

【活动参考目标】

1. 了解与理解

（1）了解人际沟通的重要性，同时理解良好的沟通不是单向的，而是一个双向的过程，交往过程中要有及时的信息反馈。

（2）良好的沟通能减少误解，或者可以及时消除误解；同时，对他人胸怀宽容大度，有助于促进人际关系的和谐。

2. 尝试与学会

（1）尝试在遇到各种沟通不畅、产生误会的时候，不是消极等待，而是主动寻找解决的方法。

（2）从操作层面尝试学习消除误会所必需的宽容与大度。

3. 体验与感悟

通过活动感悟到宽容大度的重要性，从而遇事宽以待人。

【活动参考课例】

生活中总有误会
——我能"大度与包容"

活动理念

初中生由于缺少人际交往的经验，缺乏沟通技巧，在和同学、老师及家长的交往过程中，沟通不畅，从而影响了双方的感情，给学习和生活带来了不必要的误会和烦恼。本节心育活动课旨在引导学生掌握人际沟通的方法，让学生了解宽宏大量和包容他人的重要性，同时，初步掌握消除人际误解的方法，尝试将其运用到实际生活中，用包容大度的态度去面对生活中难以避免的误解，增进人际间的有效沟通。

活动准备

调查学生中有关误会的经历；拍摄心理剧短片；制作幻灯片；学生抽签组合成若干个合作小组，每组6人；事先准备构图相对简洁的一幅画。

活动过程

一、团体热身阶段：一样不一样？

1. 指令画图

（1）游戏规则：请一位学生上来担任指令员，给他看事前准备好的一张画。告诉其他学生，这位同学将为他们描述这张画的内容，请他们按照这位同学的描述把内容画出来。请指令员背向大家站立，避免与别人的眼神和表情交流。他只能做出口头描述，不能有任何手势或动作。其他学生也不能提问，一切听从上面指令员的指挥。

（2）活动开始。画画完毕后，指令员将手中的画展示给大家看，让大家看自己的图画是否正确。

（3）再请另一位学员上台做这个游戏，但这次允许大家双向交流，看看结果怎样。

（4）学生讨论：为什么两次画的结果会出现如此大的差异？为什么单向交流如此困难？即使是双向交流也会有人出错？

2. 教师点评

通过刚才的活动，同学们体会到，在沟通过程中，我们需要的是双向沟通，双向的沟通更有效，更不容易产生误解。那么，在我们日常生活中，如果没有做到双向沟通，有可能产生什么样的结果呢？下面我们一起来观看一个心理剧。

二、团体转换阶段：开心的烦恼

1. 播放心理剧视频《开心的烦恼》。

（旁白：开心是一名初中生，他性格开朗，待人热情，每天都开开心心的。可是近来，开心的他却遇到了麻烦。今天是开心值日，他负责开门，所以，一大早，他就开开心心地来到学校）

（开心入场）他背着书包来到学校，打开教室门和灯，开心地在黑板上写下"值日班长：开心"。他放下书包，拿起扫帚开始扫地。他从教室的后面开始扫起，一不小心，碰倒了小刚的书桌，书桌里的东西散落一地。开心马上放下扫帚，将地上的东西捡起放回书桌。这时，同学小杰正好走到教室门口，看到这一幕，认定开心正在偷同学的东西。他却不露声色，和开心打着招呼进了教室。

（同学们进场）大家互相问着早，来到自己的座位上坐下。

（小杰想起早晨看到的事，于是走到小刚旁边，打算告诉小刚）

小杰：我今天早上看见开心翻你书桌，还把东西扒地上了。/小刚：真的？/小杰：千真万确，你赶紧看看丢什么东西了没。/（小刚急忙翻找书桌里的东西）小刚：我饭卡找不到了！/（小刚气急败坏地来到开心的座位前，用力地一拍开心的桌子）小刚：我的饭卡呢？/开心：什么？（一脸疑惑）/

(同学们纷纷围上来)小刚:(抓起开心的衣领)你还装?今天早上是不是你翻我书桌?是不是?是不是?/开心:我没有……/小刚:还狡辩?快把饭卡还给我!这次可以放过你!/开心:我没有拿啊!/小刚:你再狡辩!都有人看见了你还狡辩?没想到啊,你这样的好学生还会干这种事儿!真后悔我还把你当哥们儿!/开心:我真没有……/同学小A:真是知人知面不知心啊!/同学小B:平时笑眯眯的,没想到还会这手!/同学小C:咳!这小偷怎么能看出来啊?要真能看出来,那还要警察干吗啊?怪不得这几天班里东西总是丢,大家快看看自己东西丢了没吧!/(同学们赶紧回到自己座位上翻看)小刚:快把饭卡还给我!(一边推搡着开心,一边生气地说)/开心:(大喊)我没有!……

2. 剧情探究

(1)小组讨论:这样被严重误解的事情如果发生在你的身上,你会怎么做呢?

(2)全班分享:提出帮助开心同学解除烦恼的沟通方法,每组可选一种方法。

(3)教师点评:遇到任何问题,我们都不要消极等待,而要勇敢地面对,积极寻求解决的方法。"方法总比问题多",尝试去沟通,去表达,去解决,才能体会到沟通畅达的美好感受。

三、团体工作阶段:我包容,我大度

1. 续演心理剧

(1)教师引导:如果《开心的烦恼》的故事情节还将继续发展下去,那么,你可以现场为故事续演吗?试试看。

(2)将学生分成两个小组,委派组长负责挑选演员和排练,将心理剧续演下去。

结局一:经过开心的反复解释,小刚才慢慢地松开了紧紧揪住开心衣领的手,半信半疑地回到座位上。开始上课了,小刚打开课本,却发现饭卡夹在书缝里。他十分后悔自己刚才的莽撞,没有认真找就认定是开心偷了自己的东西。下课后,他红着脸来到了开心的面前,低着头小声向开心道歉,伸出手想和开心求和。可是开心想起刚才那被诬陷的一幕,仍然气愤难平,理都没理小刚,"哼"的一下甩开小刚伸出的手,径直走出了教室,留下尴尬的小刚，和指指点点的同学们。从此，开心再也没理过小刚，两人再也没说过话，见面也装作互相不认识的样子。

结局二：小刚生气地揪住开心的衣领反复摇晃着他，大声嚷嚷着："快把饭卡还给我！"在撕扯中，饭卡从开心的口袋里掉落在地上。果然，刚才开心在帮小刚捡起地上掉落的东西时偶然看到了饭卡，一念之差，放在了自己的口袋里。饭卡上清清楚楚写着小刚的名字，于是他高举着饭卡，大声地在同学面前喊："你不是不承认吗？这是什么？这是什么？小偷！你就是小偷！以后大家都记住了，咱班出了个小偷，谁丢东西都是开心偷的啊！"开心懊悔地低下了头，满脸通红。全班同学也在旁边指指点点，小声嘀咕着。从此以后，小刚就称呼开心"小偷"，慢慢地，班里也有同学跟着叫了起来。

2. 结局大讨论

（1）看到这样的结尾，你是什么感觉？你认为应该怎样做比较好？请小组讨论，并自由发言。

（2）教师点评：生活中总有误会，误会发生不可怕，不论是哪一方占了优势，都不能抓住对方的错误不放手，而应该用一颗包容的心，大度地去面对。只有这样才能够消除误会，让我们的友谊之树常青。

四、团体结束阶段：分享总结

1. 短片《用心沟通》

（1）播放《用心沟通》，该短片全部由生活中的图片组成，配上一些经典的格言（短片可自行制作）。

（2）教师小结：学会大度和包容，不仅是给伤害自己的人一个改正错误的机会，而且更是拯救自己脱离"冤冤相报何时了"的苦海，有利于自己的身心健康和学习进步，何乐而不为呢？

2. 共唱心声

全体同学同唱歌曲《朋友》，气氛达到高潮。

活动反思

笔者设计本节课，旨在帮助学生了解沟通的重要性，掌握沟通的技巧，消除误解，以达到良好的沟通。实际生活中，很多学生都会遇到沟通不畅的问题，包括和老师、家长、同学的交流，容易产生误解，激化矛盾，从而影响到学习、生活。在心理剧《开心的烦恼》这一环节中，我启发学生主动思考，寻求解决方法，使学生意识到，面对误解并不可怕，不应该因此而伤心、失望、愤怒，而是应该积极面对，主动寻求解决的办法。通过学生续演心理剧，引导学生思考：误会发生并不可怕，不管是谁的责任，都不应该揪住不放，只要我们宽容大度一些，问题总能解决。

（河南省郑州市河南省实验中学　顾少强）

【活动参考资料】

宽恕是一种选择

我们不是圣人，所以会在宽恕之后数个月甚至是数年仍然有生气的情绪。有时我们会惊讶自己一早还带着生气的情绪醒来，且发现我们原以为已经搭乘快车离去的苦楚竟然还在；有时我们会被很久以前经验到的不公平事件所击倒。

宽恕是一个历程。只是单单说"我宽恕你"是不够的，虽然已经说出这句话，但是生气的情绪仍会重复出现。我们需要走过一个了解自己情绪的过程，也需要有实际的行动。有时宽恕涉及不只一件事，而是一段长时间的伤害。有时我们宽恕一个人，只是让我们发现还有更多的人要去宽恕。曾经走过宽恕历程的人将是最好的见证，我们承认宽恕不能解除所有的痛苦，但是宽恕之后剩下的痛苦是可以容忍的。实际地宽恕之后，他们也了解生气和痛苦只会使情况变得更糟。

与我谈论宽恕的人常说，他们的愤怒情绪可以使伤害者处于情绪牢笼，只要他们继续生气与痛苦，对方就会被关在牢笼中。但渐渐地，他们发现被关在仇恨牢笼中的，其实是他们自己而不是对方；我们的怨恨影响自己的情绪比影响对方更多。宽恕是一把开启牢笼的钥匙，门不会轻易地自动打开，然后释放我们。而选对钥匙以及拥有能够打开牢笼的知识，才能使一个人重获自由，你一定有勇气选择走出牢笼。有些人带着"受害者"的标签太久，以至于这已经成为他的一部分；他们决定留在牢笼中，因为至少他们已经知道笼里会发生什么事，但宽恕正在招呼你走出牢笼、迎向未来。

（恩莱特：《宽恕是一种选择》）

活动专题 11 | 我能"调解和劝导"（协调）

【活动参考目标】

1. 了解与理解

了解通过"旁观者介入"进行"调解和劝导"，是化解同伴矛盾冲突的重要手段，也是一种重要的亲社会行为。

2. 尝试与学会

（1）尝试对同伴冲突进行公正、有效的劝导和调解，促使冲突和平解决。

（2）掌握同伴劝导和调解中具体的策略，如关注、倾听、积极引导等，并能付诸实践，培养劝导和协调问题的能力。

3. 体验与感悟

通过角色扮演和实战演习，感受公正的"旁观者介入"与有倾向性的"旁观者介入"给人带来的不同感受和不同的处理效果。

【活动参考课例】

牵手此岸　沟通彼岸
——我能"调解与劝导"

活动理念

同学交往难免发生冲突，而同伴劝导和调解矛盾冲突——通过"旁观者介入"进行"调解和劝导"，是化解同伴矛盾冲突的重要手段。它能使学生出于解决同伴矛盾的目的，以一种积极和公平的方式进行交流和协调，营造出一个安全而温馨的解决问题的氛围。当学生成功地制止或化解冲突后，调解者的推理能力和解决问题的技能都会得到锻炼和提高。同时，冲突的成功解决也激发了学生的自信心和成就感，促进了学生对班级的责任意识和参与意识，这对他们未来走向社会大有裨益。当然，冲突调解对于初中生还是有难度的，但班杜拉认为人们通过观察别人（榜样）的行为就能学会某种行为，因此我们可以通过心育活动课，让学生在学习、模仿、训练和体验中逐步培养自己具有这种重要的亲社会行为。

本活动旨在借助游戏和角色体验，透过同伴劝导和调解，比较公正的"旁观者介入"与有倾向性的"旁观者介入"这两种不同的劝导形式给人带来的不同感受，从而使调解者和被调解者在是与非的思辨过程中，更加充分地认识到维持积极的人际关系、防止在班级群体中出现破坏性人际事件是每一个学生的道德责任。

活动准备

1. 制作多媒体课件。

2. 将教室布置成适合分组讨论、活动表演的自由空间，将学生分成6人小组，为每个活动小组准备白纸和笔。

活动过程

一、团体热身阶段：雨点协奏

1. 引导学生练习发出以下几种声音

（1）手掌互相摩擦；（2）手指互相敲击；（3）两手轮拍大腿；（4）用力鼓掌；（5）跺脚。

2. 引导学生闭上眼睛想象一幅《雨点变奏图》

（1）微风——手掌互相摩擦；（2）小雨——手指互相敲击；（3）中雨——两手轮拍大腿；（4）大雨——用力鼓掌；（5）暴雨——跺脚；（6）微风习习——手掌互相摩擦；（7）雨过天晴——睁开眼睛。

3. 教师点评

我们知道自然界有风风雨雨，这些风雨会自然转化。在我们的生活中，人与人之间也有矛盾冲突，这些冲突有的会自动消化解决，而有些却无法自动解决，这时候该怎么处理呢？请同学们观看下面一段视频。

二、团体转换阶段：模拟演练

1. 模拟角色

（1）案例

小李和小王，是初一（5）班的学生，平时是比较好的朋友。一天课外活动的时候，小王因为早上的英语考试考得不是很理想，心情非常低落，一个人坐在教室里发呆。这时，小李和同学玩累了，回教室来喝水，发现了小王。

"你在干什么呢，不出去玩？"

"不想玩，看会儿书。"小王头也不抬地说。

"课外活动不出去玩？死读书又没用的。走走走，一起去。"小李说着要去拉小王。

"不想玩就是不想玩，我就是死读书好了吧。"小王一甩手，擦到了小李的脸上。

小李摸了摸脸，顿时气就上来了："你有病啊，好心叫你去玩，你竟然打我？"

"你才有病！"小王霍地站起来。眼看着，两个人就要打起来了。

此时，进来了一个人……

（2）请6位同学进行角色扮演，2位分别扮演两个冲突者，另外4位同学分别扮演"进来的那个人"的4种不同角色。

演练一：进来的那个人是小李的好朋友。（教师可悄悄要求扮演者帮着好朋友小李说话）

演练二：进来的那个人是小王的好朋友。（教师可悄悄要求扮演者帮着好朋友小王说话）

演练三：进来的那个人是一般的旁观者。

演练四：进来的那个人是班长，和小王、小李关系都一样。

四个学生依次扮演不同的冲突调解者，进行劝导和调解。其他学生仔细观察事态的发展和冲突处理的结果。

（3）劝导与调解过程中可能出现：

①小李的好朋友偏向小李，对小王说："人家好心好意想让你放松一下，太紧张反而学习效率会很低，这也是为了你好，结果反而好心没好报，还被打了。他心里肯定气不过，你应该向小李道歉。"结果矛盾愈演愈烈，三方都开始起争执。

②小王的好朋友偏向小王，对小李说："人家本来因为英语考差了心情很不好，你还来烦他！他已经说了不想出去玩，想自己静静地看看书，你还讽刺他'死读书'，无异于'雪上加霜'！他碰到你又不是故意的，是你自己要拉他。你还出言不逊，让人家小王感觉自己受了侮辱，你应该向小王道歉。"结果矛盾也愈演愈烈，三方都开始起争执。

③一般的旁观者：把两个人拉开来，制止他们发生打斗，让两个人都静一下，好言相劝彼此都让一让。稍微缓和一点，但是气氛尴尬。

④班长：听听两个人对这件事的想法，冷静思考一下，分析事情的起因、经过，从维护班级和谐的角度给双方提出建议。结果是矛盾可能缓解了。

2. 小组交流

（1）不同的调解者采取了不同方式的调解和劝导，出现了哪些不同的结果？

（2）劝导与调解有何不同？劝导和调解过程中分别应注意哪些问题？

3. 教师点评

劝导的最终目的往往是平息事态，而且劝导者有时可能是冲突双方中一方的朋友，虽然也想尽量把一碗水端平，但还是容易有意无意地倾向于其中的某一方，一不小心可能"拉了偏架"。而调解的最终目的，不仅是要平息事态，而且因为发现双方可能各执一词、各有理由或不足。因此，一定要站在中间立场，设法找到一个让双方都能接受的解决矛盾的办法。下面我们来进行一下情境练习。

三、团体工作阶段： 实战演习

1. 实战情境1——模拟与讨论

（1）请几位同学模拟下面的情境。

人物：小成、小夏、吴锋、老师。

小成是初一某班的学生，自习课时他完成了作业，就找同学小夏借一本课外书看。小夏不想借给他，小成就去抢；小夏没有放手，结果把小夏的书撕破了。小夏很生气，他让小成赔他的书；小成不答应，还说小夏也有责任。小夏很生气，把小成的一本书抢过去也撕破了，两个人扭打在一起。这时小夏的好朋友吴锋过来劝阻，他拦住小成而没有拦住小夏。结果小成更生气了，三人打成一团。其他同学都在围观，直到老师来才让他们平息下来。

（2）小组讨论：吴锋的做法对吗？他的调解方法存在什么问题？如果你是吴锋，你会怎么做？

（3）教师点评：从这个案例中，我们能得出劝解必须遵守的原则是——保持中立。

2. 实战情境2——思考与理解

（1）请几位同学和老师模拟下面的情境。

人物：小许、小王、小赵、老师。

15岁的小许是一名初中生，喜欢玩游戏，并在游戏中结识了不少玩家。去年3月，小许发现一名游戏玩家小王抢走了他的装备。他先是在网上辱骂小王，接下来两人互骂。之后小许了解到小王也是本校学生，进而约他打架。小许与小王约好地点，在学校外不远的一个公园打架，正好被一位高年级的同学小赵看见了。小赵上前去劝架，小赵把他们俩都批评了一通。小许和小王暂时住手不打架了，但是两个人气呼呼地看着对方。

（2）小组讨论：在小赵劝解时，小许和小王的问题得到解决了吗？你认为小赵的劝解方式有什么问题？如果你是冲突双方，你希望"中间人"怎么做？

（3）教师点评：劝解虽然制止了矛盾升级，却没能从根本上解决矛盾。

（4）故事继续。

这时候老师出现了，老师在小许和小王情绪比较平静之后，让他俩分别讲述事情的经过。接着老师问小许和小王对于这场冲突中各自分别有什么责任，为了解决这场冲突，各自打算怎么做，希望对方怎么做。最后，在老师的调解下，小王答应还给小许游戏装备，小许也向小王表示不该骂他并向他道歉，小许和小王都表示以后不再发生冲突。

（5）小组讨论：看完老师的调解，你认为调解时应该先做什么，后做什么？

（6）教师点评：调解的程序：首先，要了解事情的经过；其次，与冲突双方讨论解决方法；最后，冲突双方意见一致并形成某种形式的承诺。

3. 实战情境3——练习与体会

（1）根据以上所学的原则与程序，请同学参与调解以下冲突。

人物：杨洋，其他班级的两位同学甲和同学乙，杨洋朋友同学丙和同学丁。

丁零零……下课铃响了，又到了每天下午的课外活动时间，杨洋抱起篮球冲到操场上，今天跟几个好朋友约好了来场篮球赛，抢占球场的任务就落在了教室离操场最近的杨洋身上。几乎在杨洋到达一个篮球架下的同时，其他班的同学甲和同学乙也来到这个球场。

"你们到那边玩吧，我们今天这里有比赛。"杨洋对那两个同学说。

"你们到那边比不就行了嘛，那边也没人。"已经开始玩起来的两个人回答道。

"嘿，这分明是我先来的嘛，凭什么让我走？"说着，杨洋上前抓住了他们的篮球。可是，这个时候别的球场也有同学在玩了，那两个同学见已经没有球场了，就和杨洋理论起来。双方的情绪越来越激动，这时，杨洋的朋友们（同学丙和同学丁）也下了课，来到篮球场……

（2）小组讨论：如果你就在球场，你会怎么办？

（3）全班分享：谁的做法更好？为什么？

（4）教师点评：发生冲突后，尽快冷静，避免冲突的进一步恶化；回顾矛盾的产生，重新界定该担当的责任；面对旁观者的介入，给予必要的信任和尊重；坦诚地接受调解。

4. 投影"调解心法"

公正公平最关键，认真倾听要优先。心平气和似简单，安抚情绪非一般。委婉劝导分两面，互相尊重最"平安"。协调双方讲妥协，互谅互让喜开颜。

四、团体结束阶段：分享总结

1. 手链游戏

（1）请各小组成员用友好的各种动作、语言（如微笑、鼓掌、击掌等）来表达我们希望和平相处的心愿，然后，中间的同学请牵起两边同学的手，把他们的手放在一起，握成"手链"，体验与人友好交往带来的快乐。

（2）多媒体播放主题音乐《朋友》，引导大家面带微笑，共同参与，体会其中的快乐。

2. 教师结束语

心灵的此岸、彼岸，或许会因为偶尔激起的滚滚波涛让人感觉无法企及，或许会因为不时的浪花碰撞让人感受到一种距离。此时，请努力牵手此岸，沟通彼岸。相信一个和谐、互谅的人际环境将很快建立。

活动反思

在活动设计中，我们以"模拟演练"和"实战演习"作为本节课的核心，试图通过学生的情境表演和自身体验来提炼有效的实施措施，强化劝导和调解过程中应注意的一些问题。由于"模拟演练"环节安排的是学生自愿参与，所以对于参与者可能会产生表演无法进行的情况有一定的预计，这里的不确定因素比较大，课堂上可能比较难掌控。因此，老师对"好友介入"的两个角色扮演者可以进行简要的事前引导，从而为问题的探讨奠定基础。"实战演习"环节目的在于巩固和应用，在前一个环节"模拟演练"的基础上，可能会有一定的效果，但是要提炼出学生的感悟或许会有难度，所以必要时教师可以加上有关的示范指导。

总的说来，我们感觉在整个活动的设计中，还是基本以学生的活动和体验为主，希望通过学生自己的感悟和分享来真正获得作为"旁观者介入"进行劝导和调解的技巧和能力。

（浙江省宁波市第十九中学　李安彬　浙江省富阳市永兴中学　陈　浩　丁玲琴）

【活动参考资料】

训练学生担任化解同伴冲突的调解员

发生争端时，可以请中间人来帮助，听取双方的意见，促进双方以合作宽容的态度进行沟通，寻找解决方法。有些学校会训练学生的调解能力。你的学校里是否有这种培训，如果没有，可以建议校长开设调解员课程。

找你尊敬的信任的大人。必要时请他们给予帮助。如果你们无法自行化解矛盾，或者调解员也解决不了，那么请大人来帮忙。

求同存异。有些矛盾解决起来，无法令双方都完全满意。遇到这样的情况时，最好的做法就是允许不同意见存在。如果可以，你先设定基本原则。例如，"虽然我们不同意，但我们还是互相尊重"、"待人宽容如待己"、"我们虽然有不同意见，但不会演变成拳脚相加"。

总结经验。发生冲突之后，都要进行反思，包括发生过的情况、为什么会发生、（如果和平解决了的话）冲突是如何解决的等。你会想把这些事情都写进自己的日记里。

调解的步骤：

1. 介绍：作为调解员进行自我介绍；询问冲突双方，是否愿意接受你的调解。

2. 找一个安静的地方进行调解，就以下问题请双方达成一致：试图解决问题；心平气和，不互相辱骂；不打断对方说话；信任彼此。

3. 倾听：问一方"发生了什么情况？"并解读其中缘由；问一方有何感想并思考其中含义。问另一方"发生了什么情况？"并解读其中缘由；问另一方有何感想并思考其中含义。

4. 寻找解决方法：问一方原本可以通过其他哪种方式达到目的，并解读真实含义；问另一方原本可以通过其他哪种方式达到目的，并解读真实含义；问一方期望通过哪种方式来解决问题，并解读真实含义；问另一方期望通过哪种方式来解决问题，并解读真实含义；随机应变，使冲突双方迈向和解。

5. 找到解决办法：帮助冲突双方找到一致同意的解决方案；将解决方案及其具体细节全部告知冲突双方，以达成一致；成功获得双方和解。

（刘易斯：《榜样——青少年品格塑造指南》）

活动专题 12　我能"表达爱双亲"（通情）

【活动参考目标】

1. 了解与理解

（1）帮助学生理解语言是最直接、最有效的沟通方式。

（2）引导学生理解在亲子沟通中言语方式的重要性。当我们使用言语来表达自己的情绪和感受时，不仅可以更好地了解并疏导自己的情绪，而且会让父母更好地了解你、理解你。

2. 尝试与学会

（1）学会先说自己：向父母坦率说出自己的心情、感受。

（2）学会体谅父母：说明事情缘由，不让父母着急，解释事件本身，即发生了什么。

（3）学会态度真诚：避免用反问的句式来指责父母或者表达不满。

3. 体验与感悟

帮助学生了解自己内心的情绪和情感，体察自己对父母的情感。

【活动参考课例】

沟通，从"说"开始
——我能"表达爱双亲"

活动理念

初二的学生正处在青春期的发展阶段，很多家长都有同样的感受，觉得孩子开始不喜欢和他们说话了，父母心中就很纠结，很想知道他们究竟在想什么。而孩子此时也有了更多的想法，他们觉得小时候对父母说的很多话现在说不出口了，但是理性成熟的表达方式又还没学会，因此他们有时干脆不说，有时在表达过程中情绪激动。也正因为如此，父母往往选择了限制、制约孩子自由行动的强硬措施；而孩子由于不会表达内心需要，则选择了叛逆行为。这个阶段的亲子关系与小学阶段有所不同，主要表现为"控制与反控制"的矛盾。但事实上，父母是爱孩子的，孩子也是爱父母的，只是彼此用错了言语，也用错了表情。本节心育活动课旨在让学生学会觉察自己和父母在亲子矛盾中的内心感受，并且学会使用恰当的言语来表达对父母的爱，增进与父母之间的良性沟通。

> 活动准备

音乐；视频课件；指导角色扮演；座位：6人小组排列。

> 活动过程

一、团体热身阶段：游戏 "只能意会，不能言传"

1. 游戏规则

（1）请每个6人小组起立，纵向列队。

（2）每个小组第一个人不能说话，用动作和表情把老师书面呈现出的话传递给下面一个人，依次类推，最后一个人根据前面一个人所表达的，说出是什么意思。

2. 分享体会

（1）教师提问：在游戏中，你有什么感悟或者体会？

（2）再来一次，这次不限制任何方式，请你将刚才看到的话传递下去。

3. 教师点评

通过刚才的游戏体验，我们不难发现：语言是最直接、最有效的沟通方式。然而，在生活中我们往往有这样的经验：越是亲近的人，越是不愿意表达或者不善于表达。比如，我们和父母之间，有时想说一些心里话，但碍于面子或者怕说了也没用等原因，我们把它们埋在了心底。今天，我们就通过学习言语表达技巧来架设和父母沟通的桥梁。

二、团体转换阶段：我如何向父母表达爱

1. 父母面前的我

（1）教师引导：在以下情况时，你是如何向父母表达你的爱的？

父母过生日时

在父母咳嗽时

在你的生日时

在和父母一起逛超市时

在和父母一起看电视时

在父母唠叨、教育你时

（2）小组内分享自己在上述情境中的具体表现。

2. 我心中的父母

教师引导：看来我们表现得都很不错，大部分时间里都能和父母相处得很好，能顺利沟通，但有时也会有些困惑，心里对父母会有些想法，心中难免有些纠结。下面这个案例就比较能说明一些同学心里的苦恼。

三、团体工作阶段：人生 ABC 剧

1. 视频：《放学归来》

（1）剧情介绍：

芊芊和同学们放学后一起去看望生病的同学，回来的路上公共汽车抛锚了，由于路上很难打车，所以只好走路回家，这样就拖延了回家的时间。本想打电话给妈妈，但放学后没有回家，而是直接去了医院，所以没人带电话出门。芊芊匆匆赶到家里，妈妈正在焦急地等着她。推开门后，只听妈妈大吼了一声："你野到哪里去了，啊？都过了10点半了，你说好9点之前一定回来，你这个人根本就无法让人信任！"

（2）小组讨论：如果你是芊芊，你此时是什么心情？而你会怎么样回应你的妈妈呢？

（3）全班分享。（预想可能会有两种或三种情况：沉默、争吵、好好解释。）

2. 《放学归来》续集版本 A

（1）视频呈现剧情：

芊芊选择了一言不发，心里既委屈又生气，摔门进了自己房间，任母亲在门外唠叨。

（2）教师提问：大家觉得这种方式怎么样？如果你是芊芊的妈妈，你的心情如何？

（3）学生自由发言。

（4）教师点评：有人说当"更年期"遇到"青春期"时，"更年期"都会变成唐僧——啰里啰唆；当"青春期"遇上"更年期"时，"青春期"都会变成金子——沉默是金。然而，当我们用沉默来反抗父母的时候，其实也关闭了自己的心门。当我们把喋喋不休的父母关在门外的时候，其实自己的内心也并不轻松。

所以，只有"说"出来，才能迈出沟通的第一步。那芊芊会怎么说呢？好，我们接下来看故事续集的第二个版本。

3. 《放学归来》续集版本 B

（1）我们请两位同学来做角色扮演：

母亲："你野到哪里去了，啊？都过了10点半了，你说好9点之前一定回来，你这个人根本就无法让人信任！"

女儿："噢，我刚跨进家门，你也不管我浑身湿透了，你也不给我解释的机会，有你这样当妈的吗？"

母亲："你竟然这样跟我说话？你从来只知道关心自己，从不关心别人的感受。我为了什么？还不都是为了你？而你，却自私得要命！"

女儿："你才自私呢，不分青红皂白开口就骂，你才是只考虑自己的感受，从不为我着想！"

母亲："好了，好了，你不要再说了。我规定你以后晚上不准和同学出去，任何时候都不行！"母亲气呼呼地坐到沙发上。

"哼！"女儿也生气地把门关上了。

（2）学生自由分享感受。

（3）教师点评：这是故事续集的第二个版本。我们看到芊芊试图和母亲进行沟通，但是很明显失败了，她们的矛盾冲突更激烈了。看来不是随便"说说"就能解决问题的。"说"也是需要学习的，这就是言语表达的技巧。

4. 《放学归来》续集版本 C

（1）教师引导：好，如果大家就是这个故事的导演，请你给这个故事换上第三个版本。但是老师有个要求：那就是我们要从女儿芊芊的话开始修改，而母亲还是那句话："你野到哪里去了？"

　　为什么这样要求呢？很简单，我们不能改变天气但我们可以改变心情，改变都要从自己开始。如果今天是你们的爸爸妈妈坐在这里，我一定是要求他们从母亲的话开始修改。明白了吗？好，请各小组讨论一下，然后派两位同学来演绎一下你们的新版本。

　　（2）学生在小组内进行排练，然后分小组上台表演。

　　（3）全班评议：如果你是故事中的妈妈，你最喜欢哪个组的芊芊说的话呢？为什么？

　　（4）教师点评：同学们所讲的理由正是说出了沟通中的言语表达技巧，概括起来就是（投影呈现）：

　　先说自己：向父母坦率说出自己的心情、感受。

　　体谅父母：说明事情缘由，不让父母着急，解释事件本身，即发生了什么。

　　态度真诚：避免用反问的句式来指责父母或者表达不满。

四、团体结束阶段：分享总结

1. 歌曲欣赏《其实我想更懂你》

（1）**教师引导**：接下来请同学们一起欣赏一首歌曲《其实我想更懂你》。

（2）**播放歌曲，投影歌词**：

（苏芮）每次我想更懂你 我们却更有距离/是不是都用错言语 也用错了表情/其实我想更懂你 不是为了抓紧你/我只是怕你会忘记 有人永远爱着你（爱你）

（潘玮柏）请你听听我的真心话/你每天看着我长大/但你是否了解我内心矛盾的对话/你板着脸孔 不屑地对着我看/我的视线没有了勇气 只好面对冷冰冰的地板

（合）这就是你 这就是我 我们之间的互动/何时开始慢慢 加以冷藏 加以冷冻/我好想逃 我好想躲进一个洞/我需要真正了解我的人 为我进行解救/这就是 我的内心 请你仔细地剖/我试过好多次的机会想要触碰你手/课本写说你们应是我最好的朋友/但是显然不是 我叙述我的故事/每次我想更懂你 我们却更有距离/是不是都用错言语 也用错了表情/其实我想更懂你 不是为了抓紧

你/我只是怕你会忘记 有人永远爱着你（爱你）……

（3）自由分享：同学们，世界上最真挚的情感莫过于父母和我们之间的感情，误会、争吵、沉默，都不能掩盖血浓于水的真情。那么，此时此刻，你有什么话想对什么人说吗？

2. 教师小结

感谢同学们和大家分享了自己的感受，也勇敢地表达了自己对爸爸妈妈的爱。事实上，我们都知道老爸老妈是爱自己的，而我们在心里也深深地爱着他们。只是有时因各种原因我们并不想主动和父母沟通，以致让父母深深地担心，甚至造成了很大的伤害。但是这份爱需要我们悉心呵护，并用语言去表达。其实，只要一个微笑，一个眼神，一封信，一句话，一次撒娇，一杯热茶或者其他的最简单的行为，就能把你对父母的爱表达出来，父母也一定能感受得到。

活动反思

本活动设计已经修改了5次，每一次上课的效果都不同。本课为改善中学生亲子关系而设计，切入口选取了"言语表达"这个点，这是学校辅导工作中发现的普遍问题、典型问题。活动旨在帮助学生通过学习言语表达技巧，学会用恰当的言语和父母沟通，从而更好地表达爱父母的情感。活动设计中的故事源自学生真实的案例，这样不会令学生感到脱离实际。我们设计的问题基本上都是围绕这个案例展开的，利用故事的三个版本，提出有针对性的问题。从每次上课的情况看，这些问题都比较有效，学生能够在小组中讨论分享，他们所说的话也推进了活动的展开。

本节课关键的部分是"第三个版本"的讨论与演绎。教师在这个环节中要注意倾听，捕捉信息，鼓励每个小组的学生充分讨论，并帮助他们确定表演的同学，这样有利于更好地进行全班分享。小组演绎新版本后，教师提出的"你最喜欢那个小组的芊芊说的话？为什么？"这个问题，是本课的重点，也是难点。建议老师仍把这个问题抛到小组中去，经过学生们充分碰撞后再来分享，效果会更好。但是在上课中，我们发现这个问题的解答效果，和学生的归纳、总结、表述的能力相关，需要教师帮助他们完成表达。

在团体结束阶段，我们选择了一首歌曲《其实我想更懂你》作为情感的升华，歌词十分贴近学生的内心感受，容易产生共鸣，并且和本课的主题也很贴切，效果很好。最后的分享，从上课的情况看，不是所有班级的学生都能从感悟分享中讲到自己的事情、自己对爸爸妈妈想说的话、自己的内心想法和感受，等等，仍存在讲道理说规律的社政课回答方式。这一点老师需要注意。在这个阶段里，要想让学生的分享能言己、言心，需要教师在整节课中充分发挥团体的作用，营造安全开放的课堂环境。

（浙江省玉环县实验学校　史　媛　浙江省富阳市永兴中学　俞永坚）

【活动参考资料】

对长辈的"十不准"

①在大家劳动场地的周围，不准闲待。在你清楚知道长辈人正在干活而不允许你休息的时候，你游手好闲，沉湎于种种娱乐，这是可耻的。

②不准嘲笑老年人，这是对人最大的不尊敬。对老年人只应说尊敬话。世界上有三种东西：即爱国主义、对妇女的真诚之爱和对老年人的尊敬，无论在任何条件下都不应该遭到嘲笑。

③不准同尊敬的人、成年人，尤其不准同老人进行争吵。对于长辈们的建议，匆忙表示怀疑其事实性，这种人是不配称有理智和通情达理的。如果你有什么疑问，想说话到嘴边最好先停一下，考虑考虑，作出判断，然后再去请问长者，以免惹起长者们生气。

④不准因为自己没有某种东西而表示出不满……你的同龄人有，而你的父母又没有关心到你这一点，你没有权利向自己的父母要求什么。

⑤不准逼你父母给你连她本人都不肯给自己的那种东西，如餐桌上最上等的食品、高级糖果、高级衣服等……要学会谢绝礼物，如果你知道在别人送礼物之中也有送你的礼物，你父母谢绝了，你也要谢绝……

⑥不准去做长辈们所谴责的事，不论是当着他们的面也好，背着他们也好，都不准去做。要用长辈们的观点（他们是怎么考虑的）来审视自己的行为。任意纠缠、无端企望长辈们注意自己，提出种种显示自己的要求，对这一点是特别不能容忍的。母亲和父亲是从来不会忘记你的，你不在他们面前要比你在他们身边想你要多得多。你要记住，母亲和父亲有自己的精神世界，

他们有时也想独自一个人待在这个世界里。

⑦不准将年长的亲人，特别是你母亲单独一人丢下不管，如果在她身边除了你，没有别人的话。在欢乐的节日里，任何时刻不能留下她一个人待着；你本身，包括你的话语，你的微笑，你的交往，有时就是她生活的唯一欢乐。人越是接近晚年，体验自己孤独的痛苦就越尖锐。要记住，人的一生当中会有这个时期的，就是除了人的交际的欢乐之处，任何其他的欢乐已不可能有了。

⑧不准不经长辈们（特别是爷爷）的允许和劝告就要启程赶路；不要不等他们向你发出一路平安的祝愿，你也不留下祝福的话就不辞而别。

⑨不准不先请长辈们坐下，自己就先坐下吃饭。只有道德无知的人，才会像只顾满足自己饥饿的牲口那样去吃，而且担心同时在场者不要抢走属于自己的那块食物。人要吃饭，不只是为了解馋，不只是新陈代谢生理活动的需要，人们坐在一起共同进餐，桌上可以进行有趣的精神交流。如果你善于劝说老年人同你共享一块食品，你就给他带来了更大的欢乐。

⑩在成年人，上了年纪的人，尤其是妇女站着的时候，不准你坐下。在你同长辈人相遇时，不准等长辈人先跟你打招呼，你应该首先问候他；告别时，要祝身体健康。在这些礼貌的规矩里，含有深刻的、内在的本质，即对别人的尊重。不善于尊重人，你就如同一个对着大海那美丽的波浪吐着唾沫的浪子。大海还是那般雄伟而且美妙，你的唾沫，丝毫玷污不了它，而只会玷污你自己。

（苏霍姆林斯基：《怎样培养真正的人》）

◆ 活动模块三

豆蔻年华

阶段目标：

开展青春期教育，促进初中生异性之间的正常交往。

适用年级：

初一、初二、初三年级，以初二上学期为主。

活动专题 13 | 我能"举止更绅士（淑女）"（涵养）

【活动参考目标】

1. 了解与理解

（1）了解"绅士"和"淑女"的概念，理解现代意义的"绅士"、"淑女"，认同和喜欢自己的性别角色，提高学生做"绅士"、"淑女"的意识，并以自己的形象更加"绅士"、"淑女"为荣。

（2）理解真正的绅士、淑女品质并不取决于表面的时尚与礼貌，而取决于道德价值观；并不取决于个人财富，而取决于个人品质。

2. 尝试与学会

（1）以活泼的活动形式，使学生充分张扬个性，展示自我的性别角色。

（2）在活动准备和过程中，提升学生的评判能力和审美能力。

（3）通过"示范"、"模仿"、"角色扮演"、"积极演练"等行为主义技术的训练，逐步塑造并巩固自己健康、阳光、受欢迎的性别形象和举止行为方式。

3. 体验与感悟

通过"脑力激荡"或"讨论"，感受到男生哪些表现和行为是受女生欢迎的，哪些表现和行为是被女生反感，甚至是厌恶的；女生哪些表现和行为是受男生欢迎的，哪些表现和行为是被男生反感，甚至是厌恶的。

【活动参考课例】

悦纳自己的性别角色
——我能"举止更绅士（淑女）"

活动理念

绅士、淑女形象的打造能给青春期的学生带来自信，打造绅士、淑女型班级能提升班级文化的内涵。本次活动意在引导学生认同和喜欢自己的性别角色，男生能以自己的形象举止更加"绅士"为荣，女生能以自己的形象举止更加"淑女"为荣，让学生在潜移默化中进一步懂得怎样扮演自己的性别角色，怎样做一个社会人。从而推动学生在校学习期间就养成注重语言谈吐、行为举止、仪容仪表的好习惯，努力成为一个受异性尊重和喜爱、按社会主流价值观的要求展现自己性别角色的人。

活动准备

美国电影《窈窕淑女》《音乐之声》及国产影片《窈窕绅士》的视频剪辑；"不绅士"的行为"小品"；对联准备；"我和绅士的距离"的蓝卡片以及"我和淑女的距离"的粉红卡；每人16开白纸2张；分组：7人小组，男女混编，尽可能男女人数为4∶3。

活动过程

一、团体热身阶段：欣赏"绅士"和"淑女"

1. 小品

（事先排练过的）五位"非绅士"（假装）迟到入场，还跟老师进行一场"不很绅士"的辩解。由此迟到现象引出"绅士风度"。

2. 何为绅士

（1）从单词的字面入手："绅士"一词最早出现在英国，当时的英国绅士通常会手拿文明棍，头戴大礼帽，身着笔挺的西装，足蹬亮皮鞋。

（2）欣赏电影剪辑《音乐之声》2分钟，形象演绎"绅士"概念。

二、团体转换阶段：辨析"绅士"和"淑女"

1. 简析"绅士"形象

（1）播放国产影片《窈窕绅士》视频剪辑3分钟。

（2）小组讨论：对比《音乐之声》，刚才影片中的主人公哪些举止不符合绅士形象？本堂课开始五位同学扮演的角色又有哪些地方"不绅士"？

（3）全班分享。

2. 呈示"淑女"形象

（1）英文解释绅士和淑女：gentleman 和 gentlewoman，而 gentle 指温和的；和善的，仁慈的；轻柔的；和缓的；驯服的，温顺的；高贵的；有教养的，文静的。

（2）播放视频《窈窕淑女》剪辑 2 分钟。

3. 他们"绅士"、"淑女"吗？

（1）教师引导：相信我们身边的男生女生，形象一定有很绅士、很淑女的，也一定会有不够"绅士"、不够"淑女"的，让我们一起来找找看。（出示投影）

（1）上课铃响了，女生要像支离弦的箭，直奔教室而去。（×）

（2）新时期的女生要活泼大方，不必拘于小节，可以高声尖叫。（×）

（3）走路要抬头挺胸，目视前方，肩臂自然摆动，忌讳八字步、摇摇晃晃，或者扭捏碎步、踮步前行。（√）

（4）听别人讲话东张西望，不注视对方的眼睛。（×）

（5）在公共场所要做到不追逐打闹，不嘻嘻哈哈，女生在公共场所不用手抓挠身体的任何部位（不得已时也应在较隐蔽处完成）。（√）

（6）男生可以穿花俏又紧身的衣服，但不能挂项链。（×）

（7）值日时，男生从女生手中接过盛满水的水桶。（√）

（8）与人说话不高声喧哗，没有很多、很大的动作；听人说话要专心，不轻易打断别人的话。（√）

（9）坐在座位上，两脚自然并拢，双腿自然平放，坐姿自然，身体不随意抖动。（√）

（10）自己的同学、朋友来访，应热情迎接。初次来访，应给父母逐个介绍，然后把最佳座位让给客人，可用茶水、糖果、玩具、图书等招待。（√）

（11）在家吃东西或喝汤时不用小口吞咽，闭嘴咀嚼，可以大声发出响声。（×）

三、团体工作阶段：寻找身边的"绅士"和"淑女"

1. 异性评异性

（1）教师引导：一位男生是不是绅士，一位女生是不是淑女，异性的眼里自有评判标准，让我们悄悄地审视自己心中的那一双眼睛，写下你认为的绅士、淑女形象。

（2）学生填写：男女生分别在卡片上写：_____是我们班同学中的淑女（绅士），因为他（她）_____（语言谈吐、行为举止、仪容仪表等）。

（3）学生将卡片分别投入"绅士名片箱"、"淑女名片箱"。

（4）请两位同学（一男一女）随机抽取若干"名片"，读一读，看哪些同学是女生心目中的绅士，哪些同学是男生心目中的淑女。

（5）教师点评：我们可以从时间和空间两方面规范自己的性别形象标准，也就是什么时间在什么空间做什么事，以及怎样去做。

2. 辩论赛：悦纳我的性别角色

（1）男女生辩论赛双方辩题：做女生真好（女生）——做男生真好（男生）

（2）辩论规则：一个小组内3男3女，对面坐，第七位同学（无论男生女生）做辩论赛主持人；男方代表与女方代表轮流发言；发言的音量、语气、表情、态度、用词等均要体现绅士（淑女）风度；主持人控制辩论现场，最后做总结。

（3）小组辩论后，推选出组内"最佳辩手"（男女各1人）。

（4）各组最佳辩手现场组合代表队（抽签决定7人），在全班面前进行辩论。

（5）评出班级最佳辩手，男女各1人。

四、团体结束阶段：塑造"绅士"和"淑女"

1. 我的"绅士"（"淑女"）形象

（1）填写卡片：我离绅士（淑女）有多远？（男生蓝卡，女生粉红卡填写）

我和绅士的距离 姓名：_____	我和淑女的距离 姓名：_____
做到以下几点，我将更"绅士" 1. _____ 2. _____ 3. _____	做到以下几点，我将更"淑女" 1. _____ 2. _____ 3. _____

（2）在小组里分享，请异性组员作出评价或提出建议。

2. 投影出示南开大学学生形象规范

面必净，发必理，衣必整，纽必结，
头容正，肩容平，胸容宽，背容直。

3. 性别形象对联大比拼

（1）完成对联：每个小组现场完成一副对联：

＿＿＿＿＿＿＿＿＿＿展淑女气质
＿＿＿＿＿＿＿＿＿＿显绅士风度

（2）各组代表写在纸上，并大声地在全班分享，掌声鼓励显示绅士、淑女风度气质。

（3）教师小结：刚才的展示活动也是一次现场演练，我们对各组代表宣读对联时的风度、神态、举止、语言表达等是否符合绅士、淑女形象，都会有自己的一个判断；同时，刚才的掌声是否热烈，时机把握是否妥当，也展示了整个班级成员的风采、内涵和修养。

（4）教师向全班赠送对联——"和声细语展淑女气质　谦恭礼让显绅士风度"。①

活动反思

本活动设计着眼于成长中的初二年级学生，我们认为，如果学生争做绅士、淑女，将更有利于形成学生良好的性别角色形象和正确的性别认同意识，因此，这节心育活动课对于和社会接触越来越多的初二学生来说，是非常必要的。在热身活动中，我们让学生用英文理解"绅士"、"淑女"的概念，既有趣又易懂；视频剪辑中主人公形象的改造，让学生能体会自己也可以成为绅士或淑女。在转换阶段的"辨析绅士淑女"活动中，学生逐渐进入了角色。在工作阶段"寻找身边的绅士和淑女"辩论赛中，学生的境界在升华，从学生渴望的眼神中已经能看到活动的设计取得了一定的

---

① 语出南京四中校长王苏民。

成效。团体结束阶段的"塑造绅士和淑女",学生也很认真。下课后我们发现所有学生都把凳子轻轻地放在桌子下面,有序地退场。学生自己寻找距离,进行自我约束,是一种品质的内化,它让学生在心里说"我也能举止更绅士(淑女)"!

(浙江省富阳市永兴中学　赵红霞　叶云红　霍黎碧　浙江省杭州市惠兴中学　钱雪飞)

【活动参考资料】

马克思谈男女性别形象

马克思曾回答过女儿们向他列表提出的一些问题。……马克思着重谈到,他认为,男子最珍重的品德是"刚强",而女子是"柔弱"。显然,这一言简意赅的评价,兼有真理和玩笑、睿智和乖僻的成分。

马克思所说的"刚强"即男子气,而"柔弱"即温柔、美丽和女子气。这两种对立的品质有着深刻的内在辩证联系。尽管听来可能荒诞,但是,在某些方面男子的刚强会变成他的弱点,而女子的柔弱(即温柔)会变成她的力量。

富有女性的女子喜欢强有力的男子,但讨厌粗暴。她渴望具有高度人道素养的力量,同温柔和善良结合在一起的力量。

女性的"柔弱"和男性的"刚强"不应被片面地看作只是生理特点。男子给女子留下深刻印象的不仅是体力,而且是知识和精神的力量以及他的意志品质。男子喜爱女子的不仅是她生理方面的温柔,而且是她细腻的精神、优雅的风度和文化修养。

(瓦西列夫:《情爱论》)

活动专题 14　我能"持礼待异性"（持礼）

【活动参考目标】

1. 了解与理解

使学生认识异性交往是人际交往的重要内容，鼓励学生进行积极健康的异性交往，不断提高人际交往能力。

2. 尝试与学会

（1）引导学生在交往中遵循健康的异性交往原则和礼仪。

（2）学习正确的异性交往的方式方法，避免因分寸失当而产生的无礼行为。

3. 体验与感悟

（1）通过小组讨论感受"持礼待异性"的重要性。

（2）锻炼学生组织活动的筹划能力、展示学生的表演才艺，倡导"我口说我心"的表达自我观点的学习研究氛围。

【活动参考课例】

异性交往要有"礼"
——我能"持礼待异性"

活动理念

初二学生正处于青春期，青春期是一个人的花季时期，是人一生中发展智力的黄金时期，身体和心理都发生了很大的变化。同时，青春期也给同学们带来了一些困惑和烦恼，尤为突出的是异性同学间如何进行正常的交往。一项调查表明：中学生们最受困扰的不是学习问题，而是异性交往的困惑。因此，关于异性交往的问题，有必要和学生一起探讨，让学生们能够了解该如何正常地交往，建立良好的人际关系。

活动准备

课件；电影《罗马假日》片段剪辑；课前做好关于异性交往礼仪的小调查；座位：男女生分别编组，6人一组围坐；每组1张大海报纸，1支记号笔；每人1小张粘纸贴（5颗红五星或者5个小动物形象均可）。

活动过程

一、团体热身阶段：1、2、3，伸手指

1. 暖身活动：伸手指

（1）活动规则：请同学们站起来，面对面。听老师口令，同时伸出手指，如果都是1，相互微笑；如果都是2，相互问好；如果都是3，相互握手（或拥抱）。如果双方各不相同，则不需要任何动作。（目的是缓解同学们的紧张情绪，增进同学间的交往）

（2）活动开始，至气氛活跃时结束。

2. 公布课前调查结果

（1）根据课前调查，发现同学们在异性交往的分寸把握上有如下看法。

（投影出示）
①正常交往，不必拘束，但要保持好距离。
②男女同学交往频繁，有人会在背后说三道四。
③与异性交流很困难，有些话不好意思说。
④心里有喜欢的异性朋友，但不敢表白，很困惑、很烦恼。
⑤发现自己比以前爱美了，喜欢打扮自己，开始注意自己的言行举止，比较在意异性同学对自己的看法。
……

（2）教师点评：这些调查结果告诉我们，同学们都希望与异性同学建立正常的同窗友谊，但又有许多顾虑，怕别人嘲笑，怕把握不好分寸，等等。

二、团体转换阶段：花季心事

1. 案例分析

（1）投影呈现："花季心事"

①放学了，下大雨，小红打着伞往校门口走，发现同班张强把书包顶在头上往外跑，如果你是小红会怎么办？

②小红和张强同撑一把伞在马路上走，被"好事者"看到，并在班里传得沸沸扬扬，大家对此的看法如何？

③某天下午自习课的时候，张强的眼睛不由自主地总往坐在左后方的小红身上瞄，小红偶然间发现了，显得十分尴尬和紧张。若你是张强你会怎么办？

④张强决定给小红写一封信，进行表白。若你是小红，你会怎样做？

（2）小组讨论：逐一研究案例，帮助他们出出主意。

（3）全班分享，看法不同可鼓励学生展开争论。

2. 教师点评

通过对四个发生在我们身边的事例，同学们各抒己见、发表感想，使我们认识到，青少年异性之间的正常交往，是正当的，也是健康的，且双方都渴望与对方接触交流。在异性交往过程中，男孩可以从女孩身上学到一些男性不具备或很少具备的好的特质，女孩也可以从男孩身上学到一些女性不具备或很少具备的好的特质。但刚才的案例也提醒我们：异性同学交往需要注意的问题是，交往要注意时间、场合、范围、方式和礼节。

三、团体工作阶段：以礼相待

1. 异性交往中的"非礼"行为

（1）小组讨论：男生组认为在与异性交往过程中有哪些表现是属于"无礼"的？女生组又认为在与异性交往过程中有哪些表现是属于"无礼"的？

（2）讨论规则：文明用语，不使用攻击性词语；对事不对人，不可指名道姓，只可说"有这样的现象……"、"有的同学……"；不可把问题集中在个别人身上。

（3）全班分享，按男女分组集中汇报，女生组优先。

2. 异性交往中"礼"的规范

（1）视频：播放《罗马假日》影片中"安妮公主寄宿乔家"情节片段。

（2）小组讨论：请分析在这一段情节中，安妮公主与记者乔两人之间，有哪些语言、行为、态度表现出了异性交往中相互尊重、恪守界限的"礼仪规范"？请逐一列出细节。

（3）全班分享，教师简要列出关键词。

（4）教师点评：可围绕如下关键词展开：尊重、分寸、距离、体贴、关心、照顾、理解、文明、风度、贤淑、礼貌，等等。

3. 我们约定"以礼相待"

（1）教师引导：通过刚才的视频分享，我们已经知道了异性交往的"礼仪规范"。下面，让我们结合现代学校和我们班级的实际情况，来制订一个"××班级异性交往礼仪规范"，要求是"简明扼要，有操作性，针对性强"。

（2）男女分组制订"异性交往礼仪规范"，书写在海报纸上。

（3）各小组将海报纸张贴在教室四周墙上，学生下座位观看，男生重点看女生组的提议，女生重点看男生组的提议。然后，把你手中的粘纸贴上的5颗红五星粘贴到你最赞同的5条约定后面。我们看看，大家的红五星会集中在那些礼仪规范上。

（4）教师点评：我们约定的"××班级异性交往礼仪规范"，可以在课后由班长和班级心理委员共同整理，报班主任审定后公布。但刚才投票产生的"星级条款"已经比较明显了，它们集中反映在以下这些关键词上：相互尊重，自尊自爱；举止庄重，谈吐文雅；态度真诚，表情自然；绅士风度，淑女风范。不过分随便，也不过分冷淡；不过分拘谨，也不过分亲昵；不过分张扬，也不过分严肃。

四、团体结束阶段：友情携手

1. 我给异性同学的祝福

（1）请同学们在贺卡上给异性同学写一句最真挚的祝福（背景音乐《友谊地久天长》），然后在小组内交流贺卡内容。

（2）请男女两组同学分别起来大声读一下对同窗异性朋友的祝福。

（3）请同学们站起来，向异性同学握手致意，互赠贺卡。（背景音乐《友谊地久天长》）

2. 教师给大家的祝福

（1）教师点评：老师也想送给同学们几句话，请大家用心地去体会。

十三四岁的年纪，花一样美丽，情窦初开。面对异性，几分亲切、几分拘束、几分热烈、几分羞涩。

纯洁的男女友谊是幸福与力量的源泉。

友谊的花，开在纯朴的心灵中；感情的蜜，酿在纯净的心底。

井，掘得越深，水越清冽；情，藏得越深，爱越甘醇。

愿美好的甜蜜友谊，保留在幸福的记忆里，充盈在未来岁月中。

（2）教师小结：通过本节课的活动，同学们对青春期异性间的交往分寸和礼仪规范有了正确的认识和理解，懂得了异性同学间交往应该遵循的一些基本准则。健康的、正常的男女同学交往使我们更自信、自强、自尊和自爱。同学们，请用我们青春的画笔，把真诚、纯洁、美丽、幸福、幻想都画进你绚丽多彩的人生画卷。祝愿大家青春无悔，友谊地久天长！

活动反思

本节活动课在理念上要区别于一般的异性交往辅导、防止交往过密而产生青春期恋情这一类活动课。这一课的重点在于交往中要恪守礼仪规范。它与上一节"举止更绅士（淑女）"的主题一脉相承。上一节是强调接纳自己的性别角色，而这一节是强调彼此尊重。如果泛泛而谈，一放开就会涉及异性感情问题，那么很可能就与后面防止过早出现"青春期恋情"的理念和主题相重叠，而且容易引起学生的厌倦，这是要特别注意的。我们在设计中，为了突破这一重点，在工作阶段安排了"三步走"：第一步，是找出初中生异性交往中最容易出现的"非礼"行为；第二步，借助电影《罗马假日》中安妮公主倦宿记者乔的家中，乔所表现出来的"坐怀不乱"以及安妮公主早晨醒来后的羞涩表现，形象地展示了异性交往"重礼"的细节；第三步，经过正反对比，引导学生共同制订"班级异性交往礼仪规范"。在此基础上，教师予以精练的点评，加上结束阶段含义隽永的教师赠言，相信定会给少男少女们留下深刻的印象。

（浙江省富阳市永兴中学　习永玲　冯　剑　浙江省杭州市惠兴中学　郑怡）

【活动参考资料】

异性交往礼仪

男女同学交往时，应该坦然相处、大大方方，不必顾虑重重、躲躲闪闪。一般情况下，男生比女生力气大，因而在体力劳动等方面，男生应主动关心、帮助和照顾女生。异性之间串门，要事先预约，进门前应先敲门，获得允许后，方可入内。

异性之间要注意举止得体、彬彬有礼、文雅大方，不要过于随便或粗俗，男生不要对女生凑得太近，或用手随意触碰。男生或女生背后议论或贬低对方，或给对方的长相、身材、性格打分都是不礼貌的行为，极易伤害同学的自尊心，从而妨害异性同学间的友谊。

学生时代，不宜早恋。但在拒绝同学的追求时，采取的措施要文明、要有分寸，不可讥笑对方，更不可公开异性的求爱信，伤害对方的自尊心。

(李荣建：《社交礼仪》)

活动专题 15 | 我能"知爱与慎爱"（识爱）

【活动参考目标】

1. **了解与理解**

（1）通过脑力激荡和辩论，辨析"什么是爱"；能够区分是"友谊"、"好感"、"欣赏"，还是"爱"。

（2）通过案例分析，理解爱是一种能力，爱是一种责任，爱是一种尊重，爱是一种等待，爱是一种距离，爱是一种节制，爱是需要学习的。

2. **尝试与学会**

学会以正确的分寸感对待爱恋之情的萌动，并能慎重处理渴望深化两性关系的冲动。

3. 体验和感悟

初步感受对于爱情中所需要承担的责任和需要面对的后果，思考自己有无能力去承受。

【活动参考课例】

"爱"，让我们等一等
——我能"知爱与慎爱"

> 活动理念

初二年级学生基本都已进入青春期。他们在这个时期容易对异性产生好感，如果得不到及时有效的引导，又很容易将"好感"、"喜欢"、"欣赏"与"爱情"相混淆，由此引发"青春恋"，影响到他们的学习、生活以及将来的发展。本节心育活动课通过一系列活动，引导学生初步了解什么是真正的爱情，懂得爱情并不只会带来美好，同时也会带来相应的付出、责任和代价。因此，必须要慎重加以对待；并自觉认识到，只有等到有能力承担起责任之日，方是适合谈情说爱之时。

> 活动准备

分组和座位安排：班内同学随意组合，4人一组，围坐桌子四周；每人1张8开彩纸和几支彩笔。

> 活动过程

一、团体热身阶段：欣赏歌曲探真爱

1. 播放歌曲《亲爱的，那不是爱情》

2. 分享

（1）教师引导：同学们听了这首歌之后有什么样的感觉呢？你觉得这首歌是想传达给我们一个什么意思呢？

（2）学生自由发言：有一种悲伤、无奈的感觉；让我们不要早恋……

（3）教师点评：和大家一样，我也觉得这首歌有着一种很美的意境，又有着一种淡淡的忧伤和无奈。"亲爱的，那不是爱情，那不是爱情"，那么，到底什么是爱情？今天就让我们一起来探讨一下。

二、团体转换阶段：爱的联想与辨析

1. 写写画画

（1）教师引导：谈到爱情，我们自然而然会跳出很多画面和字眼，现在就让我们写一写，画一画。请每个小组的成员协同合作，把你们能想到的有关爱情的联想都写出来，可以是电影、台词、歌曲、书名、电视节目、物品、动作、对话……只要有关，都可以写出来。

（2）小组讨论，动手写写画画。

2. 说说想想

（1）全班分享：把每个组的成果写到黑板上。请同学说一说为什么写这个词、这句话，或者画这个图，它们和爱有关联？

（2）教师点评：同学们刚才说到电影《泰坦尼克号》中杰克的爱情、梁山伯与祝英台的爱情、电视剧《金婚》中的夫妇、小说中的杨过和小龙女，等等。看来，对于爱情，不同的人从不同的角度出发，就有自己不同的看法，可谓"一千个读者眼中就有一千个哈姆雷特"，爱情真的是一个非常复杂的东西。现在让我们看看这些词反映的都是爱情吗？

（3）学生即兴对黑板上的关键词发表看法，并说明理由。

三、团体工作阶段：爱的理解与认识

1. "爱的内涵"——七嘴八舌

（1）教师引导：大家谈到有些不是爱，有些与爱有联系，那么真正的爱到底是什么样的，真正的爱到底需要具备哪些要素呢？

（2）小组讨论：做好记录，整理出至少4条，交流或粘贴。

2. 爱的理解——案例分析一

（1）教师引导：让我们一起来分享一段真挚感人的爱情故事。也许我们可以体会到些什么？

图片上的这对夫妻是林徽因和梁思成,两个人可以说都是中国近代史上的传奇人物;右边的这个人是他们夫妻的挚友——金岳霖。金岳霖一生未娶,自始至终地爱着林徽因。有这么一个片段,梁、林婚后,抗战时住在昆明、重庆。金岳霖每有休假,总是跑到梁家居住。金岳霖对林徽因人品才华赞美至极,十分呵护。林徽因对他亦十分钦佩敬爱,他们之间的心灵沟通可谓非同一般。一次林徽因哭丧着脸对梁思成说,她苦恼极了,因为自己同时爱上了两个人,不知如何是好。林徽因对梁思成毫不隐讳,坦诚得如同小妹求兄长指点迷津一般。梁思成自然矛盾痛苦至极,苦思一夜,比较了金岳霖优于自己的地方,他终于告诉妻子:她是自由的,如果她选择金岳霖,祝他们永远幸福。林徽因又原原本本把一切告诉了金岳霖。金岳霖的回答更是率直坦诚得令凡人惊异:"看来思成是真正爱你的。我不能去伤害一个真正爱你的人。我应该退出。"从那以后,他们三人毫无芥蒂,金岳霖仍旧跟他们毗邻而居,相互间更加信任,甚至梁思成林徽因吵架,也是找理性冷静的金岳霖仲裁。

(2) 教师引导:这样的爱,你们看到了什么?……

(3) 学生分享:爱需要理解和尊重,需要包容。(教师:能具体说一说你从哪里看出来的吗)

(4) 教师点评:梁思成愿意尊重林徽因的选择,而没有逼着她和金岳霖断绝往来,说明他充分地尊重妻子。金岳霖听了林徽因的话后,主动退出,说明爱不等于是占有,他愿意成全同样很爱林徽因的梁思成,不让心爱的人为难;为了她的幸福,金岳霖宁可牺牲自己……这一段真情证明了德国心理学家弗洛姆的精辟论断:爱,就是关心、责任、尊重、认识!

3. 爱的认识——案例分析二

(1) 教师引导:接下来,请同学们欣赏一部电影的片段——《早熟》。这部电影讲述的是两个还没有成年的学生之间的爱情故事,两人家境悬殊,面对双方家长的强烈反对,两人坚守自己的"爱情"。接下来同学们看到的是他们真正在一起生活之后的一些场景,来看看他们之间的"爱情"依然美好甜蜜吗?

（播放影片剪辑1）

剧情简介：女主角怀孕了，两人生活很需要钱，但男主角因为工作太辛苦不愿意再去，两人没有经济来源而相互埋怨。

小组讨论：他们为什么会发生争执？这样的争执说明了什么？

（播放影片剪辑2）

剧情简介：为了生活，男主角在路边给人擦车，结果被人打了。为了给怀孕的女主角补身体，他又不得不去商店里偷补品，结果又被人追打。

小组讨论：大家觉得男主角知道自己去偷东西是不对的吗？如果明明知道偷东西是不对的，他为什么还要冒着被人追打的危险去偷呢？

（播放影片剪辑3）

剧情简介：半夜男主角压着声音躲在被窝里哭。

小组讨论：男主角哭泣的原因。

教师点评：这部电影的英文名是"2 young"，同学们能翻译一下，是什么意思吗？（一语双关，"两个年轻人"、"太年轻了"）那么，大家认为这部电影想要传达给我们的是什么信息？

（4）学生自由分享：爱情里有太多的责任、负担，是我们这个年龄还承担不起的，所以我们应该慎重地对待爱情。

4. 爱的反思——掂量真爱

（1）自由讨论：请同学们根据我们刚才所看的两个故事——林徽因的故事，以及电影《早熟》片段，谈一谈：你们觉得到底什么是真爱？我们该如何慎重对待真爱？

（2）教师点评：真爱是需要相互尊重和理解的，彼此之间要相互体谅，为对方着想。真爱是要对彼此负责，对自己负责。如果自己都承担不了照顾自己的责任，就无法谈对对方负责。只有能够负起对自己和对另一半的责任时，才有资格谈真爱。

四、团体结束阶段：欣赏诗歌不说"爱"

1. 诗歌欣赏

爱是美好而复杂的，爱是责任与尊重，而我们的青春的肩膀还太小，不，不要说"爱"！请让我们一起来欣赏诗人汪国真的诗歌——《不，不要说》。

不，不要说
让我们依然保持沉默
我是多么珍惜
这天真羞涩
你也应该保持那青春的活泼
我们的肩膀
都还稚嫩
扛不起太多的责任
等一等吧
等你的肩膀更厚实些
我也懂得了什么是成熟的思索

2. 教师小结

同学们，今天我们一起讨论了什么是爱，也初步探索了爱情的真谛。爱情是美好的，但是也需要有相应的付出和责任。如果在不合时宜的时候，过早地去尝试，就可能要付出很沉重的代价，就像《早熟》里的男女主角一样。所以请等一等，等到我们足够成熟以后，再去承担起属于我们的甜美爱情吧。

3. 课外延伸

（1）推荐学生课外阅读：鲁迅：《伤逝》；苏童：《老爱情》；培根：《论爱情》；苏霍姆林斯基：《给女儿的信》；普希金：《致凯恩》《我曾经爱过你》；弗罗姆：《爱的艺术》。

（2）思考：你认为中学生之间能产生真正的爱情吗？为什么？把你的感想写成博文或心理日记。

活动反思

本节课的目标集中在让学生明确什么是爱，懂得爱情中所需要承担的责任和需要面对的后果，懂得作为中学生的他们还没有这个能力。一节课下来，由浅入深，梯度明显，目标顺利达成，与学生的互动也很好。导入的歌曲与主题非常贴切，让学生一开始就奠定了思想基础，给课堂创设了良好的氛围。互动的环节，学生发言热烈，观点碰撞，学生们最后也都有了比较深刻的体会，基本达成了本节课的辅导目标。

（浙江省杭州市惠兴中学　梁雪静　浙江省绍兴市文澜中学　高　静）

【活动参考资料】

培根论爱情

爱情在舞台上，要比在人生中更有欣赏价值。因为在舞台上爱情既是喜剧也是悲剧的素材，而在人生中，爱情常常招致不幸。……你可以看到，一位真正伟大的人物（无论是古人、今人，只要是其英明永铭于人类记忆中的），没有一个是因爱情而发狂的人，这说明伟大的精神和伟大的事业可以摈除过度的激情。

古人说得好："人在爱情中不会聪明。"……爱情的代价就是如此，不能得到回爱，就会得到一种深藏于心的轻蔑，这是一条永恒的定律。由此可见，人们应当十分警惕这种感情，因为它不但会使人丧失其他，而且可以使人丧失自己本身。……当人心最软弱的时候，爱情最容易入侵，那就是当人春风得意、忘乎所以或处境窘困、孤独凄零的时候，人在这样的时候最急于跳入爱情的火焰中。由此可见，"爱情"实在是"愚蠢"的儿子，但有一些人即使心中有了爱，仍能约束它，使它不妨碍重大的事业。因为爱情一旦干扰事业，就会阻碍人坚定地奔向既定的目标。

（张采鑫 等：《爱情是什么——全球136位大师谈爱情》）

活动专题 16 | 我能"冷藏心中情"（冷静）

【活动参考目标】

1. 了解与理解

（1）引导学生懂得青春期对异性产生爱慕和好感是一种正常的心理，但如果处理不妥，任其发展为"过密交往"，则可能带给人很多困惑和麻烦，甚至产生不良的后果。

（2）引导学生了解异性同学"交往过密"的具体表现及其可能产生的后果。

2. 尝试与学会

（1）通过案例讨论，引导学生逐步学会：当别人向自己表达爱慕之情时，需要控制自己的情感，合理调适自己的心理状态和行为。

（2）引导学生逐步学会，在对异性产生爱慕之情时，也需要用自己的理智战胜情感，勇于"踩刹车"，不让好感发展成为过密交往。

3. 体验与感悟

体验到如果对一个异性有好感，那么站在远处欣赏他（她）也是一种很好的处理方式，因为距离而产生的美感能让人终身难以忘怀。

【活动参考课例】

穿越情感的风暴
——我能"冷藏心中情"

辅导理念

已经进入青春期的初二学生由于其生理和心理发展的特点，往往容易对自己内心倾慕的异性同学产生好感。而这种强烈的情感体验如果得不到理智的调控，就可能导致异性同学间的"交往过密"并进而引发一些青春期的心理障碍或行为问题。因此，不失时机地对这个年龄段的学生进行异性交往的辅导，以帮助他们顺利地度过这个成长发展的关键时期，极为重要。

活动准备

准备"扑克接龙"的扑克（数量因班内人数而定。扑克牌上面的文字系小品主人公郁清和小 A 两人关系发展的几种可能线索，教师可在课前做好准备，将每一小段情节用文字粘贴在扑克牌上，并使每一副扑克的牌与牌之间有一个逻辑联系。有几种发展可能就用几副扑克，每一副扑克牌的张数多少依情节需要可增可减）；排演小品《一封信》《电话》。

活动过程

一、团体热身阶段： 早春错觉

1. 手指游戏

（1）游戏规则：蜷缩其余四指，只用食指按照口令节拍"做操"。口令是："做早操，嘿！——做早操，嘿！——早上起来做早操——嘿！"动作是"竖向直立——弯曲——横向直立——弯曲"。要求每一个字扣住一个动作。如果学生不熟练，可以再做一次。学生学会后可以加快口令和动作速度。

（2）教师带领学生用食指按照口令"做操"。

（3）教师点评：一日之计在于晨，早晨早起做早操，一天倍感精神。但世间的事情并不都是越早越好，有时太早了，脑子还不清醒，处理问题就会出错。比如，对待爱情就是如此。

2. 播放歌曲

（1）播放王娅演唱的歌曲《爱情错觉》。

（2）教师引导：这首歌曲的歌词中，哪一句给你的印象最深？为什么？

二、团体转换阶段： 春心萌动

1. 教师导入

有人说，青春是青涩的，"似懂非懂"是初中生的代名词。但是，我更愿意相信青春是美丽的，因为它带给我们很多美好的东西。还有人曾经称青春期为"暴风骤雨期"，所以老师今天跟大家要讨论的话题就是"穿越情感的风暴"。

2. 小品表演：《一封信》

（1）教师引导：到了青春期，有些同学会遇到一些让人困惑而为难的事情。最近，我们的同龄人——初二的女生郁清就遇到了这样一件事，请看表演《一封信》。

（2）一女生表演，其他同学观看、感受、思考。

剧情介绍：女生郁清在整理书包时发现一封信，取出来读。（信的内容如下："郁清，你好。从第一次见到你，我就喜欢上了你。我觉得你与别的同学不一样，我很想与你交往，成为比一般同学更好一点的朋友，可以吗？今晚七点我在人民广场音乐喷泉那里等你，你一定要来，不见不散。小A"）郁清自言自语："我要不要去呢？"

（3）教师提问：你们说，郁清要不要去赴小A的约会呢？

（4）学生根据自己的选择重新调整座位：选择"该去"的坐左边；选择"不该去"的坐右边。

（5）教师提问左边的同学，并形成讨论：①为什么应该去？②怎么去？是否一个人去？

（6）教师提问右边的同学，并形成讨论：①为什么不去？②如果不去，第二天见面会是怎样的场面？③如果置之不理，小A会有怎样的想法？会有怎样的感觉？

（7）教师整理归纳学生的意见，强调两点：①郁清表达态度要明确，不能暧昧。②郁清应该与小A有正面的接触，但应注意场合、方式，不伤害到自己，但是也要照顾到小A的感受。

三、团体工作阶段：春心激荡

1. 小品表演：《电话》

（1）教师提问：如果你是郁清，你们会不会接纳小A对你表示的好感？（学生举手示意，而后教师追问）为什么？

（2）学生自由讨论，教师适时引导：如果郁清接纳小A所示的好感，发展下去会产生一个什么结果？我们来看一个片段的表演。

（3）三位同学演出小品《电话》。

剧情介绍：小A经常打电话给郁清闲聊约会，引起郁清母亲的反感，并导致郁清与妈妈产生冲突。

（4）教师引导：郁清的妈妈为什么要阻止郁清打电话？

（5）学生自由发言，主要理由为：担心女儿出事情，担心女儿陷入恋爱的境地，担心女儿学习成绩下降等。

2. 游戏："扑克接龙"

（1）教师引导：如果小A、郁清不听父母劝告，继续密切交往，会产生哪些严重的后果？我们一起用"扑克接龙"的游戏来展现。

（2）游戏规则是：①四张A中有一张是带文字的，作为故事的开头。K至2每张都是带文字的。游戏者根据这些文字的提示来连接一个完整的故事。②由持有文字提示的A牌的人出第一张牌，其他人按照一般接龙的规则依次出牌，但需保证牌上的故事情节有连贯性。

（3）学生四人一组用"接龙"的方式来讲故事。

（4）教师整理故事中由于郁清和小A密切交往带来的严重后果，并投影关键词。

关键词有：成绩下降、精力分散、影响学习、越轨行为、少女怀孕、堕胎、精神抑郁、单相思、思维错乱、人际关系紧张、名声不好、威信下降、人言可畏、成年后难以找对象、成家后家庭关系不好……

3. 反思：错在哪一步？

（1）教师引导：小A对郁清产生的一种很美好的情感，如果没有处理好任其发展成为过分亲密的交往，到最后可能导致很严重的后果。你们认为最主要的原因是郁清和小A哪一步走错了呢？（学生简单回应后，教师继续）"开始频繁地交往"这一步走错了，这后面所有的一切都是由于交往过密而引起的。

（2）小组讨论：那么，在与异性同学交往过程中，有哪些表现是属于交往过密的？我们该怎样预防交往过密行为的产生呢？

（3）教师点评：整理学生发言内容，并投影相关词条。

把大家的意见概括起来，可以归纳为三条：第一，宜泛不宜专；第二，宜短不宜长；第三，宜疏不宜密。

异性同学间的交往是正常现象，但一定不要一门心思地钻在里面。男女同学有性别之差，人的一些潜意识往往在与异性的交往中被发掘出来。过于频繁地与异性交往会唤起人的热情，激起人的冲动。所以男女同学的交往频率要低一些，这样有利于我们的健康成长。

四、团体结束阶段：珍藏纯情

1. 距离产生美

（1）播放配乐朗诵《永远的记忆》（苦伶）。

小学的时候，有一次我们去海边远足，妈妈没有做便饭，给了我十块钱买午餐。好像走了很久，很久，终于到海边了，大家坐下来便吃饭。荒凉的海边没有商店，我一个人跑到防风林外面去，级任老师要大家把吃剩的饭菜分给我一点儿。有两三个男生留下一点儿给我，还有一个女生，她的米饭拌了酱油，很香。我吃完的时候，她笑眯眯地看着我，短头发，脸圆圆的。

她的名字叫翁香玉。

每天放学的时候，她走的是经过我们家的一条小路，带着一位比她小的男孩儿，可能是弟弟。小路边是一条清澈见底的小溪，两旁竹阴覆盖，我总是远远地跟在她后面。夏日的午后特别炎热，走到半路她会停下来，拿手帕在溪水里浸湿，为小男孩儿擦脸。我也在后面停下来，把肮脏的手帕弄湿了擦脸，再一路远远跟着她回家。

后来我们家搬到镇上去了，过几年我也上了中学。有一天放学回家，在火车上，看见斜对面一位短头发、圆圆脸的女孩儿，一身素净的白衣黑裙。我想她一定不认识我了。火车很快到站了，我随着人群挤向门口，她也走近了，叫我的名字。这是她第一次和我说话。

她笑眯眯的，和我一起走过月台。以后就没有再见过她了。

这篇文章收在我出版的《少年心事》这本书里。

书出版后半年，有一天我忽然收到出版社转来的一封信，信封上是陌生的字迹，但清楚地写着我的本名。

信里面说她看到了这篇文章心里非常激动，没想到在离开家乡，漂泊异地这么久之后，会看见自己仍然在一个人的记忆里。她自己也深深记得这其中的每一幕，只是没想到越过遥远的时空，竟然另一个人也深深记得。

（2）教师引导：老师相信这篇文章一定打动了在座的每一位同学。那么，请思考一下：面对异性的朦胧的好感，作者是怎么做的？读了这篇文章，你有何感想？

（3）学生思考后自由回答。

（4）教师点评：如果真的对一个异性有好感，那么就应该站在远处欣赏他，因为距离才能产生美，这种美感能让你终身难以忘怀。

2. 教师小结

美丽的青春时期拥有对异性纯洁的情感，那是一种十分美好的感受。这份美好的情感处理得当，收藏起来、保存在心里，那是一个人一辈子值得记忆的。但是，处理不妥，则会带给人很多的困惑和麻烦，甚至产生一些不良后果。各位聪明的同学，一定从我们今天的讨论中感受到了一些东西。

最后，我们用托马斯的话结束今天的课（投影）——

抵制情感的冲动，而不是屈从于它，人才能获得心灵上的安宁。

活动反思

从总体上说，这个心育活动课的主题贴近学生的实际，设计思路清晰，活动形式具有比较强的可操作性。整个活动过程可以分为四个环节。首先，通过学生表演引发学生的思考和决策；然后，运用游戏"扑克接龙"使得学生明确，与异性交往过密会带来一系列严重的后果；接着，让学生进行小组讨论"与异性交往过程中哪些行为是属于交往过密的"；最后，通过团体讨论，探讨"当对异性产生好感时，怎样才能避免发展成过密交往"。所以，通过实际操作，无论从目标的达成还是辅导的效果来说，都可以算得上成功。

（浙江省富阳市富春第三中学　缪　群　浙江省富阳市永兴中学　宋清儿）

【活动参考资料】

盲目陷入"青春恋"的危险

美国一项历时四年的研究发现：17岁前谈情说爱的少年，由于无法应对初恋的情绪困扰，将为日后的心理障碍埋下隐患。最容易坠入情网的年龄，女孩子是13～14岁，而男孩子是14～16岁。一个有情感烦恼的青少年，注意力会不集中，学习成绩和跟家人的关系会逐渐变差。感情纠葛易使女孩子发展成抑郁症，而患相思病则增加了男孩酗酒和犯罪的可能性。① 由于认知不成熟，早恋常常表现出脆弱、摇摆，甚至前后矛盾的特性，旁人的三两句闲言碎语就会让感觉完全改变。在处理方式上，往往都简单、极端、自我中心，所以常常对对方造成严重伤害。

当然，也有部分早恋的青少年由于处理不当，造成更加严重的后果。如经不起诱惑，偷尝禁果，甚至导致少女怀孕。……最可怕的是，懵懵懂懂闯了祸，却不知如何处理，以致自杀。

不能冷静对待情感的变化，采取报复手段，甚至诉诸暴力，酿成难以弥补的后果。这样的案例从数量上来说不多，但后果严重。

（张玲：《当代学校心理健康指导》）

活动专题17 我能"不摘青涩果"（守范）

【活动参考目标】

1. 了解与理解

（1）了解青春期的生理现象，引导学生接纳、适应青春期身体变化，从

---

① 杭兰芳.早恋易致心理障碍[N]，新民晚报，2009-06-15（B2）.

而珍惜、爱护自己的身体。

（2）了解婚前性行为的后果、危害及预防。

2. **尝试与学会**

（1）明确异性同学交往中身体的禁区，学会守护合理的身体界限。

（2）能够自觉选择文明、自爱的生活方式，珍爱生命。

3. **体验与感悟**

感受到一个有自制力的青少年能够对自己的性行为冲动作出负责任的决定。

【活动参考课例】

花季宣言
——我能"不摘青涩果"

活动理念

处于社会转型时期深受多元文化影响的当代青少年，一方面缺乏性知识，另一方面越来越认可婚前性行为。初次性行为低龄化，从而导致少女怀孕、堕胎呈现出让人吃惊的增长，以至于在全国各地都成立了专门的救助中心来帮助她们实施手术。伴随着性观念的开放，性病的感染率呈上升趋势，威胁着未成年人的身心健康。随着改革开放的深入进展，城市化进程加速，社会成员结构变得复杂，存在诸多对青少年成长不利的因素，学生面临着空前复杂的生存挑战。本节心育活动课，意在通过对学生进行青春期性与生殖健康教育，培养文明健康的生存理念，提高生存技能，预防由于异性"交往过密"、失却分寸而带来的尖锐冲突，以及由此引发的尴尬局面、消极情绪体验。

活动准备

课件；小组讨论纸、水彩笔等；男女生分开就座，每组6人左右。

活动过程

一、团体热身阶段：水果谜语

1. 猜谜活动

（1）教师引导：这节课，请花季的男孩女孩们跟我一起走进青春课堂。首先看下面的水果，每种水果都是一个谜面，谜底都跟青春期有关，请同学们在关键词提醒下猜谜。

（2）呈现水果谜语的谜面，学生自由作答。

（3）教师随机点评谜底的含义。

草莓——长在别人的脸上不让你心烦，由皮脂腺和毛孔阻塞引起，是青春期普遍存在的皮肤现象。（青春痘）

红毛丹——跟雄性激素有关，虽然外观有些不雅，但它有很重要的保护功能，它主要分布在腋窝、下体阴部等处，浓密程度因人而异。（体毛）

菠萝——关键词：麻烦，戏称"大姨妈"，每月拜访女孩子的身体一次。（月经）

苹果——小时候它经常是受惩罚的对象，切开的苹果左右对称，很像它的形状。（臀）

柠檬——一种很美好的情感，古今中外文学作品的主题，青春的日子里想起它总会有一些酸涩。（爱情）

葡萄——女性生殖细胞，每月排出一颗，它是生命最初的源头。（卵子）

石榴——产生男性生殖细胞和雄性激素，让男人更加阳刚。（睾丸）

椰子——位于骨盆腔中央，呈倒置的梨形，是女性重要的生殖器官。它是产生月经和孕育胎儿的重要场所。我们每个人最初的发育、成长都在此完成，它像孩子的宫殿。（子宫）

樱桃——胸部突出的部分，是女性重要的第二性征，能显示女性性感的魅力，是女性特有的曲线美的主要标志。（乳房）

2. 引出话题

以上的这些谜底都跟一个主题有关，那就是长大。像是毛毛虫到蝴蝶的蜕变，当你进入青春期，你就步入人生中最美丽的时节，花季的年华。

二、团体转换阶段：身体的"管理区划"

1. 动笔涂色

当你长大了，你身体的某些部位就变得非常敏感。你肯定已经在探索自己身体的秘密了，但你知道身体的哪些部位最珍贵、不能被侵犯，需要格外保护吗？那我们就先来了解一下身体的"管理区划"吧！

红色区划：不能向他人暴露、不能被触摸、不能被侵犯。

黄色区划：只接受亲人、好友的触摸。

绿色区划：可以礼节性的接触。

请小组同学讨论一下，男女性身体的红色区划、黄色区划、绿色区划分别在哪儿？并用相应的彩笔涂色。如果你是男生请先从 H 开始，如果你是女生请先从 S 开始。

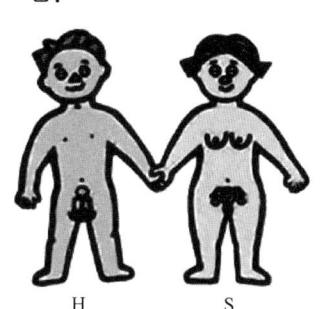

2. 天使的忠告

腹部、腰部、臀部、大腿内侧、胸部、阴部等，这些部位不能让人触摸，或不能向别人暴露。当有人触摸时，应该说"不可以"、"不行"，并远离这个人，过后告诉家人或老师。

三、团体工作阶段："好奇"启示录

1. 始于好奇

（1）教师准备三个杯子，其中一个盖上盖子。当你看到这三个杯子的时候，你首先注意的是哪个？为什么？（盖盖子的哪一个，因为好奇）邀请一位同学上台满足一下好奇心，品尝杯中物。

（2）教师点评：不是所有的尝试都会有好的结果，下面这个故事就是一个例证。

2. 好奇的后果

（1）教师引导：进入花季的你们，就像这张白纸一样，你想描绘一个怎样的你？真的由你自己决定。下面故事里的主人公把他们的人生画卷涂写成了一幅怎样的图画呢？

璐璐，16岁，曾经堕胎三次。她的第一次性经历发生在13岁，当时没明白是怎么回事，也知道这种尝试是不对的，完全是出于好奇。

当记者问她："跟你原来的想象一样吗？"璐璐说："不一样，完全不一样，没有一丝丝的温存，而且对于我来说，我觉得完全是他的生理需要。"

然而当时，璐璐并没有意识到作为女孩子她必须承担一个危险的后果——她怀孕了。就这样，13岁的璐璐，有了第一次的堕胎经历。她在日记中写道："这是一段多么让我不愿回忆的过去，午夜里惊醒，只抹不去那铁器进入我身体的疼痛，和自己无知的脸。"

在后来不到一年的时间里，璐璐又交往了几个男友，堕过一次胎；等到她第三次发现自己怀孕的时候，为了逃避家人的重责，她整整瞒了半年。当她来到长春少女救助中心的时候，孩子已经六个半月了，当时胎儿已经基本成形，只能引产。

当看到自己产下的2斤7两的孩子时，璐璐觉得："是自己扼杀了她生存的权利……那种震撼是以前完全没有过的……"

（2）重磅追问：是什么导致了璐璐的不幸？（好奇）为什么好奇呢？（因为无知才好奇，知道了也许就不会那么好奇了）那么我们这个年龄需要知道些什么呢？

（3）教师点评：青春期阶段，性器官迅速发育，已具备生殖能力，但尚未成熟。过早的性行为可造成生殖器损伤及感染，严重影响青少年的成长。如果女生怀孕堕胎，长大后可能造成不孕，甚至对婚姻产生恐惧。男生也会因此产生负罪感，影响成人后的生活。

3. 止步好奇心

（1）教师引导：在青春期阶段，由于荷尔蒙分泌旺盛，所以对性好奇是正常的，但请就此止步。心理上可以好奇，但行为上不能尝试。

（2）小组讨论：璐璐是在什么环境、条件下满足了好奇心，与男友发生了性关系的呢？请大家推测一下。

（3）全班分享。（通过学生的猜测，引导其对自身的行为和所处环境提高警惕）

（4）教师引导：这些猜测，对你保护自己有没有一个提醒呢？我们在异性交往过程中，在相处环境上应该有怎样的考虑？

（5）学生自由发言，教师归纳：①避免男女单独相处；②不看色情图片、杂志、视频等，尤其不能男女同看；③注意文明礼仪，避免亲昵行为；④男生必须控制性冲动，尊重女生；女生要严肃矜持，学会拒绝。

4. 好奇与责任

（1）教师引导：好奇必定引发后果，后果必定伴随责任。一旦发端于好奇，可能终身要为其承担责任。一旦承担起责任，必定引起深沉的反思。那么我们还是把深沉的思考放在好奇之前为好。

（2）小组讨论：男生组探讨："你能接受故事中的璐璐做未来的终身伴侣吗？为什么？"女生组探讨："你能接受璐璐的男友做未来的终身伴侣吗？为什么？"

（3）全班分享：男女生每组派1名代表做观点综述。

（4）教师引导：我们的文化一般会用"自爱"来要求女孩，而用"责任"来要求男孩。大家认为璐璐的男友该怎样负责任？（学生思考发言）

（5）观点澄清。（投影）

【法律责任】女方在14周岁以下，男方在14周岁以上，男方要负刑事责任；如果女方也在14周岁以上，又是自愿的，负民事责任；如果男方强迫对方，构成强奸，14岁以上要负刑事责任。

（6）观点引申：在男女生交往中，双方最大的责任是什么？（分享后出示关键词：尊重、自爱、节制，避免发生性行为）

（7）教师点评：性爱是相爱的极端行为，所以历来人们把它看得神秘且神圣。大自然赋予人类这些美好的能力，但要在恰当的季节里采摘果实，偷食禁果只会给青少年带来一系列的身心恶果。

四、团体结束阶段：花季宣言

1. 果子熟了才可口

（播放配乐诗朗诵）

不要过早的采摘/当我还是一枚青果悬于枝头/若真欣赏/就耐心等待我熟透吧/那时/青色舞成晕红/果肉浓于酒/品一口/会醉了一生

2. 我未来的另一半

（1）教师引导：10年后，在你步入结婚礼堂的时候，你希望你旁边站着的是一个怎样的新郎/新娘？（请在"花季宣言卡"上写出你最看重的三个特点）

（2）花季宣言：请将右手放在胸前，用"心"来诵读——

花季的玫瑰静悄悄地开放了，它美丽动人，却又娇嫩脆弱。我将用我对身体的爱、对生命的爱，做自己的护花使者，爱惜身体，尊重他人，懂得节制，我将拥有无悔的青春！

10年后，我希望站在我身边的新郎（新娘）是一个＿＿＿、＿＿＿、＿＿＿的人！

（3）教师小结：你一定期望你的另一半，那个拉起你的手走进婚姻殿堂的人，那个陪伴你走完一生的人是一个纯洁的、美丽的、高贵的人！这同样也是对方对你的期待！

活动反思

让花季中的男孩、女孩安全、平稳、不留有遗憾地度过青春期，是家庭、学校、社会共同的责任和期望。为了能使这节心育活动课上得自然、放松、不尴尬，而又有知识性、趣味性，我们反复思考、琢磨。后来想到了用水果猜谜的游戏，这样既降低了学生的防卫心理，达到了理想的脱敏效果，又让青春期的生理变化给学生带来的是一些美好的而非肮脏的、低级的联想，为整堂课作好了铺垫。在团体转换阶段，学生在涂色过程中，明确了"身体的禁区"，树立了基本的自我保护意识和身体边界感。"'好奇'启示录"以一个同龄人的真实案例，通过一系列问题的设置，让学生领会到"无知、好奇、后果、责任"这四个关键的问题，澄清了模糊认识，从而能自觉地把握好奇心，树立责任心。在团体结束阶段，通过诗歌欣赏和男女生讨论"未来的另一半"，明确自己及对方的要求和期望，以引起共鸣和思考。最后的仪式性宣言将团体辅导推向高潮，以文字暗示的方式强化意识，管理行为。

实施过程中，若能把握节奏，及时应变，处理好课堂生成性资源，将呈现出更好的辅导效果。但这堂课难免会对有过性经历的学生造成伤害，需要老师细心观察，随机应对，必要时做课外干预。

（山东省青岛第五十中学　李　静　浙江省杭州市惠兴中学　傅慧群）

【活动参考资料】

用正确的价值观抵制色情内容

应当指出，现在一些影视作品、书籍中的挑逗、煽情乃至色情的东西对青少年的健康成长相当不利。更令人忧虑和担心的是，大量的黄色出版物，包括画册、影碟、游戏软件等，对青少年的毒害更甚。在教育实践中，我们发现，不论男女，青少年一旦被色情的东西所吸引，就难以自拔，往往越陷越深，从性罪错到性犯罪都有可能发生。例如，在因为各种问题进入工读学校的学生中，犯有性罪错的学生矫正起来难度要大于其他类型如偷盗、打架的学生。女生尤其如此，自暴自弃、破罐破摔，毫无廉耻之心，甚至不可救药，难以挽救。……一项调查表明，……某省少管所500多名少年犯中，85%为性犯罪；某省少管所的少年犯中，直接受黄色书籍、录像带、影碟、游戏等色情文化毒害而导致性犯罪的占88%。这一切都应当引起我们的高度警觉。

免于青少年性罪错的首要措施在于预防。就是要使青少年一代确立正确的价值观、道德观、人生观。正确的价值观是人生的航标和灯塔，它给青少年以重要的人生定向。价值观教育，在于使青少年一代明白什么是好的，什么是坏的；什么是善的，什么是恶的；什么是正确的，什么是错误的；什么是有意义的，什么是无意义的；什么是应当追求的，什么是应当摒弃的。总之，就是什么样的追求是有价值的、有意义的，什么样的人生是高尚的、完美的。

（孙云晓　等：《21世纪教师与父母必读》）

活动专题 18 | 我能"拒绝性骚扰"(自护)

【活动参考目标】

1. 了解与理解

(1) 了解性骚扰包括两种:一种是不自愿的、令人不快的,甚至是对自己有侵害性的身体接触;另一种是令人不快的、侮辱性的,甚至是对自己有侵害性的非身体接触。

(2) 了解严重的性骚扰行为很容易导致暴力性或引诱性的性侵害。

(3) 了解性骚扰的行为主体是非常复杂的,会有各类人等。

2. 尝试与学会

(1) 通过互动讨论和同伴互助,初步了解防范和拒绝性骚扰的具体方法。

(2) 警觉性骚扰容易发生的高危时间和地点,学会事先如何作出适当的防范。

(3) 学会在受到性骚扰"升级"为性侵害时进行求助的方式。

3. 体验与感悟

(1) 区分亲属、熟人、陌生人对自己不同含义的身体碰触,察觉并区分好的、恶意的、有性含义的触摸。

(2) 感受男女同学之间彼此尊重的重要性,以防自己陷入"性骚扰者"的尴尬角色。

【活动参考课例】

向性骚扰说"不"
—— 我能"拒绝性骚扰"

活动理念

性骚扰是当今社会乃至校园常见的危机事件,对于发展中的青少年身心健康会产生巨大的影响,包括学习困难、逃课、休学、对校方人员失去信任感、离群、没有安全感、自尊受损等。

初中生进入了青春发育期,性开始成熟,并有了朦胧的性意识,对异性开始感到好奇。虽然他们的性知识来源丰富多元,但并不完全正确。由于他们对社会的复杂性缺少认识,没有社会经验,缺乏应对意外事变的能力,因而当他们面对性骚扰甚至性侵犯时,会显得特别无助,不知如何正确应对。甚至他们之中的有些人对一些肢体碰触、言语调戏并无警觉,或不懂得如何拒绝。

青少年受到性骚扰和性侵犯的事时有发生,这给青少年带来了难以愈合的心灵创伤。所以,学校不宜姑息、忽视性骚扰问题的存在,而应教育学生拥有自我保护的意识,当面临性骚扰或性侵犯时能沉着应对,能主动反击,能机警逃离,能向成年人报告和呼救等。

活动准备

课前将学生分组,选出组长,请各组查阅与性骚扰相关的各种报道,做成简单的小海报;请学生事先准备分享自身有无被性骚扰的经验。

活动过程

一、团体热身阶段:骚扰大家谈

1. 分享性骚扰的相关报道

(1)请学生出示自制海报,分组上台报告,注意叙述事件发生的原因、经过及结果。

(2)其余同学可以对报告材料进行自由发言。比如,评价事件中主角处理是否得当;如果是自己遇到这种情形,又会如何应对,等等。

2. 分享自身经验

(1)教师引导:大家要认真、严肃地对待这一环节,不能对同学进行嘲讽或人身攻击。希望有自愿者,来说出自己的亲身经验,及当时是如何应对的。

(2)其余学生可以就该同学所遇到的事件及处理方式发表自己的意见。

（3）教师应引导学生充分发表意见，并作适当板书记录，但不加以评判。

二、团体转换阶段： 透视性骚扰

1. 我的身体我做主

（1）PPT分别呈现男女生人体图片，各个部位都用圆圈标注。

（2）教师引导：我们在上一个辅导主题中，已经提到身体的不同"管理区划"，今天我们还要来重温一下。

（3）分别请3～5位男女生上场，在图片上点击不愿意让别人随便触摸的部位（亲近的人除外）。

2. 骚扰评判席

（1）教师引导：根据前面的讨论，请大家为性骚扰进行定义与界定。

（2）全班分享观点。

（3）教师点评："性骚扰"指的是涉及性的冒犯行为，而且未经对方同意。

（4）投影呈现相关知识——

性骚扰包括两种：一种是不自愿的、令人不快的，甚至是对自己有侵害性的身体接触，包括被他人抚摸上臂、腿部、脸部、肩部、胸部、腹部、臀部，甚至是生殖器部位等敏感区域；另一种是令人不快的、侮辱性的，甚至是对自己有侵害性的非身体接触，包括言语挑逗、做下流动作、被逼迫观看色情图片或影视、脱衣服、拍裸照，等等。

性骚扰的行为主体不仅有陌生人，也有熟人，甚至是亲属。不仅有男性，也有女性，但以男性居多。不仅会采取暴力和强迫手段，也会采取引诱、哄骗、爱和情感拉拢等手段。不仅有外表凶狠、行为粗野、言语猥亵的人，也会有外表道貌岸然、举止文质彬彬的人。

严重的性骚扰行为很容易导致暴力性或引诱性的性侵害。

3. 骚扰现形记

（1）脑力激荡：哪些行为属于性骚扰的范畴？

（2）教师根据学生回答进行归类板书，然后概括性骚扰的种类。

①身体上的接触：不必要的接触或抚摸他人身体；故意擦撞；强行搭肩

膀或手臂；在公共交通工具上，故意紧贴着别人的身体。

②言语的接触：不必要而故意谈论有关性的话题；询问别人的私生活；对别人的衣着、外表、身材给予有关性色彩的评论；故意讲述色情笑话、故事；建议或强迫对方进行性活动；对别人的性别做出侮辱或嘲笑。

③非语言的行为：对路过的女性吹口哨或尖叫；具有性暗示的手势或动作；用暧昧的眼光打量他人；展示淫秽图片、色情书刊等。

三、团体工作阶段：与色狼共"武"

1. 斗智斗勇抗骚扰

（1）教师引导：出示三个不同的场景（言语性骚扰、肢体性骚扰、非语言性骚扰），请学生分组就某一场景展开讨论。

场景一：（言语性骚扰）林华的烦恼

林华是初二（3）班的班长，不仅成绩好，人长得也帅，是班里的明星人物。可最近一段日子他却感到很苦恼。因为同班女生方婷每晚都打电话给他，不是问作业就是聊些不着边际的话，一打就是一小时半小时的。这严重影响了林华的学习和休息。如果你是林华，你会怎么做？

场景二：（肢体性骚扰）巴士遭遇

小美放学之后搭乘巴士回家，车上乘客众多，非常拥挤。突然，她感到有人在抚摸自己的臀部，回头一看——只见一个四十来岁的男人正用手有意无意地触碰她，还装作一副若无其事的样子。如果你是小美，你会怎么做？

场景三：（非语言性骚扰）洗手间惊魂记

容容与好友在酒店喝咖啡，席间离座如厕。正当容容方便之时，发现相邻的隔间底部有亮光一闪，定睛一看，竟是一面四四方方的小镜子！"有人偷窥！"容容的脑海里马上闪过了这一念头。如果你是容容，你会怎么做？

（2）分组讨论：面对这样的情景，你会如何应对？如何保护自己？将小组的答案写在纸上。

2. 集思广益多妙招

（1）每组学生派一名代表上台分享，其余小组成员可对该情景的应对方法进行补充。如有好的方法，还可以请学生进行现场演示，加深印象，强化效果。

（2）教师点评：拒绝性骚扰的方式主要有——肯定自己是否受到性骚扰，保持冷静；直接的拒绝，明确说出拒绝的理由，表明自己的立场；说明你能接受的程度；配合非语言技巧，保持坚定平和的语气；与一个可以信任自己的人倾诉，或寻求帮助。

四、团体结束阶段：分享总结

1. 分享感受

教师采取随机采访的形式与学生沟通：通过这次活动与交流，你收获了什么？你还有什么疑问？你有什么建议？

2. 教师小结

要想让性骚扰者受到惩罚，最直接也是最重要的就是证据，包括人证（目击者）、物证（如骚扰短信、电子邮件、纸条、色情刊物等）和视听资料（如录音、录像、照片等）。不可畏缩或者偷偷将其处理掉。只要我们态度坚决、沉着冷静、应对机智，包括必要的奋力反抗，我们就一定可以战胜和防范性骚扰者。

活动反思

本次心育活动课旨在帮助学生知晓有关性骚扰的信息，学习保护自己的常识和必要的技巧，防患于未然，以尽量避免这种事的发生。整个活动以分享生活中的性骚扰情景导入课题，再用头脑风暴的形式进行思维碰撞，明白到底什么是性骚扰。活动过程中，几乎每个学生都能积极参与活动，充分发挥了同伴互助的作用，成功创设了一个平等、积极的团体氛围。

在分组讨论环节中，教师也主动参与各小组的讨论，还把握时机，针对曾经历性骚扰的学生进行个别交流，倾听他们的观点，这为进一步开展辅导作好了铺垫。

本活动选用的三个情景中，有一个是教师的友人亲身经历的事件，当时教师本人也在现场。这个事件的处理和详细细节对学生的震撼非常大，特别是教师对其中成功应对的细节的剖析，为学生处理类似事件提供了模板，带来了灵感。建议上课教师可以加入自身经历或耳闻目睹的真实案例，这样会起到更好的效果。

（浙江省宁波市北仑区教育局教科所　陆怡汝）

【活动参考资料】

应对性骚扰的"三部曲"

首先，克服女性的软弱特点，不要做沉默的羔羊。在公交车、地铁等公共场所，女性要有强烈的自我保护意识，对遭遇的骚扰行为要给予坚决的反击，使骚扰者知道，自己不是好惹的！

其次，对于比较熟悉的人，如老师、同学、同事、上司、客户、熟人等的处理方法比较复杂，通常可以分三步走：

第一步，点到为止。设计台词："你说话归说话，手别乱动！"

第二步，晓之以理，动之以情。当你的"点到为止"并不能使他知难而退，他再一次对你进行骚扰的时候，你应该立即给他来一番晓之以理、动之以情的谈话，力求达到既不伤和气又能避免受骚扰的效果。

第三步，宣之于众。当你委婉的劝导也不能奏效的时候，只能说明你碰到的是一个极端无耻的人。这时你需要明白一点，对这样的人而言，忍耐绝对不是出路，委曲求全只能使骚扰者愈加肆无忌惮，只能在公众面前揭露他的丑行。

最后，运用法律手段保护自己，可以提请公安机关对违法行为依法给予行政处罚，也可以依法向人民法院提起诉讼。

男青少年受到性骚扰的可能虽然比较少，但并非没有。如果受到同性恋者或成年女性的性骚扰，同样要设法尽快摆脱并及时告诉家长、老师与民警。

（胡佩诚：《性健康十五讲》）

◆ 活动模块四

学海冲浪

阶段目标：

预防因学习受挫而衍生的行为问题，帮助学生提高元认知能力，减少学业上的两极分化。

适用年级：

初一、初二、初三年级，以初二下学期为主。

活动专题 19 | 我能"管好时间账"(理时)

【活动参考目标】

1. 了解与理解

理解时间管理的潜在资源,梳理和反思自己时间利用效率的情况。

2. 尝试与学会

(1)使学生意识到时间的宝贵,养成充分利用时间的习惯。

(2)学会分析自己的时间利用情况;学会科学利用时间的方法并能应用到自己的学习与生活中。

3. 体验与感悟

通过活动,让学生体会时间的匆匆消逝,从而能够惜时如金。

【活动参考课例】

科学管理周末时间
——我能"管好时间账"

活动理念

时间管理是为了提高时间的利用率和有效性,对时间进行合理的计划和控制,有效安排与运用的管理过程。时间管理能力的强弱是现代人性格的一个重要标志,"不能管理时间便什么都不能管理"。善于管理时间的人其能力强、学习成绩优秀、事业有成,倾向于做更积极的自我评价、自尊心强、自我价值感强以及对生活感到幸福满意。而对于初二的学生来说,能否科学管理时间,对于他们提高学习效率、防止初二学习出现两极分化的现象,更是具有十分重要的意义。

活动准备

拍摄视频《小刚的一天》;印制画有钟表的"周末24小时时间饼形图";

分组和座位安排：班内同学随意组合，5~6人一组，围坐桌子四周；每人1张白纸，1支笔，1张撕纸（标明1/3、1/10的比例）；时间管理小实验所用器材（米、弹珠、豆子、乒乓球、容器，每组若干）；分组：5~6人为一组，准备彩色笔（紫色、蓝色、棕色、黑色、绿色、红色等）；搜集学生从婴儿到初中的成长照片，制作成课件。

活动过程

一、团体热身阶段：猜一猜

1. 时间谜语

（1）教师引导：同学们，让我们来猜一个谜语。这个谜语是这样的：

假设你有一个账号，这个账号每天进账＄86400，每年进账＄31536000，每晚进账消失，每年元旦后结算扣除。——打一词语，两个字。

谜底是什么？为什么？

（2）学生回答：谜底是时间。因为一天有24小时，一小时有60分钟，一分钟有60秒，因此就是 $60 \times 24 \times 60 = 86400/$秒，一年有365天，$86400 \times 365 = 31536000$ 秒。

2. 教师点评

31536000，有人说要是钱多好啊！金钱是财富，时间难道不是更为宝贵的财富？但是，时间却不能储蓄。那么时间的特点是什么？（出示投影）

时间一去不返。逝去的时间，它永远也不会回来。
时间没有弹性。每天24小时，固定不变，而且对谁都一样。
时间不能取代。我们要花时间做的事，必须得花时间去做。
时间无法储蓄。我们能储蓄钱，储蓄知识，就是不能储蓄时间。
但是，时间可以管理。不会管理时间的人，他就什么都无法管理。

二、团体转换阶段：撕一撕

1. 撕纸游戏

（1）教师引导：那么我们怎样去管理时间呢？首先看看哪些时间是我们

能管理的吧！拿着自己的时间人生纸条，让我们撕一撕，看看我们的时间人生是怎样安排的，我们可以管理的是哪一段时间。

（2）学生在教师指导下进行游戏。

假设我们的寿命为 75 岁，一天有 24 个小时，24 小时中我们需要睡眠、吃饭、运动、休闲、学习等活动。0~6 岁是学龄前的玩耍时间，60~75 岁是退休后的养老时间，共计 21 年，约占人生中的 1/3，请把这段时间撕去。余下的时间里，我们每天睡 8 个小时，占一天的 1/3。51 年中我们将有 15 年在睡觉中度过，请同学们再把你的时间人生撕去睡觉耗费的 1/3。算一算我们的吃饭、休闲时间。三餐合计约 1 个小时。运动休闲、交通走路、聊天交友等每天也算 2 小时。每天余下的 16 小时里我们又少了 3 个小时，51 年中我们将消耗掉人生的 1/6。请撕去时间人生纸的 1/6。每天 8 小时工作，我们要工作 38 年，我们要花去约 12 年，约占整个时间人生的 1/10。请撕去这部分的内容。看看你的手中还余下了多少？这正是我们在校的学习时间。

2. 分享感受

（1）教师引导：同学们，你在静静地聆听中，慢慢地撕去中，感受到了什么？

（2）学生分享感受："好短暂啊！""原来学习才这点时间！""这么少的学习时间，我该好好学啊！"……

（3）教师点评：是啊，并不漫长的人生路里，我们可以控制的学习时间是多么微小而短暂的一部分啊！面对如此有限的学习时间，我们需要进行有效的管理！

法国的一位作家也曾这样感叹："不能管理时间便什么都不能管理。"如何管理我们可以控制的时间？我们以五天之外的周末为例来学习科学地管理时间的技巧和方法吧。

小刚的一个星期天

三、团体工作阶段：演一演

1. 小刚的一个星期天

（1）视频：情景模拟演示（情节如右图）。

（2）观察寻找问题——小刚的一天安排：

时　间	活　动
8：00~9：30	磨磨蹭蹭起床、吃早饭
9：30~10：20	打电话（聊游戏）
10：20~10：40	打电话（聊篮球）
10：40~11：30	打电话（聊作业）
11：00~12：30	吃午饭
12：30~14：30	网上看动画
14：30~15：00	沙发上打瞌睡
15：00~17：00	打篮球
17：00~19：00	洗澡，吃晚饭，看电视
19：00~22：00	做作业

对于小刚的周末时间安排，同学们有什么看法？

（3）学生回答："作业放在后面做很不合理，应该放在前面。""打篮球与学习是劳逸结合。""电话多，活动安排随意，要学会拒绝"……

（4）教师点评：我们自己的时间安排有这样的问题吗？让我们画一画我们自己的"时间馅饼"。

2. 我的时间馅饼

（1）教师引导：请把你记录好的上周末的一天时间安排的内容按比例用彩色笔画在饼图中。看看你每一个小时都干了什么。

（2）展示学生的时间馅饼图，分析存在的时间管理问题。

（3）教师点评：时间的有效利用差，白天没有充分利用，到晚上才开始匆忙写作业；休闲时间占据较多……

3. 时间管理策略

（1）教师引导：我们先来做一个实验，看看从中可以得到什么启示。

（2）实验规则：小组合作将米、弹珠、豆子、乒乓球放进容器，并合上盖子；全部放进去就算成功；组长可以选择容器；限时一分钟，铃响立刻停止手中的实验。

（3）学生进行实验操作。

（4）展示反馈：请成功的小组给大家"亮亮相"，我们掌声鼓励一下。

接下来我们请小组长把你们刚才的作品向大家展示一下。

教师询问成功组：你们觉得谁的作品更完美些？你们能谈一下成功的经验吗？

教师询问未成功组：你们是怎么放置的？你们能谈一下你们没有成功的原因吗？

（5）学生讨论：这个实验带给你什么启示？

（6）教师点评：要在规定的时间内完成任务，就要：①设定任务目标——合理、具体。②进行任务排序——重要、紧迫。③确保任务完成——自我督促、自我奖惩。

请根据这些科学的策略重新规划你的周末时间。记住培根的话："人与人的差别不在八小时内，而在八小时以外。"

四、团体结束阶段：成长与感悟

1. 感受成长

（1）PPT展示学生成长照片。

（2）学生分享：看了自己的成长花絮，心中有何感受？

（3）教师点评：每个人从出生到幼儿园这是一段天真无邪的日子，玩耍是当时的主要活动。跨入小学，我们开始了学校学习的历程，小学生活丰富多彩，"边玩边学"是童年时期的时间管理方式。当你们进入中学，生理、心理的变化让你们向成人迈进了。旧有的时间管理模式变得不太适应新的学业要求，你们会发现人很疲惫，而时间就是不够用；或者一天下来无所作为，又无聊又郁闷。及时转化自己的时间管理模式显得十分迫切。

2. 欣赏美文：《和时间赛跑》

让我们一起随着林清玄的故事去"和时间赛跑"！（播放配乐朗诵，见"活动参考资料"）

3. 教师小结

把今天大家的感悟和收获概括起来，我们学到的时间管理策略大致有（出示投影）——

主次有序，首要任务优先做；劳逸结合，学习锻炼两不误；抵制诱惑，学会婉言来拒绝；抓紧时间，合理计划不浪费；提高效率，落实行动不拖沓。

我们还可以这样操作：合理计划、闹钟定时、适当运动、必要激励。相信大家一定能把这些策略用到你们的学习生活中去，那样，就可以大大提升你的学习品位和效率！

活动反思

上课的过程，其实也是自己一个整理和学习的过程，我对时间管理有了更深刻的认识，同时，也可以让我的学生从我的指导中获益，这个过程是一个双赢的过程。整个活动由猜谜语开始，到团体转换阶段的"撕纸活动"，学生参与的热情非常高，他们感受到时间的匆匆，一种珍惜时间的情感油然而生。接下来，团体工作阶段通过模拟小刚的一个星期天，再现了很多学生一个共性的星期天，让学生们自己讨论、总结出科学的时间管理策略。然后，再让学生画出自己一个周末的时间利用饼形图，看看安排是否科学合理，让大家体会怎样使有限的时间尽可能"延长"。最后，在活动"感受成长"中让学生体验生命的匆匆和时间的紧迫，启发学生从小学的学习模式向初中的学习模式转型，整堂课最后让孩子们在一篇抒情散文朗诵与反思中结束。

（浙江省杭州市惠兴中学　沙士良　浙江省象山县爵溪学校　史蓓蓓）

【活动参考资料】

和时间赛跑

读小学的时候，我的外祖母过世了。

那哀痛的日子，断断续续地持续了很久。爸妈也不知道如何安慰我。他们知道与其骗我说外祖母睡着了，还不如对我说实话：外祖母永远不会回来了。

"什么是永远不会回来？"我问。

"所有时间里的事物，都永远不会回来了。你的昨天过去，它就永远变成昨天，你不能再回到昨天。爸爸以前也和你一样小，现在也不能回到你这么小的童年了；有一天你会长大，你会像外祖母一样老；有一天你度过了你的所有时间，就永远不会回来了。"爸爸说。

……

有一天,我放学回家。看到太阳快落山了,就下决心说:"我要比太阳更快地回家。"我狂奔回去。站在庭院前喘气的时候,看到太阳还露着半边脸,我高兴地跳跃起来。那一天我跑赢了太阳。以后我就时常做那样的游戏,有时和太阳赛跑,有时和西北风比快,有时一个暑假才能做完的作业,我十天就做完了。那时我三年级,常常把哥哥五年级的作业拿来做。

每一次比赛胜过时间,我就快乐得不知道怎么形容。

……

如果将来我有什么要教给孩子。我会告诉他:假若你一直和时间赛跑,你就可以成功!

(林清玄:《林清玄散文自选集》)

活动专题 20 | 我能"思维有导图"(明晰)

【活动参考目标】

1. 了解与理解

引导学生认识到学会画"思维导图"是学习的高级技能,运用图文并重的技巧,可以帮助自己进行直观的思维和记忆,有效学习、提高成绩。

2. 尝试与学会

通过活动初步尝试制作"思维导图",并有意识地运用到日常的学习活动中去。

3. 体验与感悟

在活动中感受到学会画"思维导图"的重要性及方法、风格的多样性,增强克服困难、提高学习效能的决心,并养成习惯。

【活动参考课例】

让你的思维跃然"纸"上
——我能"思维有导图"

> 活动理念

随着年级的升高，学科知识内容越来越复杂，初中生要记忆的信息越来越多，单纯的机械记忆越来越成为学业进步的障碍。画"思维导图"的方法能有效帮助学生对知识信息做出加工，使教材内容化繁为简，使书"越读越薄"。本节课旨在通过活动，让学生认识和初步掌握画"思维导图"的技能，提高思维水平，并能将其运用到日常的学习活动中去。

> 活动准备

课件；每个学生准备空白 A4 纸、彩色水笔和铅笔。

> 活动过程

一、团体热身阶段：记忆小测验

1. 记忆游戏

（1）在大屏幕上呈现 20 个名词：

信封　纽扣　杯子　碗　邮票　线　茶叶　勺　胶水　剪刀　碟　水壶
信纸　针　炉子　筷子　笔　衣服　火柴　酒杯

（2）游戏规则：
①不做任何解释，一分钟后，要求同学们在纸上默写，看看能写出多少。
②要求在两分钟之内记住，看看能写出多少。
③让学生比较两次的差异，找出原因。
（3）全班分享：请再看大屏幕，能否找出事物之间的联系。然后，找得分高的同学谈一谈记忆的经验。如，联系生活知识，找到了 20 个词的内在联系，理解了事物的意义。按事物的用途分为四类：与喝茶有关的——杯子、

茶叶、水壶、炉子、火柴；与缝纽扣有关的——纽扣、剪刀、线、针、衣服；与吃饭有关的——碗、勺、碟、筷子、酒杯；与通信有关的——信封、信纸、笔、邮票、胶水。可见，我们要在理解的基础上记忆。

2. 教师点评

上了初二之后，学习任务加重了，学科知识内容越来越复杂，要记忆的信息越来越多。我们要是有一个好的学习方法，学习起来就会轻松很多，反之学习起来就会很吃力。今天，我们就来讨论一下在学习中如何借助画"思维导图"来对知识信息作出加工，使教材内容化繁为简，使书"越读越薄"。

二、团体转换阶段：思维导图的介绍

1. 一个开发大脑潜能的图解工具

（1）什么是思维导图

思维导图用一幅图生动地描绘出某一个核心概念（或重要问题）的子概念体系（或解决问题思考的维度），展示其整体与部分、部分与部分之间的关系。它是一个由中心向周围有层次地发散的图形，可由词汇、图形、线条、编号等构成，并用不同颜色的笔画出各级分支。

（2）思维导图的由来

英国著名心理学家东尼·博赞在研究大脑的力量和潜能过程中，发现伟大的艺术家达·芬奇在他的笔记中使用了许多图画、代号和连线。他意识到，这正是达·芬奇拥有超级头脑的秘密所在。在此基础上，博赞于20世纪60年代发明了思维导图这一风靡世界的思维工具。

（3）PPT出示最基本的思维导图——"今天的计划"

从图中心发散出来的每个分支代表今天需要做的不同的事情，例如叫水暖工，或去百货商店购物。

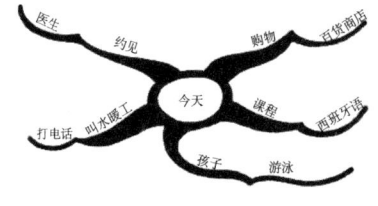

"今天的计划"的思维导图

2. 思维导图如何帮助你

思维导图能够在很多方面帮助你！这里只列出了一小部分！

（1）表现出更多的创造力；（2）对你的思想进行梳理并使它逐渐清晰；（3）以良好的成绩通过考试；（4）更好地记忆；（5）更高效、更快速地学习；（6）制订计划；(7) 与别人沟通。

3. 教师点评

使用思维导图，可以把一长串枯燥的信息变成彩色的、容易记忆的、有高度组织性的图。它与我们大脑处理事物的自然方式相吻合，帮助我们把零散的知识按照一定的逻辑、类别、结构组织起来形成一个完整的知识系统。

三、团体工作阶段：学习绘制思维导图

1. 分享各不相同的"思维导图"

（1）无性生殖（图略）。

（2）五种表达方式（图略）。

（3）CLOTHES（图略）。

（4）直角三角形是特殊的三角形（图略）。

（5）北京（图略）。

教师点评：思维导图，能帮助你学习、组织和储存你想要的所有信息，它以自然的方式对信息进行分类，使你能够很容易迅速得到你想要的，使你的生活变得更简单、更成功。

你该开始绘制你的第一幅思维导图了！

2. 尝试绘制思维导图

（1）教师引导：思维导图绘制起来轻松、有趣，因为它和大脑的工作机理一致。那么，大脑的工作机理关键是什么呢？非常简单：想象和联想。你怀疑吗？那么，请试试下面这个游戏，绘制出你的第一幅思维导图，你会发现与生俱来的绘制思维导图的能力。

（2）想象和联想的游戏

请阅读下面黑体的词汇，然后立刻闭上眼睛，持续30秒，思考它。

水果

请学生分享：你想到了、看到了什么？

教师点评：当你看到这个词汇，然后闭上眼睛，涌进你头脑的是不是两个打印出来的字：水─果？当然不是！你的大脑里产生的可能是你最爱吃的一种水果的图像，或是一篮子水果，或是水果商店等。你也可能看到了不同

水果的颜色，似乎闻到了它们的香味。你已经从"水果练习"中得到证明，你的大脑天生就可以绘制思维导图！

（3）准备（PPT展示）——空白纸张；彩色水笔和铅笔；你的大脑；你的想象！

（4）绘制思维导图的注意事项。（PPT展示）

①要突出重要内容。使用不同颜色、简笔画、不同的文字框、不同大小的字体等。

②要强调相关知识点之间的联系。使用箭头、虚线、实线、分支、画树枝或河流或铁轨等。

③要清晰。每一条分支线上最好只有一个词汇或短语短句，文字尽量横向排列，与中心问题连接的线条要比其他线条更粗等。

④分层辐射。从中间的核心概念出发，按照一定的逻辑关系，逐渐把更多的细节和各级的层次辐射开来。

⑤形成自己的风格。

举例：水果的思维导图。（PPT展示）

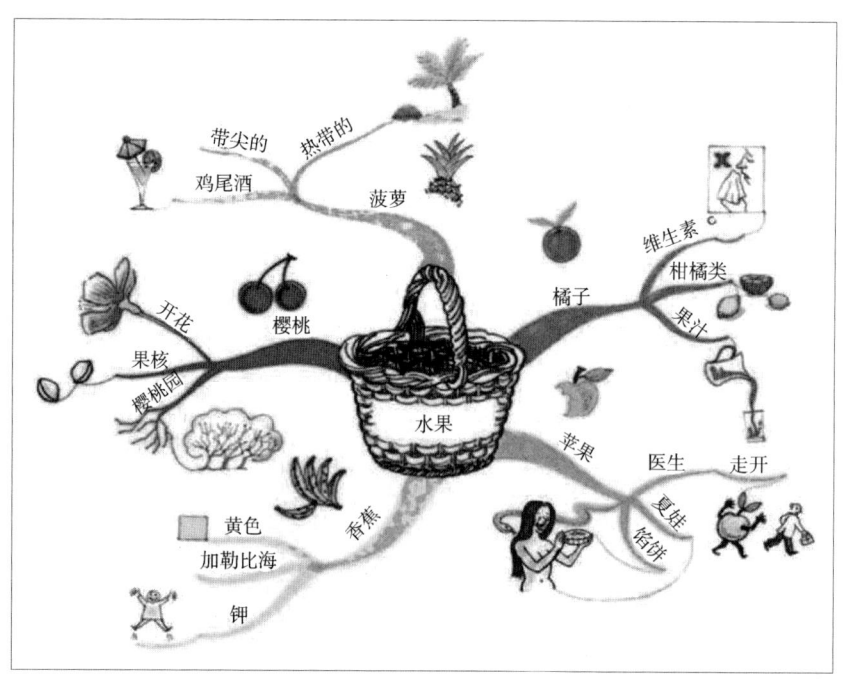

现在就让我们开始吧！

（5）学生绘制自己的第一幅思维导图：《历史与社会》八年级上册"古代世界的文明成就"的思维导图。

教师提示：从古代的文明分为两种形式的文明入手，即大河流域的文明和西方文明，整理出了"树干"。大河流域的文明代表有古代埃及、古代两河流域、古代印度和古代中国，西方文明代表有古希腊和古罗马，这样就"揪出"了"小树枝"。再扩展到古代埃及文明的代表有金字塔和象形文字、古代两河流域文明的代表有《汉谟拉比法典》和苏美尔人发明的楔形文字……这样就由"小树枝"扩展到了"树叶"。

（6）投影仪展示学生所绘制的"古代世界的文明成就"的思维导图。

3. 实践运用

教师：现在，让我们结合学科知识，尝试绘制从一个中心主题发散出的"主干、小树枝、树叶"的思维导图吧。

（1）绘制《历史与社会》八年级下册"英、美、法国资产阶级革命"的思维导图。

（2）绘制《历史与社会》八年级下册"新航路开辟"的思维导图。

（3）投影仪展示学生所绘制的思维导图。

（4）教师点评：绘制思维导图可以使我们对所学的知识进行系统的整理，把分散的知识综合成一个整体，使之形成一个较为完整的知识体系，从而提高对知识的掌握水平。

四、团体结束阶段：开通记忆的"高铁"

1. 用比喻说感受

（1）教师引导：大家在今天的活动中一定有很多新的收获、新的感悟，请你用一个比喻句来描述"思维导图"对你的帮助。

（2）全班分享。

2. 教师小结

今天我们学习了绘制思维导图，就好像在大脑里开通了一条新的"记忆高铁"。借助"思维导图"这一学习工具，我们可以对知识信息作出加工，使教材内容化繁为简，使书"越读越薄"，使思维变成活生生的图画。不过要知道即使学会了绘制思维导图的方法，同样要靠对不同学科的思维导图进行多次练习才能够真正掌握。所以，要想让你的思维跃然"纸"上，还要靠同学们自己的努力哦！

> 活动反思

在这一节心育活动课的设计过程中，我尽可能地提供不同学科、不同领域的"思维导图"，让学生进行思维导图的了解和实践运用，但由于"隔行如隔山"，还是感到力所不及。因此，在进行"团体工作阶段"时，学生的积极性虽然被调动起来，但主动参与、大胆尝试的意识还有所欠缺。这说明这一项技能的掌握要靠多学科教师团队的整体合作才能有所突破，因此，有必要对学科教师进行一次培训。而在后来的"实践运用"环节，通过结合学科知识绘制从一个中心主题发散出的"主干、小树枝、树叶"的思维导图，学生还是表现出了极大的参与度和团体张力，始终在一种活跃的思维中完成思考、讨论和团体互动。而教师通过这一活动阶段的参与，很好地实现了辅导活动的目标，体现了学生的自主性，又起到了辅导者应有的组织、引领和辅导的作用。从学生反应和活动效果来看，这一活动还是基本达成了辅导目标，如果能在选取理解记忆的材料和一些具体的辅导细节上再下些工夫，应该会有更好的辅导效果。

（浙江省宁波市曙光中学　杜碧波）

【活动参考资料】

知识网络与智力磁场

谁拥有知识网络中的信息线条、信息束、信息场，这些作为吸引器（即智力磁场）发挥作用来吸引新的适当的信息，谁就会被给予，意思是：它可以感知、理解、加工、记住大量的新信息、新理念、新想法、新理论、新线路，并且以后会运用在日常治理、创造性的行为或反应中。

谁在知识网络中没有足够的位置，就会连他的已有之物都被剥夺，意思是：他不能感知存在着的东西，所以这些就会从他自身的感知器官中消失，因为这些信息已沦落为非信息。

因此，适时扩展你的知识网络对你非常重要。你的知识网络越大，你就可以感知到更多细节。教育（各种形式的，不仅仅是书面知识）和感知能力之间有着紧密的联系。过去人们认为，只有"贵族"由于其"高贵出身"（基因）与大量的普通人相比有更强的接受教育的能力，后者缺乏感知能力是因为处境卑微（与贵族世界相比）。今天我们知道并不是高贵的出身造就了贵族，而是家庭教师和持续不断的身体及思维训练造就了贵族。当然训练对每个人的效果都不一样，但这足够让贵族产生印象并且保持数百年之久。……这些人的主要优势在于拥有一个巨大的知识网络，在网络中的不同位置有很精细的细节线条，即专业能力或专业知识领域。

知识网络中的这类领域越多，拥有知识网络的人所受的教育也就越多，他在扩展的知识网络中的图形也越多！因此，最好的基础就是尽可能多（快而易）地理解、掌握并记住一个扩展的知识网络。

（比肯比尔：《记忆导图》）

活动专题21　我能"查漏勤补缺"（反思）

【活动参考目标】

1. 了解与理解

了解常用的查漏补缺方法，知道只有通过对学习过程的再思考，才能找到学习错误的根源，防止重复性错误的发生。

2. 尝试与学会

（1）通过活动尝试使用"地毯式搜索"、"刨根式追击"、"阶段性总结"等方法来进行查漏补缺，并有意识地运用到日常的学习活动中去。

活动模块四　学海冲浪

(2)通过活动初步掌握用"聚焦问题"、"错题本"、"析错法"等多种不同的方法进行反思,并能将其运用到日常的学习活动中去。

3. 体验与感悟

(1)在活动中感悟在反思中"查漏补缺"的重要性。

(2)在活动中建立起"我反思、我改变、我成功"的信念。

【活动参考课例】

"查"方知漏　"勤"可补缺
——我能"查漏勤补缺"

`活动理念`

初中生的思维发展具有片面性、表面性,表现在学习中就是思考、分析问题易钻牛角尖,具高创造力的同时又缺乏逻辑性和全面性,常犯重复性错误。"查漏补缺"能促使学生对原有学习经历进行回顾、重新思考,从而改进学法,完善知识体系。本节课旨在通过活动,让学生认识到反思的必要性,初步掌握解决学习中错误和漏洞的策略,促进元认知的发展。

`活动准备`

课件、A4纸、白板;每人一张《我的经营之道》表;6人一组T型排列。

`活动过程`

一、团体热身阶段:"猜名字"中有诀窍

1. 猜名字

(1)游戏规则:请一位同学在纸上写下任意一个人的名字,然后,大家向他提问与名字相关的问题,他只能回答"是"或"不是",大家以此来判断名字是什么。最后由这位同学向大家出示写在纸上的名字。

(2)在猜名字的过程中,老师注意记录一共提问了几个问题,哪些问题是关键性问题,并在出现毫无头绪乱猜的情况时,给予适当的点拨和提醒。

(3) 全班分享:同学们,当我们历经数次提问终于找到答案时,一起来回想:哪些问题是无效的?有哪些问题促使我们猜出了名字?这些有效问题有什么共同之处?

2. 教师点评

中国汉字有十万以上,我们之所以通过几个问题准确找出其中两三个字,是因为抓住了问题的关键,也就是字的"音、形、义"。由此可见,面对烦琐的难题,首先要思考:解决这个问题的关键之处在哪里?有什么方法策略?在尝试失败后进行反思:是什么原因导致了失败?如何改进,如何在以后避免同类问题发生?只要我们找对了路子,找到了方法,很多问题都会迎刃而解。

二、团体转换阶段:"经营"、"反思"都有道

1. 故事:经营之道

(1) 故事情节:

一名餐饮行业的老板年事已高,要把公司交给儿子掌管,可他有三个儿子,最终让谁当老板呢?在反复思考后,他决定给三个儿子同样的资金,在一年的时间内他们三人各自经营一家饭店,最终谁掌管的饭店效益最好,谁就做老板。

三个儿子做得都很努力,可是三个月过后,经营的饭店都不景气。老父亲把他们狠狠批评了一通,兄弟三人暗下决心要努力做好。于是,老大更加勤奋,天天待在饭店里,忙着炒菜、算账,很辛苦。老二天天冥思苦想如何提高饭店效益,却百思不得其解。于是找来祖上留下的饭店经营秘籍,按照书上所说的方法去做:改变饭店装潢、改变菜系、改变运行模式……

老三呢?他开始时天天往外跑,吃遍了城里大小饭店,回来后结合自己的情况进行反思:与大饭店相比没有资金,与小饭店竞争要讲究特色。于是改做了饺子馆,做了几十种特色饺子和配菜。

(2) 全班分享:很快一年过去了,大家来猜测谁会成为最终的大掌柜,并说说你猜测的依据。

(3) 教师引导:故事的结尾是老三的经营效益最好,接管了父亲的产业,

兄弟们也心服口服。请同学们再深入思考：老三的成功之处在哪里？老大和老二为什么会经营失败？

（4）自由发言后，教师点评。故事告诉我们成功的经营之道是：要善于在失败后反思，找到问题的根源，并善于分析自己的现状，找出优势和劣势，最终据此进行改变行动。

2. 启示：反思之道

（1）教师引导：问题是，三个儿子其实都在做"反思"，为什么结果大不相同？

（2）分享后点评：只是"思路"各不相同，可见不仅经营有道，反思也有道。其实，在座的每一位同学都是一位老板，都在经营着一份产业——学习。我们刚刚经历了期中考试的考查，你的经营是"盈利"了，还是"亏损"了？不管怎样，我们都应该反思、分析、改变，认真"查漏补缺"，找到经营自己学习、"增加利润"、"扭亏为盈"的正确思路和最佳策略。那么，怎样做才能真实做到"查漏补缺"呢？我们一起来探讨一下查漏补缺的思路和策略。

三、团体工作阶段："查漏补缺"要讲"道"

1. 地毯式搜索

（1）教师引导：同学们玩过扫雷游戏吗？我们来做个现场模拟扫雷游戏。模拟游戏的规则是，老师在课前已事先与个别同学达成协议——充当"地雷"，但是不能透露给任何一位同学。先指定另一位同学充当"扫雷"者。当指定的同学走到某位同学面前时，该生回答"我是地雷"或者"我不是地雷"。若有同学回答了"我是地雷"，那么这位指定的"扫雷者"就"不幸挂花"，甚至"壮烈牺牲"了。

（2）组织学生游戏。

（3）请同学们谈谈：怎样才能确定哪些是"地雷"？（预想同学们答：不能确定，"挂花"或"牺牲"了才知道）

（4）教师点评：说得很对，要想知道哪些是"地雷"，我们只有踩过后才清楚。其实，学习过程中，我们已经踩过很多次不同的"地雷"，而且也已经"挂花"了很多次了。为了确保自己下次不会再掉进类似的陷阱，再踩中那颗"雷"，我们需要做的第一步，就是拿起"探雷器"，去搜索那些你曾经踩过的"地雷"——换言之,它就是你曾经做过的那些错题。而且,在搜索过程中为了减少遗忘,最好将其记录进你的摘记本里,俗话说得好,"好记性不如烂笔头"。

2. 刨根式追击

(1) 教师引导:假若你已经找到了"缺漏",那么,恭喜你!你已经成功了第一步。接下来,我们就该要扫除这颗伤人的"地雷"了。怎么做呢?我们还是来做一个"对对联"游戏。

(2) "对对联":

教师出示上联,学生对出下联。

上联:春花 下联:……(示例:秋风)

上联:春花开 下联:……(示例:秋风吹)

上联:春花开满园 下联:……(示例:秋风吹大地)

(3) 请学生尝试对对联,小组讨论优劣。对于需要修改的对联,同学们共同合作探讨,帮助该生对出合适的下联。

(4) 现场分享:学生对出对联后,教师现场采访该生:为何要用此下联来对?(学生基本会从所积累的知识库中寻找与上联字数相等、词性相当、内容相关的词语来匹配。若学生对的对联出错,教师采用提示性话语进行适时引导)

(5) 教师点评:出错了,不要紧,关键是要寻找到出错的原因。刚才同学们在对对联时出错的原因是未能掌握对联的特点,即字数相等、词性相当、内容相关等。等我们"刨根问底"找到了"病根",我们就可以"对症下药"了。这是我们在查漏补缺的过程中需要注意的关键之处。

3. 阶段性总结

(1) 教师引导:倘若"此漏已消除,彼漏亦增长",那又该如何应对呢?

(2) PPT 出示一段文字。

下棋的人,尤其是那些棋坛高手,都知道"复盘"的价值。对局之后,不管输赢,都静心地坐下来,认真回想对弈时的每一步,无论是妙手,还是昏招。妙,又妙在哪里?昏,又昏在何处?只有这样,自己的棋艺才能不断提高。

(3) 小组讨论:刚才的例子就叫做"阶段性总结",同样适用于"查漏补缺"的学习过程。所以下面请同学们谈谈自己是如何进行阶段性总结的。

（4）全班分享：利用摘记本，对知识盲点进行归纳整合，形成一个系统的"查漏补缺"网络；分析哪些知识盲点已经扫除，哪些仍需继续加强演练，并用熟悉的符号标明；查漏补缺贵在勤，审视自身，给自己的"查漏补缺"的态度打个分等。

（5）教师点评：阶段性总结，有利于积累经验，明确目标，为下一步的学习奠定坚实的基础。

4. 聚焦式改变

（1）教师引导："扭亏为盈"的第四步是聚焦问题求改变，要立即采取行动。

（2）聚焦问题：请大家结合这次期中考试，分析自己的学习现状，确定一个亟待解决的、具体的、关键的问题。也就是你最需要改变的方面。比如，某一学科成绩特别差，改变方向就是如何在当前基础上学好这门学科；如果是自习课效率低，改变方向就是如何提高自习效率；如果是考试因粗心丢了很多分，方向就是如何克服粗心，等等。确定问题越具体、越具有针对性越好，如此我们所获得的方法就会越具有可操作性。

（3）完成之后进入第二步：寻求方法。大家可以离开座位，找到任意一位同学，围绕着你的聚焦问题进行采访，听听别人在这一问题上是怎么做的，从而完善自己的经营之道。

（4）请大家回到自己座位上，结合他人经验、自己现状，进行整理，并写出适合自己的经营之道。

（5）全班分享：请三四位同学发言，首先说说自己的聚焦问题，谈谈为什么选择这个问题；重点交流具体的经营之道；最后预测在今后的执行行动中可能遇到的问题，以及如何应对的方法。

四、团体结束阶段：潜能不可低估

1. 游戏：中指变长

（1）同学们，我们再来玩一个小游戏，叫做"中指变长"。

（2）游戏步骤：每一名学生双脚打开端坐在座位上，闭上双眼，自然呼吸，右手自然下垂，平举左手，掌心朝下，食指伸直，其余四指自然弯曲，老师说三次"长！""长！""长！"。每次间隔时间大约为30秒，此时会发现注意力比较集中的学生的左手中指会一共轻轻跳动三下。然后，睁开双眼，双手腕长皱纹对齐后合掌，检验左右手的中指是否还是一样长。此时学生一定会纷纷表示惊讶，因为左手中指确实比右手中指要长一些。

（3）学生分享体会。

（4）教师点评：同学们，这个游戏的科学原理在于运用了我们的自我暗示的力量。从这个事实中我们明白：每个人的潜能是无穷的，只要我们有明确的目标和恰当的方法。同样地，在反思学习、查漏补缺的过程中，这个游戏也提示我们：我们的成长空间还很大。

2. 交流感悟

（1）学生自由发言：有了这么多的好方法，成绩是不是一定会提高？为什么？

（2）教师小结：学习经营与反思之道的精髓是"多反思、查到漏、勤补缺、重改进"。找到经营秘诀并不等于一定保证经营效益好，重要的是在平时生活中要持之以恒地使用这些方法，也就是——"用在平时，重在调整，贵在坚持！"

活动反思

"学习"是一个老生常谈却又不可忽视的话题，对于初中生来说，在以学习方法为主题的活动课上，单纯靠思考、讨论是无法激发学生的参与热情的。于是我们就在活动内容上下工夫，根据中学生喜欢互动的特点，设计以猜名字游戏进行热身。在此环节中，学生的参与热情很高，从最初毫无章法的胡乱猜测，到逐渐找到规律、窍门，到开始进行有效提问，到最后准确找出名字，学生很有成就感，并初步意识到解决问题需要先思考、找方法。在团体转换阶段，我们设计了互动性、实效性、生动性强的活动，以"经营之道"这样一种创新的分享和思考方式，把一个有点儿枯燥且老套的话题体验探讨得趣味十足。团体工作阶段主攻"如何进行查漏补缺"，我们将其分解成"四步走"。在具体操作过程中，把查漏补缺的步骤和方法融合在这"四步走"当中进行。这在一定程度上节省了辅导时间，提高了时间利用率。但是，若能在该环节多考虑学生的现场练习与巩固，多思索选材的合理性，相信这一环节的效果将更好。在团体结束阶段，我们通过"中指变长"的游戏，启示学生人的潜能无限，查漏补缺过程实际也是一个继续"挖潜"的过程。

（浙江省宁波市第七中学　叶玲玲　河北省石家庄市第二十八中学　黄　琦）

【活动参考资料】

反思是提高自律学习能力的有力工具

对于不论什么年龄阶段的人来说,反思都是一个提高自律学习能力的有力工具。……反思过程中,我们可以看到很多心理力量在起作用,其中包括自我评估、不断努力和坚持不懈,对目标和计划的修改,对未来发展和个人进步充满信心。在他们对自己的行为进行自我激励和自我管理,并逐渐建立积极的自我概念的过程中,这些过程都是非常明显的。……不论引发我们进行反思的原因是什么,我们在反思过程中都需要一个标准,来衡量我们的行为表现和进步情况。这些比较的标准可能是我们过去的表现,外在的标准,或者是别人或者别的团队的成绩。比较的结果都是有关变化、成长和能力的推论。

学生们从一年级起每周至少需要一次机会来反思自己在这一周的学习情况,这样他们才能够逐渐内化教师们倡导和示范的评估标准和自律学习的过程。在整个学年中,学生应该与教师和家长一起对自己的学习表现和进步情况进行总结,这样才能够对学生的优缺点和学习目标达成共识。

(巴里斯 等:《培养反思力》)

活动专题 22　我能"自控增效率"(效能)

【活动参考目标】

1. 了解与理解

(1) 引导学生对自控有一个正确的认识,懂得人离不开自我控制,自控能力能帮助我们更好、更高效地完成任务,从而提高我们的学习效率。

（2）懂得学习活动的成功不是拼时间，而是拼效率。只有减少无效劳动，才能提高效率。

2. 尝试与学会

（1）主动尝试他人提高学习效率的方法，选择对自己最有效的方法，从而提高自己的学习效率。

（2）引导学生学会辨析自己在学习中的有效劳动与无效劳动，加强自我监督和调控。

3. 体验与感悟

（1）应用想象的方式，体验快速完成任务时的快乐，感受拖延或逃避任务时的痛苦。

（2）感悟初三学习不是比时间而是比效率。

【活动参考课例】

善自控者成大器
——我能"自我增效率"

活动理念

随着中考接近，初二、初三的学业任务越来越多，学生明显感觉时间不够用，许多同学学习到晚上11点，甚至更晚；而有些同学则不会珍惜时间，完成不了作业，对学习成绩造成很大影响。面对这样的情况，如何提高学生的自控能力，来增进学生的学习效率，显得尤为重要。本节心育活动课旨在让学生意识到自控增效率对提高学习效率和学习成绩的重要性，让他们学会合理安排学习时间，学会面对问题时能够提高自控能力以确保计划执行，并进而感悟自控能力对人一生的重要意义。

活动准备

课件；学生练习纸；6人一小组围坐；故事素材；拼图。

活动过程

一、团体热身阶段：歌曲《青春舞曲》

1. 歌曲《青春舞曲》

（1）播放王洛宾的歌曲《青春舞曲》，让同学们合着节拍，一起与歌手唱这首歌。

（2）刚才这首歌给你印象最深的歌词是哪一句？（生答"我的青春小鸟一样不回来"）为什么？我们怎样让青春过得无怨无悔呢？

2. 教师点评

珍惜青春，不等于抓紧一切时间学习。初二、初三学习紧张、任务较艰巨，如果只是一味花费时间，而不提高自己的效率，这样的学习不是高效高质的学习。许多同学主观上很想努力，也希望提高自己的效率，但总是起色不大。其中很大的问题在于我们没有学会自控，学习效率可能从我们的指缝当中流失了。

二、团体转换阶段：自控大讨论

1. 图表评价

（1）教师展示图片：请评价一下这位同学的周六时间安排情况。

活动	时间	活动	时间
吃饭	2小时	做作业	1小时（10点~11点）
午睡	3小时	看书	1小时（16点~17点）
休息	2小时		
看电视	2小时		
打球	1.5小时		
上网	2小时		
休闲总计	13.5小时	学习总计	2小时

（2）自由评价：午睡时间太长，娱乐时间过多，学习时间过少。安排不合理，错过学习最佳时机。学习和休息的时间比例不对。

（3）小组讨论：周六安排多少时间用来学习是合理的？一天中什么时间学习是最佳的？在这个过程中，最难的是什么？为什么很难？

（4）教师点评：制订计划后，在执行过程中自我控制很重要。

自控（自制力）：指个体善于支配或控制自己的言行，主要体现在做事情时目标明确，有相应的行动计划，并能抵抗干扰，克服困难，确保计划的实施和任务的完成。另外，还体现在能够有效控制住自己的冲动行为，调节消极的情绪、情感状态。

2. 视频：心理学"延迟满足"实验

（1）内容简介：

心理学研究者做过一个有趣的实验，他们请来一群3~4岁的小孩子，分给他们每人一颗糖。然后告诉他们，他们可以马上就吃，但如果愿意等一等，等到研究者出去办完事情回来以后再吃，他就可以再得到一颗糖。研究者说完后就离开了房间。孩子们的表现可以分成三类：

A类：急不可耐，立刻把糖拿起来吃掉了。

B类：等了几分钟，但实在忍不住了，也把糖吃掉了。

C类：耐心等待，一直等到研究者回来，终于吃到了两颗糖。

（2）教师点评：我们来看心理学研究者的后续追踪研究，研究者发现到中学时，这些孩子就表现出明显的差异：那些能在糖果面前坚持到最后的孩子具有较强的适应能力和进取精神，他们合群、勇敢、独立；而没能坚持到最后的孩子比较固执、孤僻、易屈服等。学业能力倾向测试的结果是，坚持到最后的孩子平均得分210分，明显高于不能坚持到最后的孩子。

（3）自由分享：请同学们说说自己的感受。

三、团体工作阶段：如何提高学习效率

1. 自我学习效率评价

（1）教师提问：你觉得自己的学习效率如何？

（2）完成学习效率的自我评价并与同学分享。

（3）小组讨论，推出本组学习效率最高的成员，并陈述推荐理由。

（4）教师呈现公式：效率 =（劳动量 − 无效劳动量）/时间。

(5) 自由发言：根据这个公式，在劳动总量和劳动时间不变的情况下，怎样才能提高效率？

2. 查找我的"无效劳动"

(1) 小品：《我们的自修课》

内容说明：由六名同学共同完成。一人旁白，另外五人分别扮演五位在自修课上有不同表现的同学。

(2) 小组讨论：刚才看了小品，你觉得这五位同学的自修效率怎样？

(3) 我的效率反思：对照刚才的小品，请你罗列出自己的无效劳动有哪些，在小组内交流，让同学帮你找找无效劳动。

我的无效劳动	
自我剖析	组员评价

3. 提高学习效率行动方案

(1) 呈现两位学生写的自我管理记录——《成长足迹》。

A 生《成长足迹》

初三了，我要做一个做事有计划，每天都有收获的学生，要做到认真地过好每一天，让初三成为我人生新的起点。我要用一年的努力，养成一种良好的习惯，去开创我的快乐人生。

时间		我的计划及执行情况	自我评价或自我反思
周日	晚自习1	1. 读英语报纸√ 2. 做物理《练习》√	★★★★☆ 效率不高，要调整好状态，迎接新的未来
	晚自习2		

续表

时间		我的计划及执行情况	自我评价或自我反思
周一	作业整理课	1. 做物理校本√	★★★★☆ 今天效率不错，就是写作业的速度慢了点，注意力不够集中，明天要更加努力才行
	晚自习1	1. 做数学试卷√ 2. 做数学题√ 3. 做化学《练习》√	
	晚自习2		

请 A 生说明：他的计划及执行情况中的内容是什么时候写的？他的计划及执行情况中的这些"√"是什么时候打上去的？右面的自我评价或自我反思上的星涂黑与不涂黑有没有不一样？

B 生《成长足迹》

时间		我的计划及执行情况	自我评价或自我反思
周一	作业整理课	物理作业本√ 《五年中考》√	★★★☆☆ 放下已经过去的，从现在开始准备好一切，为下次奋战。I CAN! GO! GO! GO!
	晚自习1	《导学导练》√题2√	
	晚自习2	《导学导练》√《亮剑》√	
周二	作业整理课	数学试卷√	★★★★☆ 细节决定成败，不要让一点小事毁了你。态度决定高度，一切都在自己手中。"行百里半九十"，要坚持到底。现在，让我重新出发，加油！
	晚自习1	英语作业√ 语文反思√ 英语试卷√	
	晚自习2	"五年中考"√ "三年模拟"√	

请 B 生说明：在给了自己一天的学习星级评价后，为什么后面还要写这么多话？自己喜欢这种方式吗？为什么？

（2）教师点评：到现在为止，我们对自己的无效劳动已经有了一个比较全面的认识，对效率较高的同学的学习方法也有了一定的了解。接下来我们来为自己设计一个提高效率的方案。

(3) 设计提高学习效率的方案并与大家分享。

我的提高效率的方法

4. 观看《士兵突击》片段

内容简介：许三多在三连五班，从班长那里得到一个"任务"，就是修一条路。自从接受了这个任务之后，不管战友怎样讽刺挖苦，不管天气多么恶劣，他都坚持，最后完成了这个看似不可能完成的任务。

(1) 学生讨论：从这个片段中，我们看到许三多最后完成了这个看似不可能的任务，他为什么能完成这个任务？对我们有何启示？

(2) 教师点评：为了让自己的学习能够高效，我们需要许三多的这种坚持不懈的精神。

四、团体结束阶段：分享总结

1. 完成两道填空题

（方法）+（行动）+（坚持）＝提高效率

我发现我以前的自控能力_____（强、弱），问题在于_____，我准备_____（怎么做）。我希望通过自己的努力，增强自己的自控能力，提高自己的学习效率。我请_____同学做我的监督员，监督我的行动。

2. 教师小结

老师相信：只要有目标，并付诸行动，再加上像许三多一样的坚持不懈，我们一定会大有收获！

活动反思

本节心育活动课目标明确，符合初二、初三学生的真实情况，环节清晰，活动内容紧扣主题。在活动过程中，学生讨论热烈，积极投入，结合自己的学习实际情况，提出了许多值得思考的问题。在探究中，他们也明晰了自控和提高效率的意义。

我们认为，初二、初三学生要提高学习效率：一方面是要对目前自己的学习效率状况进行评价与反思，要对自己的学习状况有一个大致的了解；另一方面要对效率高的同学的一些方法有了解并能借鉴，所谓"知彼知己，百战不殆"；再一方面，学生还必须制定适合自己的提高效率的具体方法，在日常的学习生活中落实；最后，还要坚持不懈，最终才能实现自己的提高效率的目标。因此，在活动设计中，我们以提供给学生的具体提高效率的方法与坚持执行自己的方法这两个环节作为本节课的核心。活动中，对自控的意义的理解应该贯穿整堂课，可以形成一定的梯度：对学习、对人生的意义。在操作中，教师要注意活动既要充分展开，同时，也要合理引导学生感悟和体会。要使个人思考和小组活动结合起来，尽量把舞台让给学生。教师只是一个引导者，而不是主导者。

（浙江省富阳市永兴中学　董利平　浙江省杭州市惠兴中学　杨绿菲）

【活动参考资料】

没有手机时注意力最集中

关闭手机或将其调成无声模式。没有什么比手机更能妨碍注意力集中了。有的学校会在上学期间没收手机，等到放学的时候再返还。但大部分的学校都是在发现手机的时候才会没收。所以如果将其调成振动放在口袋里的话，一般是不会被老师收走的。我也是这样。不管那些学习好的前辈、考入好大学的人再怎么说"一定要把手机放在家里或者干脆停机"，但总是很难付诸实践。只有将手机调成振动放在口袋里，才能觉得安心。但是，每次来短信都拿出来看，必然会打断学习的节奏，导致注意力涣散。很多时候以为振动了拿出手机来看，但其实根本没有短信。虽然你在学习，但一部分的潜在意识还是持续关注着口袋里的手机。没有手机心情最轻松，如果很难做到，最好是在学习的时候关机。如果你觉得每天休息的时候"开开关关"太麻烦，调成无声状态也不错。绝对不要调成振动，调成振动会听到"呜呜"的小声音，为了捕捉那个声响，会耗费掉我们相当一部分的潜在意识。调成无声模式的手机一定要放到书包里，如果放在口袋里或者桌子上，会经常摸一摸，掏出来看一看。只有把手机放在手碰不到的包里，才能安心，才能集中注意力。

（朴哲范：《一日学习法——韩国学习大王朴哲范的奇效学习法》）

活动专题23 | 我能"学习重习惯"（习惯）

【活动参考目标】

1. 了解与理解

了解分析自己的学习习惯状况，引导学生认识到良好的学习习惯可以促进自己的学习。

2. 尝试与学会

努力培养自己良好的学习习惯，提高学习能力，并能制订相应的计划付诸实践。

3. 体验与感悟

感受纠正不良学习习惯、建立良好学习习惯的重要性。

【活动参考课例】

向好习惯说"hello"
——我能"学习重习惯"

活动理念

人的心田是一块神奇的土地，播种了思想，便会有行为的收获，播种了行为，便会有习惯的收获，播种了习惯便会有成功的收获。习惯无处不在，它具有巨大而顽强的力量，可以决定人一生的成败。但在初二学生中却普遍存在不良的学习习惯，如上课走神、做小动作、作业拖拉、时间管理能力低下、粗心马虎、自修课目标不明确，等等，严重影响了课堂学习质量。本课旨在引导学生建立起良好的学习习惯，从而帮助学生自觉地按照科学、有效的方式学习，让学习驶上方向明确的快车道。

活动准备

课件；初中生学习习惯自测题（见本课活动参考资料）人手1份；坏习惯减法表。

活动过程

一、团体热身阶段："猜猜我是谁"

1. 暖身活动

（1）教师出示谜面，学生猜谜语，引入"习惯"课题。

我不是你的影子，但我与你亲密无间。
我不是机器，但我全心全意听命于你。
对成功的人来说——我是功臣；对失败的人来说——我是罪人。
培育我，我会为你赢得整个人生；放纵我，我会毁掉你的终生。
我到底是谁？我平凡得让你惊奇。
聪明的你，猜到我是谁了吗？

（2）学生猜谜。谜底：习惯。

2. 教师点评

习惯对人的影响是不是真的像谜面所说的那么重要呢？一起来看看下面这个故事。

二、团体转换阶段：习惯大放送

1. 成功从脱鞋开始——他山之石

（1）投影。

1961年，苏联宇航员加加林乘坐"东方"号宇宙飞船进入太空遨游了108分钟，成为世界上第一位进入太空的宇航员。加加林在20多名宇航员中，之所以能脱颖而出，起决定作用的是一个偶然事件。原来，在确定人选前一个星期，主设计师罗廖夫发现，在进入飞船前，只有加加林脱下鞋子，只穿袜子进入座舱。就是这个细节使加加林一下子赢得了罗廖夫的好感，他感到这个27岁的青年如此懂得规矩，又如此珍爱他为之倾注心血的飞船，于是，主设计师决定让加加林执行这次飞行。他的成功从脱鞋开始。

（2）教师点评：脱鞋虽然是小事，但小事能折射出一个人的品质和敬业精神，而这正是培养好习惯的关键。学习上尤其要重视习惯的培养。从小到大，你有什么学习好习惯曾让你备受赞赏、取得小胜利或取得学业上的成功？与大家分享，让大家学习一下。

2. 习惯大检阅——我的习惯

（1）学生分享自己的学习习惯。

（2）教师引导：在同学们所列举的习惯中，有好习惯也有坏习惯。今天，老师带来了一套自测题。让我们一起来对自己的学习习惯做一个大检阅吧。

（3）教师下发初中生学习习惯自测表，学生自测，并在教师指导下进行自我评估。

（4）全班反馈后，教师用多媒体出示"十大学习好习惯"。

①以学为先　②分秒必争　③阅读有方　④合理安排　⑤勇于提问　⑥善做笔记　⑦勤于思考　⑧书写整洁　⑨自我调整　⑩今日事，今日毕

（5）教师点评：习惯就像一个能量调节器。好习惯能自发地使我们的潜能指引思维和行为朝成功的方向前进，坏习惯则反之。那么，怎样才能培养好习惯呢？下面一起来做个游戏感受一下如何对付习惯培养的拦路虎。

三、团体工作阶段:"三七二十一",培养好习惯

1. 双手交叉小游戏——习惯的建立在于坚持一下的努力中

(1) 游戏程序。

①张开十指,交叉双握,留意自己是左手大拇指在上还是右手在上。

②反向双手交叉,如果原来是左手在上的,换成右手拇指在上。如果原来是右手在上的,换成左手拇指在上。

(2) 学生分享:互换后有什么感觉?(不舒服、不习惯)

(3) 教师引导:这正是习惯的力量。现在,用一分钟的时间练习双手互换交叉动作,看看谁的动作既快又准?

(4) 一分钟后,再次分享:现在感觉如何?在活动中,你感受到习惯的建立最需要什么?

(5) 教师点评:养成习惯的过程是痛苦的,但又是可以培养的。它的建立恰恰在于坚持一下的努力中。简单地说,成功就是简单的事情反复地做。任何一种行为只要不断地重复,就会成为一种习惯。

2. "三七二十一"培养好习惯

(1) 教师引导:行为心理学研究表明,21天以上的重复会形成习惯。培养习惯有一个简单口诀,即"三七二十一"。

"三"指前三天一定要认真。要认真,要咬着牙熬过它。

"七"指一个星期后才会产生兴趣。

"二十一"指培养一个习惯平均要用二十一天。

(2) 制订一个"好习惯培养计划"。

我的好习惯培养计划

好习惯培养目标(只填一个)			
我准备采取的措施(至少列举三条)	1. 2. 3.		
周次	训练重点	实施效果	自我奖惩
第一周			
第二周			
第三周			
第四周			
……			

（3）多媒体出示"好习惯培养操作要点"。

①目标必须单一：不可以同时训练自己两个以上的好习惯。

②强化必须及时：每天晚上做一个反思，每周做一个小结：做得好，就给自己一个小小的奖励；做得不好，就给自己一个小小的惩罚。

③强化物的选择：无论是奖励自己的还是惩罚自己的东西，都应该选自己很在意、很喜欢的东西。做得好，就增加愉快的体验；做得不好，就剥夺自己一件很想得到的东西。

（4）教师点评：世界上的事情，怕就怕认真，怕就怕坚持。凡事用心去做，坚持才有习惯。只要同学们坚持培养好的习惯，一定会受益终生。当然，培养习惯有时是很艰难的，在需要的时间上可能会比 21 天更长一些。

四、团体结束阶段：坏习惯减法表

1. 向坏习惯宣战

（1）教师引导：请大家用至少 21 天的坚持来向坏习惯说"bye"（再见）。

（2）学生课后完成坏习惯减法表。

坏习惯减法表

目前，我最想改掉的学习坏习惯是：_____

在改掉不良习惯的过程中，我可能遇到的困难有：_____

我将这样克服困难：_____

我邀请_____做我的监督人，提醒我和不良学习习惯绝交。

3 天之后，我的表现是：_____

7 天之后，我的表现是：_____

10 天之后，我的表现是：_____

15 天之后，我的表现是：_____

21 天之后，我的表现是：_____

---

2. 教师小结

一个好习惯能升华为成功！习惯是一个人存放在大脑里取之不尽用之不竭的资本。一个人养成好习惯，一辈子都用不完它的利息；养成不良习惯，一辈子都偿还不清它的债务。让我们每天都对好习惯说一声："Hello!"（你好！）

> 活动反思

《向好习惯说"hello"》一课是我依据行为主义理论，针对初二学生诸多不良学习习惯而设计的一堂心育活动课。本课共分为四部分：暖身活动"猜猜我是谁"引出主题；"习惯大放送"中明确习惯的重要性并检阅学生的学习习惯；"三七二十一"引导学生坚持培养好习惯；"坏习惯减法表"建立矫正坏习惯的日程单。通过颇具操作性的活动，让学生一步步走上培养学习好习惯的征途。

习惯的培养不是一朝一夕就可以完成的，它需要学生意志的努力和坚持。这一点恰恰是初二学生难以做到的。我在这个问题的处理上凸显了行为疗法的操作性，通过现场游戏体验、建立行为改变行事历等方法，让学生在习惯建立道路上可见、可控、可查，为学生好习惯的建立提供了实质性的帮助。

（浙江省杭州市萧山六中　韦竹群）

【活动参考资料】

初中生学习习惯自测

本测试共16道题目，每道题都有三个备选答案：A. 是；B. 有时如此（或不一定）；C. 否。

1. 在固定的时间进行学习吗？
2. 学习时，周围必须很安静吗？
3. 是否经常查用辞典、字典等工具书？
4. 学习时有下意识动作吗？
5. 是否在按自己制订的计划学习？
6. 在学习中有经常沉迷于空想的时候吗？
7. 学习结束后，收拾书桌吗？

8. 有一边听广播或看电视,一边学习的时候吗?

9. 发回的试卷,自己能认真总结、分析缺陷吗?

10. 是否"平时不烧香,考前抱佛脚"?

11. 你认为自己的预习效果不错吗?

12. 不感兴趣的课程就不愿下大力气去学吗?

13. 对所学的知识能够立即复习吗?

14. 即使有不明白的问题,也不愿去办公室向老师请教吗?

15. 即使有你喜爱的电视节目,是否也要坚持完成当天的学习任务再去看?

16. 是否经常有对书本毫无兴趣而浪费时间的现象?

评分方法:奇数题选 A 记 2 分,选 B 记 1 分,选 C 记 0 分;偶数题选 A 记 0 分,选 B 记 1 分,选 C 记 2 分。将各题分数相加,得出总分。总分在 27 分以上,表明你的学习习惯非常好;22～26 分,学习习惯较好;16～21 分,学习习惯一般;15 分以下,你的学习习惯问题很多,需要改正。

(金堂:《优秀中学生的 16 个学习习惯》)

活动专题 24　我能"跳起够得着"(弹性)

【活动参考目标】

1. 了解与理解

(1) 懂得只有目标在前方召唤,才有追求目标的强大动力;而确立目标越早,往往越能节约达到目标的时间。

(2) 了解目标应富有挑战性,但是目标又必须符合个人实际,不能好高骛远,不能盲目从众,不能"死要面子活受罪"。

2. 尝试与学会

(1) 面对一年后的中考,讨论制定目标的基本原则,并据此评估自己的学习实力，制定符合实际的中考目标。

（2）在相同目标层次的群体内部分享、交流个人的想法和内心的矛盾，听取同伴的意见，并对自己的目标做"可行性论证"。

（3）按"跳一跳，够得着"的原则，重新调整自己的中考目标，然后据此制定自己的中期目标（学期）和短期目标（月），并且在一年内，至少还应审视和微调两次以上。

3. 体验与感悟

（1）与家人沟通，取得父母的理解和支持，以增强自我同一性。

（2）感受挑战性适中的目标定位给自己带来的适度压力与适度焦虑。

【活动参考课例】

把握自己的方向
—— 我能"跳起够得着"

活动理念

根据苏联教育家维果茨基提出来的最近发展区理论，教育对儿童的发展能起到主导作用和促进作用，把握"最近发展区"，能加速学生的发展。对于学生来说，制定合理的目标，才有追求目标的强大动力。目标应富有挑战性，但又必须符合个人实际，不能好高骛远，但又不能过低。本次活动的目的是帮助学生找到合理的目标，增强信心，感受成功，促进发展。

活动准备

课件；每人1份"目标设计表"；6人一小组排列；前期的问卷调查。

活动过程

一、团体热身阶段：默默许个愿

1. 我有一个心愿

（1）教师引导：同学们，还有一年左右就要参加中考了，按照我们中国人传统的风俗习惯，每逢重大事件，我们都会去一个地方，默默地在心里许个愿，以求心事的满足，并祈望自己有个好运。从心理学的角度来说，许愿实际是一种积极的自我心理暗示，所以我们今天也请大家面对大屏幕上的孔子像，许下自己的愿望。

（2）学生起立默默许愿。

（3）教师许愿：面对你们的庄重神态，我也许个愿，我希望我们同学都成为3%。什么意思？等会儿告诉大家。

2. 摘苹果的启示

（1）出示苹果树图片：假如你站在这棵树下，你会摘哪一部分苹果？怎么摘？

（2）教师点评：跳一跳，够得着的苹果应该是我们首选的目标。

二、团体转换阶段：目标与现实

1. 目标影响人生

（1）出示PPT：让我们阅读材料，谈谈感想。

哈佛大学有一个非常著名的关于目标对人生影响的跟踪调查。调查的对象是一群智力、学历、环境等条件都差不多的大学毕业生。结果是这样的：

27%的人，没有目标；60%的人，目标模糊；10%的人，有清晰但比较短期的目标；3%的人，有清晰而长远的目标。

以后的25年，他们开始了自己的职业生涯。

25年后，哈佛再次对这群学生进行了跟踪调查。结果是这样的：

3%的人，25年间他们朝着一个方向不懈努力，几乎都成为社会各界的成功人士，其中不乏行业领袖、社会精英；10%的人，他们的短期目标不断地实现，成为各个领域中的专业人士，大都生活在社会的中上层；60%的人，他们安稳地生活与工作，但都没有什么特别的成绩，几乎都生活在社会的中下层；剩下27%的人，他们的生活没有目标，过得很不如意，并且常常抱怨他人，抱怨社会，抱怨这个"不肯给他们机会"的世界。

其实，他们之间的差别仅仅在于：25年前，他们中的一些人知道自己到底要什么，而另一些人则不清楚或不很清楚。

(2) 教师点评：现在理解我许的愿了吧，我希望大家都能有清晰而长远的目标。

2. 我们的目标现状

(1) 出示课前调查结果。

> 你还能记得自己制定的中考目标和人生目标吗？（　　）
> A. 能　B. 偶尔可以　C. 不能
> 调查结果：A.51人　B.3人　C.1人
> 你记得你制定的2011年要做的十件大事吗？（　　）
> A. 能　B. 偶尔可以　C. 不能
> 调查结果：A.5人　B.20人　C.30人

(2) 学生自由分享：看看这两个调查结果，你有什么感想呢？

(3) 教师点评：通过刚才的活动，可以发现同学们仅仅对短期的目标有印象，对长期目标没有印象。看来同学们对目标的理解仍处于"完成任务状态"，未能让目标真正指导我们的学习和生活，没有从心里去感受目标的作用。

三、团体工作阶段：目标再审视

1. 投球游戏

(1) 下面我们一起观察一个投球活动，请两位同学参与（教师选一个个子最高的校篮球队员，和一个个子最小的同学）。

(2) 观看投球：请大个子同学从很远的地方向一个小瓶子里投乒乓球，由于很远，几乎都不进；教师问其感受。然后，再请小个子同学从很近的地方投球，结果几乎是顺手放进去的；教师再问其感受。

(3) 学生分享：两位同学几乎都感觉没意思，教师追问其原因。

(4) 小组讨论：如果要两位同学投球都感到有意思，这个游戏规则又该怎么调整？

(5) 全班分享后，教师点评：大家通过游戏联想到目标的制定。我们人与人之间有区别，所以我们的目标也有区别，一个准确的、适合自己的目标，才有利于我们的学习和进步。

活动模块四　学海冲浪

2. 听故事，想现实

（1）教师引导：请同学们听个故事，让我们通过故事来感悟生活。

山田本一是日本著名的马拉松运动员。他曾在1984年和1987年的国际马拉松比赛中，两次夺得世界冠军。记者问他凭什么取得如此惊人的成绩，山田本一总是回答："凭智慧战胜对手！"

大家都知道，马拉松比赛主要是运动员体力和耐力的较量，爆发力、速度和技巧都还在其次。因此，对山田本一的回答，许多人觉得他是在故弄玄虚。

10年之后，这个谜底被揭开了。山田本一在《自传》中这样写道："每次比赛之前，我都要乘车把比赛的路线仔细地看一遍，并把沿途比较醒目的标志画下来，比如第一个标志是银行；第二个标志是一个古怪的大树；第三个标志是一座高楼……这样一直画到赛程的结束。比赛开始后，我就以百米的速度奋力地向第一个目标冲去；到达第一个目标后，我又以同样的速度向第二个目标冲去。40多公里的赛程，被我分解成几个小目标，跑起来就轻松多了。开始时我把我的目标定在终点线的旗帜上，结果当我跑到十几公里的时候就疲惫不堪了，因为我被前面那段遥远的路吓倒了。"

（2）小组讨论：谈谈你的感受。

（3）教师点评：目标是需要分解的。当目标被清晰地分解了，目标的激励作用就会显现出来了。当我们实现了一个目标的时候，我们就及时地得到了一个正面激励，这对于培养我们挑战目标的信心作用是非常大的。

3. 重新设置目标

（1）教师引导：请你根据本节课的体会，拿出我们的"目标设计表"。①慎重地把人生目标和中考目标写在顶端。②在每个目标下面写上你要完成这个目标所需要的分目标。③写下你要完成中考目标所需要的行动。④根据月考成绩写下期末目标。

（2）学生开始填写"目标设计表"，5分钟后可以和小组成员交流一下。

（3）展示反馈。

目标设计表　　　姓名＿＿＿＿＿＿＿＿＿＿＿＿＿＿

人生目标	
实现人生目标所需的分目标	
中考目标	
实现中考目标所需的分目标	
实现中考目标所要采取的行动	
这次期末考试我的目标	

（4）同伴点评：同学展示完后，请一位朋友点评一下，老师补充点评。

四、团体结束阶段：心中有目标

1. 自我暗示

我们在这个特殊的日子里，制定了我们自己清晰的目标。请大家把自己的目标轻轻地在心中默念一遍。读给自己听，也读给你心中的重要他人听听，相信他们也会祝我们好运。

2. 教师小结

每位同学回教室后把你的"目标设计表"贴在座位显眼的地方，让它时刻提醒自己。接下来的日子里，让我们为自己的目标而努力，让我们初中的生活"无怨无悔"。

最后，送大家一句话：

制定好目标是第一步，最重要的是坚定地朝目标奋斗。

活动反思

该活动设计着眼于初三学生目标制定的盲目性。笔者认为，初三学生压

活动模块四　学海冲浪

力感较重：一方面是升学本身固有的压力，如学业负担重、家长关注多等；另一方面则是由于学生缺乏制定目标的经验，尤其是不会现实地看待问题，容易走入思维的误区。因此，在活动设计中，我以轻松的游戏和富有启迪意义的故事，来启发学生体会目标对于他们的重要性。在实际操作中，我们根据中国人的文化习俗，一开始就让学生一起默默许愿，制定目标，一下子把学生的心给抓住了，从而在默默无声中激起了大家参与本次活动的积极性，为完成本节心育活动课的目标奠定了一个良好的氛围基础。经过一系列活动的铺垫，相信学生对最后的"目标设计表"的思考都是比较慎重的。

（浙江省富阳市永兴中学　毛杨镜　浙江省杭州市惠兴中学　曹敏柱）

【活动参考资料】

时刻提醒你自己坚持你的目标

一旦你设置好了目标，就致力实现之。写下你的目标，并且在早晨和晚上在口中念叨它们，仿佛你已经实现了这些目标。汇集支持材料——新闻文章、书籍、磁带、杂志上剪下的图片——任何能帮助你了解自己目标的东西。用能代表你目标的一些图片做一个拼图或公告板。这些也许代表你梦寐以求的职业、令人满意的人际关系或一系列激励你的美好蓝图。向你生活中的人们告知你的目标——这将激励你努力坚持去实现它们。跟那些已完成你想实现的目标的人和能真诚帮助你的人一起，温习你的目标……让其提供给你关于追求你的目标的建议。

诺曼·文森特·皮尔讨论了怎样设置主要目标并实现之。他推荐了下述策略：

思考你在生活中想走向何方。做出关于你的基本目标的坚强决定。用清晰的陈述句写下你的目标。尽你的最大努力学习和研究你的目标。为你的目标设置一个时限。确认关于你的目标的决定是正确的。为你的目标付出所有的努力，决不停止尝试。成为一个积极思考的人。你一旦实现了一个目标，就继续下一个。

皮尔建议把你的每个目标写入一张小卡片，并把你的所有目标装在你的皮夹中。每当你想到另一个目标，就把它记录到卡片上，并添加到你皮夹中的目标卡中。当你实现了一个目标，就移走卡片。定期（至少每个星期）取出这些卡片并阅读它们，以提醒自己你正在努力实现的成功。

在你行动时调整目标。请记住，你有在行动时调整目标的自由。定期查看你的目标并重新评估之。如果其中之一不能再激励你，那就修改之。更改目标是件寻常事。你的兴趣会改变，你的能力会发展，你的潜能会增长。同样地，技术、文化和社会的改变将会打开新的可能性大门。不要害怕增加你的个人筹码，要坚持通往未知的事物。

（韦特利：《成功心理学——发现工作和生活的意义》）

◆ 活动模块五

突破自我

阶段目标：

调整自我概念，增强学习信心，减少学业挫败带来的逃避行为。

适用年级：

初二、初三年级，以初三上学期为主。

活动专题 25 | 我能"上网懂节制"（节制）

【活动参考目标】

1. 了解与理解

（1）了解和感悟 QQ 空间、网络文化的多元、多变、虚拟和复杂。

（2）认识和了解 QQ 作为网络技术与功能的双重性。

2. 尝试与学会

通过模拟情景，尝试如何正视和处理虚拟空间上的各种复杂问题，学会健康使用 QQ。

3. 体验与感悟

通过活动，引导学生感悟面对网络陷阱，我们中学生应该自爱、自护、自律、自控。

【活动参考课例】

QQ 的快乐与烦恼
——我能"上网懂节制"

活动理念

随着网络的日益普及，QQ 聊天逐步走进了当前中学生的学习和生活。在教育教学中，作为教师，也常会发现学生因使用 QQ 而出现学习成绩下降、亲情缺失、交友不慎、心理困惑等负面后果。因此，对此开展有针对性的主题活动，引导学生健康阳光地使用 QQ，具有很现实的积极意义。

活动准备

制作课件；课前做好学生使用 QQ 的情况调查；准备学生活动操作纸

("QQ 心情指数卡",用心情小图标来显示);4 人一小组排列座位。

>活动过程

一、团体热身阶段:"QQ 用语大竞猜"

1. 聊聊 QQ 用语

(1)教师引导:今天我们一起来聊一聊网络 QQ 这个同学们最热衷的话题。首先我想请我们的同学来做一个简单的小游戏——"QQ 聊天常用语大竞猜"。

(2)投影出现 QQ 常用语:"偶粉可奈滴捏"、"汗"、"PFPF"、"xixihoho"、"7456"、"555"……

(3)学生自由作答。如,"我很可爱的呢"、"难为情"、"佩服佩服"、"嘻嘻哈哈"、"气死我了"、"呜呜呜"……

2. 教师点评

从刚才同学们竞猜 QQ 用语的过程中,可以看出同学们对 QQ 用语很熟悉,像"偶粉可奈滴捏"、"汗"、"xixihoho"、"PFPF"、"555"、"7456"等 QQ 用语。现在请同学们打开自己手里的"QQ 心情指数卡",就刚才竞猜 QQ 用语时的心情,请同学们在卡片上选择合适的心情(用 1~5 颗五角星表示,1 颗星代表不喜欢,5 颗星代表非常喜欢)。

二、团体转换阶段: QQ 好处大家谈

1. QQ 改变我们的生活

(1)教师引导:随着 QQ 的日益普及,网络 QQ 已逐步成为人们学习、生活中不可或缺的一部分。从我们课前进行的问卷调查结果来看,近 93% 的同学都在使用 QQ,可见 QQ 在同学们中的受欢迎程度。QQ 这么受同学们的欢迎,相信它一定有其非同一般的魅力。现在就请我们的同学一起来聊聊使用 QQ 的好处。

(2)小组讨论:你为什么喜欢上 QQ?QQ 给你的生活带来了哪些好处?

(3)全班分享,力求人尽其言。

(4)教师分享:我这里有一份调查材料,基本上反映了同学们刚才讲到

活动模块五 突破自我

的一些好处（PPT 呈现）。

从调查情况看，青少年用户上网目的分为实用目的、娱乐目的、网络技术使用和信息寻求。超过50%的使用率的功能有网络游戏（62%）和聊天室（54.5%），其次是使用电子邮件（48.6%）。约50%的青少年用户有保持电子邮件联系的朋友；25.2%的青少年用户在QQ群或BBS上经常发言；37.6%的青少年用户使用QQ与认识或不认识的朋友联系。青少年对互联网的需求主要是"获得新闻"、"满足个人爱好"、"提高学习效率"、"研究有兴趣的问题"以及"结交新朋友"。

从以上数据可以得出，互联网特别是QQ已经成为青少年了解外面世界的一个主要窗口。

（5）刚才同学们联系自己的生活实践，谈了很多关于QQ的优点和好处。现在同学们的心情又是怎样的呢？请在"QQ心情指数卡"上选择。（1颗星代表不喜欢，5颗星代表非常喜欢）

QQ 的优点和魅力	
便于沟通	增加沟通机会
快捷省时	提高交流效率
生动有趣	……
便宜经济	……
内容丰富	……
开阔视野	……
……	……

（6）学生展示后，教师点评：由此我们可以发现QQ有很多优点，比如便于沟通、增加沟通机会、快捷省时、能提高交流效率、生动有趣、能愉悦和放松身心、便宜经济、使用广泛普遍、内容丰富、拓展思维、开阔视野、发展个性特长……

QQ给我们带来了很多好处，也带来了很多快乐。可是在QQ聊天的过程中，不仅有快乐，有时还会有郁闷和烦恼。请大家一起来参与QQ聊天剧

《网友"才高八斗"的请求》。

三、团体工作阶段：QQ心情我体验

1. QQ聊天情景剧体验

（1）PPT呈现。

有一天"Sunshine"上网聊天时，有个陌生网友"才高八斗"请求加入"Sunshine"的好友行列。

教师引导：假如你是"Sunshine"，你会怎么做？（A. 加 B. 不加）
突然遇到陌生网友的这种请求，你的心情是怎样的呢？请在"QQ心情指数卡"上选择自己此刻的心情（表情图标为喜、怒、哀、惧）。

（2）PPT呈现。

接下来的几天，"Sunshine"每天上网时，都会收到"才高八斗"的QQ祝福，有时聊得很投机。

教师引导：与网友聊天时，心情怎样？请在"QQ心情指数卡"上选择。

（3）PPT呈现。

有一天做好作业后，"Sunshine"和"才高八斗"就聊上了，已是晚上9：00正聊得欢畅的时候，突然响起"咚咚咚"的敲门声，

教师引导：此时你的心情是怎样的？请在"QQ心情指数卡"上选择。
假如你是"Sunshine"，你会怎么做？

（4）PPT呈现。

聊天时"才高八斗"有时还会发一两首优美的QQ音乐过来，比如《Q之歌》……

教师引导：当网友发优美的QQ音乐给你时，你有怎样的心情？请在"QQ心情指数卡"上选择。
假如你是"Sunshine"，你会怎么做？

（5）PPT呈现。

一个星期之后,有一天"才高八斗"在和"Sunshine"聊天时,问起了"Sunshine"的一些详细信息,如年龄、住址、学校……

教师引导:此时你的心情是怎样的?请选择。

假如你是"Sunshine",你会怎么做?小组讨论,和大家交流(A. 告诉　B. 不告诉　C. ?)。

(6) PPT 呈现。

有一次与"才高八斗"聊天时,突然电脑屏幕上跳出了几个无聊的广告视窗,黄色图片……

教师引导:此刻你的心情怎样?请选择。

(7) PPT 呈现。

慢慢地"Sunshine"和"才高八斗"成了很好的 Q 友,有说不完的话,有一天两人又在网上聊天时,"才高八斗"突然向"Sunshine"提出了一个请求,想和"Sunshine"见一面。

教师引导:此时你的心情是怎样的?请选择。

假如你是"Sunshine",你会怎么做?小组讨论,和大家交流(A. 去　B. 不去　C. 告诉好友亲朋)。

(8) 教师引导:请根据所选答案,在小组内讨论,续编结局。

各小组分享续编的故事结局。

教师引导:此时你的心情是怎样的?请在"心情指数卡"上选择。

QQ 活动 & 情绪指数卡

QQ 名	聊天记录	QQ 心情指数
才高八斗	HI!偶乃才高八斗是也,真是缘分啊!交个朋友吧!	
Sunshine		

续表

QQ 名	聊天记录	QQ 心情指数
才高八斗	呵呵！这两天在网上搞到个 FLASH，挺好玩的，传给你看看哦。	
Sunshine		
才高八斗	SUNSHINE，和你聊天比喝二锅头还爽，我是天秤座的~ AND YOU？贵庚，贵姓，宅邸何处，几口人，几亩地，几头牛，私塾在哪，教不教洋文？快快报上来听听 J	
Sunshine		
才高八斗	SUNSHINE，周六下午空否，出来 TALK 一下，西城 KFC 门口，不见不散，莫让我等久了哈！~ ~ ~ ~ ~	
Sunshine		

（9）小组讨论：请同学们就自己在生活中遇到过的 QQ 相关的小故事，小组内分享。

2. 媒体报道引发反思

（1）教师引导：从刚才的 QQ 交友小故事的情景讨论中，同学们可以感受到，其实在 QQ 聊天时，心情是多样的，复杂的，不断变化的。QQ 不仅有其优点，也有一定的弊端，给同学们的学习和生活带来一些困惑、麻烦，甚至问题。请看媒体的几则报道（PPT 出示）。

据 2005 年 7 月 5 日《深圳晚报》报道：深圳某校一名初三女生，沉迷于 QQ 交友，脚踏六只船，同时与六个人谈"恋爱"，其中两个还是同性。

据 2009 年 3 月 24 日《语文报·高中版》报道：江西南昌一名 17 岁的高三学生余斌，连续逃课上网两个月。在玩网络游戏时，因紧张激动在网吧倒地猝死。而江苏省昆山姓袁的 16 岁学生为了"反抗"父母禁止他去网吧，竟用菜刀砍下自己的左手小指。

据 2009 年 12 月 16 日青岛新闻网报道：12 月 14 日，石河子某学校高一年级班主任王明夜里查宿时，发现有三名学生不在。随后，他在附近的网吧找到了这些孩子。王明老师说，对学生进网吧或包夜的现象，老师和家长已不奇怪。最近让他烦心的是，越来越多的学生，上课传字条、通过手机蓝牙功能转发图片，同学间相互传阅的内容"除网络游戏和情爱话题外，还有很多黄色小说和裸照"。

据 2012 年 1 月 4 日《武汉晨报》报道：罗先生 11 岁的儿子东东迷恋网络游戏，逐渐养成了骗人和小偷小摸的坏习惯。2012 年 1 月 2 日上午，东东又说出去买早点，结果拿钱后又失踪了，其父罗先生在网吧找到了儿子。到了下午，儿子又跑到了黑网吧。罗先生再次将儿子找到后带回家打了一顿。母亲也因为对儿子太失望，先是用晒衣架打，儿子却反抗，母亲伤心愤怒之下，到厨房提着菜刀砍向了儿子。母亲望子成龙心切，结果将儿子的大腿腿筋砍断。前晚已经做完手术。看到床上的儿子，父亲罗先生一再叹息。

（2）小组讨论：请同学们讨论 QQ 使用不当可能的不良影响。

（3）全班分享后，教师点评。第一，阻碍学业的完成。中学生的自我控制力比成年人更低，因此发生网络成瘾导致学业荒废的现象屡见不鲜。第二，危害身体健康。美国有报告称，约四分之三的中学生出现与网络依赖有关的神经衰弱、失眠、头痛、视力下降、肩背肌肉劳损、免疫功能减退、精神运动性迟缓或易激动等症状，注意力、稳定性、反应能力均明显下降；有的学生还大量吸烟、酗酒和滥用药物，甚至出现体能衰落和自杀意念及行为。第三，对心理状况和人格发展的消极影响：花费过多时间上网，导致社会孤独和焦虑感；社交面变窄，人际关系冷漠，与真实的人际关系隔绝，非正当交往机会增多。

四、团体结束阶段：共绘 QQ 幸福花

1. 共绘"QQ 幸福花"

（1）教师引导：从刚才的 QQ 小故事和多则媒体报道中，我们可以感受到，QQ 是一把"双刃剑"：不仅有其优点，也有一定的弊端，处理不当就可能"割伤"自己。下面请大家结合自己活动过程中的体验，自绘"QQ 幸福花"，在花瓣上写上 QQ 使用时的注意事项，以及如何培养健康的 QQ 心理，

使QQ真正为我所用。

（2）小组合作：怎样更好地做到健康、快乐地使用QQ？小组合作完成后贴到黑板上。

（3）全班张贴展示"QQ幸福花"。

（4）教师点评有特色的展品。如，可以积极与父母、同学、朋友进行平等的交流沟通；注意掌握QQ聊天的时间，必要时积极采取措施转移自己的注意力；对QQ聊天对象要有选择性……

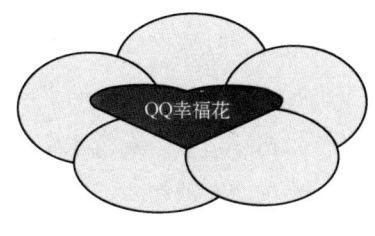

2. 教师寄语

QQ是时代发展的产物，我们要正确认识QQ，用好QQ；也要牢记QQ世界虚虚实实，千万不要沉溺其中、时空颠倒、假真不分。

活动反思

本次活动在主题内容上，从学生的生活实际出发，选择了学生最感兴趣的话题之一——QQ。很显然，活动一开始就得到了学生的普遍关注，调动了学生的参与积极性。整个活动设计围绕QQ，以QQ为主线，探讨学生最喜欢的QQ话题，谈及QQ世界中遇到的许多矛盾和困惑。尤其是QQ聊天剧这一环节，通过Sunshine留在QQ上的字谜，到Sunshine的QQ心情故事，Sunshine的QQ回复，使学生在真实情景下体验了QQ心情。在方法选择上，我认为情境的创设非常重要。比如，在本次活动中，真实再现了生活中的QQ聊天场景，生动有趣，情节波澜起伏，扣人心弦，紧紧抓住了学生的心，让学生在几近于真实的QQ接受和回复中体验QQ，认识QQ，了解QQ。这都唤醒了学生内心深处潜意识存在的体验，形成矛盾、冲突、感悟和体验。

需要改进之处是：教师应善于捕捉活动中的契机，因为心育活动课中，学生的发言和活动的发展都是不可预设的，在师生、生生双边多向多种形式的交互作用下，多元的思想、生动的生活经历，会在瞬间奔涌而出。在本次活动中，有一位不上QQ的学生的发言与众不同，可惜教师当时未能很好地运用这一契机和资源，及时提出引导性的问题。这是今后应该注意的。

（浙江省杭州市第十三中学　胡美如）

【活动参考资料】

互联网吞噬时间

最近,互联网吞噬时间已经引起了广泛的注意……卡耐基·梅隆大学的罗伯特·克劳特和他的同事对一些实验对象在开始使用互联网之后 1~2 年进行了人格评估……发现人们花在网上的时间越多,与家人的沟通越少,实际生活中的朋友就越少,同时越感到孤独和沮丧。矛盾的症结在于,首先互联网是一种交际技术,它可以促进人们之间的交流,使他们具有融入社会的感觉。但这些初步结果表明还会有其他事情的发生。罗伯特·克劳特和他的同事假设上网时间很多的人实际生活中的社会关系的质量有所下降,结果发现:孤独和沮丧情绪也在增加。

有人以一种近乎被强迫的病理上的行为错乱方式进入互联网,他们一小时一小时、一天又一天地在网上停留——根本无法关机,更不情愿离开电脑,以前的活动和社会关系发生了很大的变化。有人开玩笑地称这种行为为"互联网痴迷错乱"(IAD)……无论怎么称这种现象,事实是确实有人因为上网时间过长而生活秩序混乱不堪。

(华莱士:《互联网心理学》)

活动专题 26 | 我能"追星有理性"(达理)

【活动参考目标】

1. 了解与理解

(1) 引导学生摆正"追星"的心态,明确"追星"的利与弊。

(2) 通过活动使学生认识到应把对偶像崇拜的重点,从表面的追星行为转向感受明星光环背后的付出。

2. 尝试与学会

（1）反思自己在"追星"方面的现实状况，尝试纠正对自己成长不利的追星方式和盲目行为。

（2）通过活动使学生能对偶像崇拜进行自我控制、自我调整、自我纠正、自我提高。

3. 体验与感悟

（1）帮助学生形成对偶像适度、合理的情感追求，崇拜而不迷信，理性选择而不盲目随从。

（2）引导学生自我肯定，善于用自己崇拜的人物来激励自己，并以明星为榜样，为实现自我新形象而努力。

【活动参考课例】

我和我的偶像
——我能"追星有理性"

活动理念

明星崇拜是青少年发展过程中必然经历的过渡性行为，初中生"追星"实际上是"偶像崇拜"的一种表现形式。"追星"是带有双重性的，它既会给初中生带来快乐和精神享受，但也可能影响初中生正常的社会生活功能，误导初中生的成长方向。有时，他们对偶像的迷恋和狂热往往会使老师和家长目瞪口呆。因此，对初中生的崇拜偶像行为进行正面引导很有必要。本次心育活动课，旨在帮助学生认识和学习明星们身上值得效仿的敬业与奋斗精神，从偶像们在事业发展的得失中，学会分辨和选择真正值得自己学习的东西，从而决心通过努力和奋斗去实现自己的梦想。

活动准备

课前一组滚动图片（至少7类明星）作为情境导入，配以音乐《快乐崇拜》循环播放。PPT课件；学生准备各自所追的"星"的照片、图片或文字资料等，以便课上交流；在上课前每人填写"我与我的偶像卡"（包括：偶像姓名、类别、成名原因、我最欣赏他的地方、我的追星行动；我的名字、我的特长、我与偶像的共同之处、我拥有而偶像没有的三个特点、我最想对偶像说的一句话等）。分组：按照明星的类别分成6~7个小组，每个小组中间放置两张单人课桌，根据课桌上的明星类别名卡落座；如果有的组人数较多，教师可将其按每组最多7~8人的规模加以拆分。

活动过程

一、团体热身阶段："粉丝大盘点"

1. 偶像粉丝团

（1）出示投影：请学生猜出偶像粉丝团的名称。

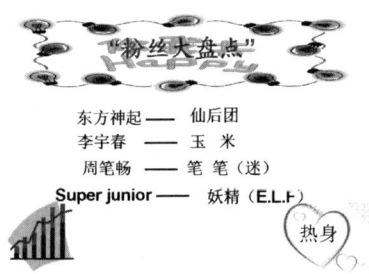

（2）猜猜他是谁？

小气老板给"机会"，服务生变身钢琴师。

为求生创歌卖曲，大明星不屑一顾。

自强不息自谱自唱，打工仔成了当红天王。

他接受美国《时代》杂志专访时说："明星梦并不是遥不可及的，其实，任何人都可以做，只要你肯努力。我之所以能有今天，就是我不服输的结果。"（答案：周杰伦）

2. 教师点评

我们每个人都会有自己欣赏或崇拜的偶像。他们身上总会有一些特点是我们所向往的。今天，我们就来与大家一起分享我们崇拜的偶像。

二、团体转换阶段：我的偶像我喜欢

1. 克林顿也"追星"

（1）出示PPT。

前任美国总统克林顿，在少年时受到政治明星肯尼迪的"感召"，立志像肯尼迪那样去当总统。克林顿出身平民，小时候他想当医生、记者或音乐家。一次偶然的机会，他目睹了肯尼迪总统的风采，17岁的克林顿心中出现了他自己的明星——肯尼迪。这颗星令他看到了自己的未来，自己生存的目标：他要成为这颗星，他要成为美国总统！

后来，克林顿拒绝了路易斯安那州提供的音乐学院奖学金（尽管他有出色的音乐才能），而就读于华盛顿特区乔治城大学。20年后，他终于走入了白宫，成为他少年时代就梦寐以求的那颗星——美利坚合众国总统。

（2）小组讨论：你从克林顿"追星"故事中受到了什么启发？

（3）教师点评：每个人在成长过程中都或多或少地崇拜过什么人，或者说都有过自己的偶像。那么你对你的偶像了解有多深，你又对他（她）喜欢到什么程度？

2. 我的偶像卡

（1）教师引导：课前同学们已经填写了"我与我的偶像卡"。现在，我们是按偶像卡上相同类别的同学组成的七个小组（娱乐明星组、事业成功人士组、运动明星组、专家学者组、伟人组、普通人组和其他组）就座的。大家可以先互相交流一下，因为你们有许多共同语言。

（2）小组讨论：交流每个人写在"我与我的偶像卡"上面的内容，推选出一位最有代表性的同学跟全班分享。

三、团体工作阶段：我的偶像我了解

1. 偶像大比拼

（1）请各组推选出来的代表介绍自己的偶像。把"我与我的偶像卡"上的内容用一段话概括出来。例如："我的偶像是姚明。他是一位运动明星。他篮球打得很出色，并且他善良、阳光、向上。他的每场比赛我都要观看。"

（2）教师即兴对发言同学作出点评。

2. 偶像背后的故事

（1）教师引导：同一个偶像，不同的人有不同的欣赏点。一个好的偶像可能会影响一个人的一生。我们看到更多的是偶像表面的风光，其实在每个光鲜照人的明星背后，都会有许许多多的辛酸经历。下面我们请大家分享一下你的偶像背后的故事。

（2）小组代表分享。

（3）教师小结：明星成名前付出的艰辛、舞台背后不为人知的努力告诉我们，任何成功都不是轻易得来的，光彩往往是汗水的结晶。无论是娱乐偶像还是社会名人，或是不平凡的平凡人，任何人的成功都离不开其个人的努力和辛勤耕耘。

3. 辩论会：追星的利与弊

（1）教师引导：但是，人无完人，明星、偶像也可能存在许多缺点、弱点，甚至错误；另一方面，青少年"追星"热也引发社会舆论的关注，特别是网络上报道"追星追到跳海"的疯狂举动与痴迷心态，更是让社会各界争议不休。那么"追星"到底是有利于青少年健康成长，还是误导了青少年的健康成长呢？我们来辨析一下。

（2）教师展示辩论主题、辩论要求，学生分组辩论——"追星"的利与弊。

正方观点："追星"利大于弊；反方观点："追星"弊大于利。

辩论要求：7人为一小组（由教师现场对原有小组加以适当调整），3个正方，3个反方，1人主持。先小组内辩论5分钟，然后，根据辩论表现选出一个正方组、一个反方组，在全班开展辩论。

（3）教师点评

通过辩论我们能深刻地感受到追星对我们既有利也有弊。

利：（1）树立远大的理想和动力；（2）向自己的偶像学习，获得成才的启示；（3）培养自身的兴趣，丰富生活……

弊：（1）盲目追星，疯狂迷恋，迷失自我；（2）浪费时间和金钱；（3）妨碍学习，影响生活……

四、团体结束阶段：降温"崇拜"正"追星"

1. 播放视频——小品《追星族》

（1）小品简介。

小明（蔡明饰）是一名中学生，她非常喜欢四大天王，追星到了疯狂的程度，闹出许多笑话。追星使小明学习成绩急剧下降，引起了爸爸的强烈反对。

（2）小组讨论：通过今天的活动，再回来看小品《追星族》中小明的追星方式，大家有何感想？

（3）全班分享后教师进一步引导：那么大家认为怎样追星才是理性的？

（4）学生自由发言。

（5）教师点评：刚才同学们讲解了许多理性追星的方法。在这里，老师也有几句话要对大家说（出示PPT，见右图）。

追星不是硬道理，
偶尔喜欢还可以。
深度尺度应当心，
方式方法要牢记。
切莫抛弃真自我，
精彩生活靠努力！

2. 教师小结

冰心说："成功的花，人们只惊慕她现时的明艳，然而当初她的芽儿，浸透了奋斗的泪泉，洒遍了牺牲的血雨！"的确，每一个明星成功的背后都充满艰辛与奋斗，他们不断努力，坚持不懈，最终实现梦想。其实，我们也可以这样，我们可以通过理性追星——学习明星的优秀品质，学习偶像身上闪光的品质和感人的精神，把崇拜转化为激励——作为自己的精神动力，为实现自己人生的理想而不懈奋斗。多一点行动，少一点幻想，也许有一天你也会成为他人的偶像。

送给同学们一句话："成长伴有崇拜，理性崇拜推动未来。"

活动反思

在这节课的设计中，能针对学生的年龄特征，从学生最感兴趣的话题入手，抓住需要解决的问题展开讨论、辩论与交流，使学生一些模糊的认识得到澄清。课前学生乐在其中的准备工作，使得他们在课堂中能够有很强的主动参与的积极性，所以发言很踊跃。通过讨论和交流，引导学生冷静分析

"偶像崇拜"的实质与利弊，认清追星背后的真正的心理需要，找到满足心理需求的合理途径。在辅导过程中，教师对不同学生欣赏的各类偶像给予充分肯定，着重引导学生把注意力放在明星们成功的原因上，学会取他人之长，补自己之短，发现自身的优势，塑造积极的自我，达到自我实现的目的，从偶像崇拜中获得积极的力量。

要注意的问题：由于学生交流时说的都是自己的偶像，表述起来会情不自禁说到一些学生间常用的"潮流语言"。教师在与学生的交流过程中肯定会出现一些意外的问题或教师不懂的网络语言，教师需有心理准备，并要随机应变，这样最终才能达到在共情的前提下与学生和谐交流的目的。

（北京市第三十一中学　郝向荣　浙江省富阳市永兴中学　姜　琼　李　岩　浙江省杭州市惠兴中学　傅慧群）

【活动参考资料】

"偶像崇拜"是青春期的过渡性行为

对于正处于花季的青少年，崇拜偶像是他们个体成长过程中的一个阶段性行为，也是走向成年的一种过渡性行为。他们需要情感的依托、成长的认同、烦恼的宣泄、亲友的支持，他们更需要社会的理解：崇拜偶像也许疯狂和痴迷，但不曾迷失方向。因为，偶像崇拜毕竟只是青春期特定年龄阶段心理发展的"附属品"。落花流水春去也，青少年最终会从偶像崇拜中走出，去塑造自我的形象。偶像崇拜，表达着青少年们纯真的心迹，是心灵渴望理解的呐喊；是生命与生命交会时的自言低语。可是，当许多青少年把偶像当成成长道路上激励自己前进的动力时，也有一些青少年却在崇拜的大潮中动摇了自我，超越了崇拜本身所赋予的积极内涵，演出了一幕幕让人伤心痛苦的悲情剧。教育工作者对此是否应该反省，在多年的榜样教育基础上，我们是否真正倾听了孩子的心声，了解了他们的心情？青少年们苦苦寻觅着自己的偶像，是想在广袤天空中找寻一隅属于自己的天地，是在企盼属于自己的辉煌，我们教育工作者可否主动采取一种"大禹治水"的智慧，不是去堵，而是去疏导青少年们的偶像崇拜心结。

（岳晓东：《我是你的粉丝：透视青少年偶像崇拜》）

活动专题 27 | 我能"自强挖潜能"（挖潜）

【活动参考目标】

1. 了解与理解

在活动中了解到每个人潜能的真实存在，能对潜能有一个正确的认识，相信人人都有潜能，而且这一潜能是巨大的。

2. 尝试与学会

（1）通过活动使学生学会在遇到生活和学习上的困境时能积极主动地去应对，并乐于去发现和开发自己的潜能。

（2）引导学生尝试以一种自强不息的态度去挑战自己在初三遇到的学业困难。

3. 体验与感悟

在活动中体验潜能的巨大，使学生感悟到激发个人潜能、树立信心、超越自己的可能性。

【活动参考课例】

掌声响起来
——我能"自强挖潜能"

活动理念

经过初中两年的学习，进入初三的学生已经去除了青涩和懵懂。站在毕业班的门槛上，他们会思考："我将以怎样的姿态面对压力重重的初三？""我对自己有信心吗？""我是选择奋勇直追还是轻言放弃？"这些问题会左右他们在初三整整一年中的表现。其中，必定会有一部分学生表现出自信不足、畏缩不前的观望态度，而他们的不自信大多是由于缺乏成功的体验和对自我潜能的正确认识。本节心育活动课旨在通过活动让学生亲身体验成功的喜悦，激发学生对自身的信心，以正确的态度来重新看待自我，从而激励他们去奋力追求自己心中的目标。

活动准备

课件；透明塑料杯；回形针；气球；牙签。

活动过程

一、团体热身阶段："掌声响起来"

1. 一分钟鼓掌

（1）教师引导：首先，我们来做一个游戏，这个游戏叫"掌声响起来"。当然，就是跟鼓掌有关。请大家估测一下：假如你用最快的速度双手鼓掌，1分钟内你能鼓多少下呢？请大家不要进行太多的思考，把第一个进入你脑海的数字写在纸上。

（2）鼓掌实测：现在我们马上验证一下，我给大家 10 秒钟时间鼓掌，请你边鼓掌边记下自己鼓的次数。然后把实测得到的数字乘以 6。

（3）引导分享：现在我们每个人的纸上都有两个数字，不知大家对自己的两个数字有些怎样的想法，会不会惊诧于两个数字之间的差异？为什么会有这样的差异？

2. 教师点评

在很多时候，我们对自己能力的估计和实际能力之间存在着很大差异，我们往往会低估自己的能力。这些实际存在而没有表现出来的能力，就是我们所说的"潜能"。

从刚才的活动中，我们可以看到我们每个人都有潜能。大家想知道平时被我们忽略、隐藏着的潜能有多大吗？我们一起来做个小实验。

二、团体转换阶段："水杯满了吗？"

1. 动手实践

（1）学生在教师的引导下将水杯加满，学生讨论并实践水杯中还可以加多少枚回形针。

（2）全班分享：在添加回形针的过程中，你最深的感受是什么？如果把你拥有的能力比喻为这杯水，你觉得你的杯子还可以再装多少？（用百分比表示）

2. 教师点评

据估计，人类一生真正运用的心理潜能只有7.2%，还有92.8%的心理潜能在沉睡。我们运用的能力只是我们全部心理能力中极小的一部分，而大部分仍然沉睡在那里。如果我们能把体内的潜能激发、运用起来，那么学习对我们来说就不是大问题了。

三、团体工作阶段："牙签扎气球"

1. 扎气球活动

（1）教师引导：我为大家准备了一个任务。（拿出一个吹足气的气球和牙签）当一个鼓起的气球碰到牙签时会发生什么状况？（学生答"会爆破"）对，在通常情况下的确会爆破，但今天就让我们一起来挑战潜能，完成看似不可能完成的任务——牙签扎气球。

（2）活动规则：两人一组，一位同学吹气球，另一位同学拿牙签在鼓起的气球上扎洞（不得借助其他工具），气球一旦爆破就算失败。

（3）活动准备：教师将准备好的道具分发给学生，此时学生中可能会出现三种情况——有的跃跃欲试，有的在思考，有的不敢尝试。教师此时不要强制学生必须参与挑战，而是将道具分给有意愿的学生，让其余学生在观摩中体验，同样会收到意想不到的效果。

（4）实施活动：接下来给大家三分钟时间，看谁先完成规定的任务，时间到而没有完成的视为放弃。现在开始！

有的学生马上开始行动，有的学生先在一边讨论，有的学生在旁边观望。几声爆破声后，终于有小组成功了。

2. 分享感受

（1）小组讨论：为什么不敢挑战？成功的秘诀是什么？有的组为什么会

失败？

（2）全班分享：教师针对在刚才活动中三种不同表现的学生分别进行采访，随机挖掘学生活动的感悟。教师要注意提炼学生回答中的闪光点，多肯定，多鼓励，尤其是针对旁观的学生，要引导出其内心的想法，善用个别辅导的方法表达同感并进一步引导学生。

3. 激发潜能

（1）教师引导：通过刚才的活动，同学们都充分感受到了潜能的魅力，那么在学习和生活中我们如何才能最大限度地开发潜能呢？请同学们结合刚才的活动和生活经验，进行小组讨论。

（2）学生进行 5 分钟小组讨论。

（3）全班分享：教师根据学生回答进行引导、点评。

四、团体结束阶段：自强挖潜能

1. 潜能开发靠自强

（1）教师出示 PPT。

人人都有巨大的潜能，心理学的研究表明，人的大脑有 140 亿个脑细胞，和银河系的星数大致相等。其中有 1 千万个是有记忆功能的细胞。有人拿电脑的硬盘和细胞的存储量作对比，认为每个细胞都相当于一个 40G 的硬盘。有人很生动地比喻说，把像教室这么大的空间从地上到天花板全堆满书，得用 200 多间教室来装。苏联学者伊凡·叶夫里莫提出，如果你能发挥一半，那么你就可以轻而易举地学会 40 种语言，还能轻松地背诵整本的百科全书，甚至你可以拿到 12 个博士学位。

（2）教师引导：但是，潜能不会自动冒出来，潜能要靠开发，开发要靠自强。而自强也不是天生的，自强与付出成正比，付出得多，挖掘得多，潜能才会激发得多。

（3）全班分享：面临即将到来的中考，我们如何从行动上做到"自强不息"、激发潜在的能量？

（4）教师点评：相信自己行，才会真的行。别人说我行，自强才能行。你在这点行，我在那点行。今天若不行，挖潜定能行。

2. 教师小结

人人都有巨大的潜能，潜能就像沉睡在我们心中的巨人，等待我们去唤醒。只要同学们相信自己，勇于行动，持之以恒，就一定能在学习、生活中开发、利用这巨大的能量，从而超越现在的自我，成就更美好的未来。

> 活动反思

这堂课是以帮助学生认识自己、坚定信念、激发潜能为目的的。三个活动层层递进，逐步深化。"掌声响起来"暖身导入，让学生初步感知自身潜能的存在。接着在学生产生"我到底有多大潜能"的疑惑时，因势利导推进"水杯满了吗？"实验，让学生在亲手实践的基础上感悟到潜能的巨大性。再通过"牙签扎气球"这一充满悬念的活动，使学生体验到激发潜能的方法。最后的结束阶段，简要点明开发潜能要靠自强不息。整堂课让学生在活动中体验，在活动中感悟，目标明确，充满张力。课堂气氛活跃，学生感悟深刻。没有太多的说教，却让学生确确实实感受到了潜能的存在。我想，心育活动课的生命力不在于训导和理性分析，更多的是心灵的碰撞和情感的体验。

（浙江省杭州市萧山六中　韦竹群　浙江省杭州市惠兴中学　段旭雯）

【活动参考资料】

一个发展中的人总是不断对自己提出挑战

人类天性中有一种寻求发展和自我实现的倾向，因为仅仅用"缓和紧张"来解释人类行为是无法自圆其说的。马斯洛曾这么说："如果人类行为的动机只是被动地克服令人烦恼的紧张，如果缓和紧张的最终目的只是被动地等待更多的紧张的到来，再去克服它们的话，那么还谈得上什么变化、发展、运动、前进呢？人类还有什么必要去进步，让自己变得更富于智慧呢？又怎么谈得上对生命的热望呢？"……马斯洛又说："所有的证据都表明，实际上每一个人都具有一种对健康的积极向往，一种希望发展，或希望人的各种潜力都得到实现的冲动。"

人类有发展的能力,但是根据马斯洛的研究……只有很少一部分人接近于各方面潜力的完全实现。对于为什么有那么多的人没能发展,马斯洛提出了几条理由:

(1) 人类向往发展的本能是比较弱的。因此,坏习惯、贫乏的文化环境、缺乏能力,甚至错误的教育都能使这种发展的趋势受阻。

(2) 我们的文化总是强调克制、抵抗本能,而不是鼓励本能。……一个人所处的文化背景常常会影响人的自我实现。

(3) 还有一种来自寻求安全的较低级需要的消极影响。发展的过程需要人时刻准备冒险、犯错误、改变习惯。马斯洛说:"人可以作出选择,回头是安全,前进则会发展;人必须一而再、再而三地选择发展;一而再、再而三地克服恐惧。"

(4) 一个发展中的人总是不断地向自己提出挑战。这就需要勇气。当人进入一个新的、更好的环境中时,不免会产生一种无能的、不自在的感觉,而有些人永远也克服不了这种感觉。发展所带来的快乐需要以努力、自律和一定程度的痛苦为前提。……只想得到快乐而不愿付出痛苦的人,大概不那么容易发展。

(5) 习惯是发展的大敌。大部分人都容易墨守成规。……有一些很久以前养成的习惯,一旦形成之后人们就会盲目地遵循它们,这就往往限制了个人的发展……成了障碍和阻力,它影响我们去适应新的、独特的、从未碰到过的情况。

(6) 人身上有一种"惰性",也就是奇普夫博士所说的"最少努力原则"。

对于处在健康环境下的健康的孩子,只要鼓励他们去探求,给他们以吃一堑长一智的机会,他们就能发展。……过分的溺爱和娇生惯养很容易成为发展的障碍。人应该学会自己来作出选择,如果老是由别人来替他决定,他自然就难以发展。马斯洛认为,发展需要付出一定的痛苦和悲哀。我们应该学会放手让孩子或大人去经历这种痛苦的但有益的体验。

(戈布尔:《第三思潮——马斯洛心理学》)

活动专题 28 | 我能"逆境求奋起"（拼搏）

【活动参考目标】

1. 了解与理解

（1）认识挫折和逆境是人生不可避免的。

（2）懂得接受现实需要很大的勇气，接受现实不等于否定自己。

2. 尝试与学会

（1）学会重新认识自己，学会自我接纳和自我欣赏，看到自己的长处。

（2）通过对自己的审视（有何条件、有何优势、想做什么、能做什么、该做什么），从而找到自己最恰当的定位。

3. 体验与感悟

（1）树立积极对待挫折的人生态度。

（2）觉察自己可能遇到的挫折，确定自己勇往直前的信念。

【活动参考课例】

阳光总在风雨后
——我能"逆境求奋起"

活动理念

这一代初中生多数是独生子女，成长过程中受到过多的帮助与保护，加之身心发展和社会阅历等方面的限制，他们还不能对自己和社会有清楚的认识和评价，目标期望值往往比较高，因而挫折就成为他们在生活和学习中时常遇到的问题。由于缺乏对挫折的应变能力，他们在挫折面前有的情绪消沉低落，有的惊慌失措，有的甚至感到痛苦、绝望。这种心理状态严重影响了初三学生的学习和生活，有个别学生正是因为无法面对挫折，不能勇敢地挑战挫折而做出了种种令人遗憾的行为。所以，引导初三学生以积极乐观的态度应对挫折，培养其战胜挫折的能力，对于他们顺利迎接中考的挑战，对于塑造青少年的人格，培养其健康的心理品质都具有重要的现实意义。

活动准备

多媒体课件；歌曲《永不退缩》《阳光总在风雨后》；排练心理小品《8只狐狸与葡萄》；每人1张空白的"磨难财富——抗挫DIY自助卡"；课堂座位安排：6人小组围坐。

活动过程

一、团体热身阶段："永不退缩"唱挫折

1. 播放Flash动画：《永不退缩》

（1）师生共同跟唱。

（2）自由分享：这首歌给你印象最深的是哪一句歌词？（"我越挫越勇，我永远不退缩"）你认为什么叫做"挫折"？

2. 教师点评

在我们的生活中，常常会遇到这样那样的不如意，遇到各种干扰、障碍，从而使我们产生难过、烦恼等心理。可见，挫折是人们在追求某种目标活动中遇到干扰、阻碍，受到损失或失败时产生的一种心理状态。这些挫折、失败、逆境给人带来的紧张、失望、压抑、沮丧等情绪就是我们常说的挫折感。

每个人的一生都难免会遇到这样或那样的挫折，而正确面对挫折也就成了每个人都应该具备的良好心理品质。这节课老师就和大家一起来体验挫折，感悟人生。

二、团体转换阶段：实话实说议挫折

1. 倾听身边的故事

（1）教师引导："我越挫越勇，我永远不退缩。"挫折是我们人生的必修课。在我们身边经常可以遇到各种各样的挫折和磨难，比如，我们的小毛同学就有，让我们来听一下他的故事。

（2）角色扮演。

小毛："我的作文不知道怎么回事总也不能提高，我很认真地写了一遍又一遍，可是老师读了我的文字，对我说：'不行，你还得重写一遍！'考试40分的作文我总是只能够拿到24、25分。"

2. 实话实说议挫折

（1）教师引导：我们很多同学和小毛同学有着相同或相似的经历和感受，请在小组内说说你遇到的挫折经历，你当时是怎么应对的？

（2）小组讨论。

（3）全班分享：教师在学生发言过程中给予正确引导，帮助其分析挫折产生的真正原因。

三、团体工作阶段：调整心态抗挫折

1. 心理小品：《8只狐狸与葡萄》

（1）教师引导：面对挫折，每个人的想法、心态不同，也就会出现各不相同的行为反应。有一则经典的寓言故事，对我们可能会有启迪。下面，我们以角色扮演的形式来展示这个寓言故事。请大家观看时思考：这种应对挫折的方式是否有利于提高我们的抗挫折能力？

（2）活动方式：选8位同学，每个人身上佩戴与角色相符的数字序号，并拿到要扮演的"一只狐狸遇到挫折之后的表现"的台词，准备一分钟后，按顺序表演。

（3）角色扮演内容梗概。

教师旁白：在一位农夫的果园里，紫红色的葡萄挂满了枝头，令人垂涎欲滴，当然，这种美味也逃不过在附近安营扎寨的狐狸们，它们早就想享受一下了。

1号狐狸来到了葡萄架下，它发现以它的个头这一辈子是无法吃到葡萄了。因此，它心里想："这个葡萄肯定是酸的，吃到了也很难受，还不如不吃。"于是，它心情愉快地离开了。

2号狐狸来到了葡萄架下，它刚刚读过《钢铁是怎样炼成的》，深深地被主人公的精神打动。它看到高高的葡萄架并没有气馁，它想："我可以向上

跳，只要我努力，我就一定能够吃到。""有志者事竟成"的信念支撑着它，可是事与愿违，它跳得越来越低，最后累死在了葡萄架下，献身做了肥料。

3号狐狸来到了葡萄架下，它一看自己的身高在葡萄架下显得如此的渺小，便伤心地哭起来了。它伤心为什么自己如此矮小，如果像大象那样，不是想吃什么就吃什么吗？它伤心为什么葡萄架如此高，自己辛辛苦苦等了一年，本以为能吃到，没想到是这种结果。

4号狐狸来到了葡萄架下，同样是够不到葡萄。它心想："听别的狐狸说，柠檬的味道似乎和葡萄差不多，既然我吃不到葡萄，何不尝一尝柠檬呢？总不能在一棵树上吊死吧！"因此，它心满意足地离开去寻找柠檬了。

5号狐狸来到了葡萄架下，它看到自己的能力与高高的葡萄架之间的差距，认识到以它现在的水平和能力想吃到葡萄是不可能的了。因此，它决定利用时间给自己充下电，报了一个研究生课程进修班，学习采摘葡萄的技术。最后当然是如愿以偿了。

6号狐狸来到了葡萄架下，发现自己无法吃到自己向往已久的葡萄。它看到地上落下来已经腐烂的葡萄和其他狐狸吃剩下的葡萄皮，它轻蔑地看着这些，作呕吐状，嘴上说："真让人恶心，谁能吃这些东西啊！"

7号狐狸来到了葡萄架下，它既没有破口大骂，也没有坚持不懈地往上跳。而是发出了感叹，美好的事物有时候总是离我们那么远；这样有一段距离，让自己留有一点幻想又有什么不好的呢？于是它诗兴大发，一本诗集从此诞生了。

8号狐狸来到了葡萄架下，它心想："我自己吃不到葡萄，别的狐狸来了也吃不到葡萄，为什么我们不学习猴子捞月的合作精神呢？前有猴子捞月，现有狐狸摘葡萄，说不定也会传为千古佳话呢！"于是它动员所有想吃葡萄的狐狸合作，搭成狐狸梯，这样大家都吃到了甜甜的葡萄。

(4) 学生分享：通过以上8只狐狸的言行，你认为它们应对同一种挫折的心理机制有何不同？哪几只狐狸的应对方式是积极的、有益的？哪几只狐狸的应对方式是消极的？

(5) 教师投影：8只狐狸对待挫折各不相同的心理防御机制。

1号狐狸运用的是"酸葡萄效应"，也可以称为"文饰"。即以能够满足个人面子需要的理由来解释不能实现自我目标的现象。

2号狐狸的行为,在心理学上我们称为"固执"。即反复重复某种无效的行为。它说明,不是任何事情的最佳方案都是解决问题,要考虑自己的能力、当时的环境等多种因素。

3号狐狸的表现在心理学上称之为"退行"。即个体在遇到挫折时,倒退到幼儿时期幼稚的行为模式。

4号狐狸的行为称之为"替代"。即以一种自己可以达到的方式来代替自己不能满足的愿望。

5号狐狸采用的是"补偿"的应对策略。它能够正确分析自己和问题的关系和性质,找到最佳的补救方案,是一种比较积极的应对方式。

6号狐狸的行为在心理学上称之为"反向形成"。即行为与动机完全相反的一种心理防御机制。

7号狐狸的行为在心理学上称之为"升华"。即用一种更高层次的精神宣泄去战胜失败的痛苦。

8号狐狸采取的是解决取向的应对方式。它懂得合作的道理,最终的结果是既利于自己,又利于大家。

(6)教师点评:8只狐狸不同的表现,都反映了生活中人们遇到挫折后保护自己的最直接应对方式。我们发现,有些应对方式对我们是有积极作用的、有帮助的;有些则是消极的,只会让我们暂时规避问题,问题本身并没有得到真正的解决。所以,面对挫折时采取适当的应对方式,将有利于提高我们应对挫折的能力。

2. 人生AB剧:"另眼看挫折"

(1)PPT出示案例。

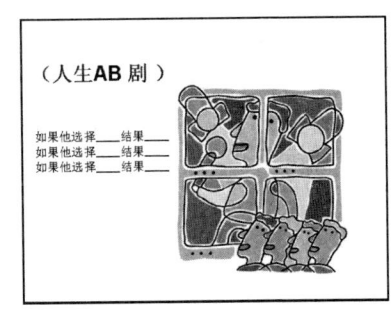

案例A:小俊学习成绩一直比较优秀,进入初三后,她希望自己同样能保持学习的领先地位。但是"强中更有强中手",第一次期中考,她的成绩却掉到了班级中下等。这一打击使她感到非常失望,她产生了退学的念头。

案例B：小晨一直是班上的干部，受到师生的喜爱，谁知在前不久的校学生会竞选中，他却落选了。这突然的"失宠"使他难以接受，心里像打翻了五味瓶，情绪一落千丈，不愿讲话，不愿见人，学习成绩直线下降。

（2）分组讨论：如果当时是你，你会怎么做？作为他的同学或朋友，你会怎么帮他？请用人生AB剧的方式来表现你们的对策。

（3）全班分享"人生AB剧"，总结战胜挫折的方法。

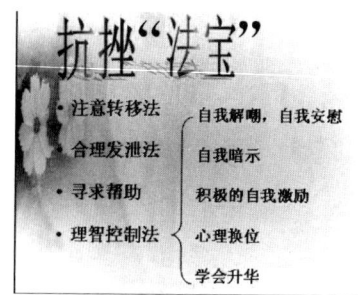

（4）教师点评：展示课件，作简要归纳。

3. 磨难财富：挫折理论DIY

（1）教师引导：每个人都会有自己应对生活挫折的经历，这些经历都是我们成长过程中积累的人生财富。经过了今天的活动，相信大家对自己的这些磨难财富又有了新的体验和感受，你甚至可以把它们提炼、升华，形成你的对抗挫折的自助理论。

（2）学生活动：在音乐声中填写"抗挫DIY自助卡"。

（3）全班交流分享。

（4）教师点评：战胜挫折要靠我们自助自强！

四、团体结束阶段：逆境自应求奋起

1. 播放视频：挫折的神奇魅力

巴塞罗那奥运会400米决赛赛场上，英国的雷蒙德为了此次能夺冠，做了很多次手术，苦练了8年，两轮预赛成绩都是第一。但在最终决赛时突然韧带撕裂，此时距离终点175米，苦等8年的奥运金牌梦提前终结。我们永远无法预知，在命运的十字路口，会发生什么，但我们可以选择，是就此放弃，还是忍痛前行。最终他一瘸一拐地跳到胜利的终点，即使没有胜利的奖牌，尊严和骄傲也将与他一路同行。通往成功的跑道上只有快慢之别，并无胜负之分。

2. 阳光总在风雨后

（1）播放歌曲《阳光总在风雨后》。

(2) 教师小结：人生道路不可能一帆风顺，"心想事成"只是人们美好的愿望。面对挫折，只要我们坚忍不拔，定能走出"山重水复疑无路"的困境，迎来"柳暗花明又一村"的佳境。正如契诃夫所说："困难和折磨对于人来说，是一把打向坯料的锤，打掉的应是脆弱的铁屑，锻造的将是锋利的钢刀。"让我们记住：阳光总在风雨后！

活动反思

初三学生，由于中考的压力，对考试的失利或平时生活中的一些困难会觉得很严重。本节课旨在让学生认识到挫折是不可避免的，要学会调整自己的心态，看到自己的长处，正确面对挫折，战胜挫折。热身阶段以"抗挫流行歌曲"的形式开头，营造整堂课的氛围，同时澄清了"挫折"的概念。然后通过"实话实说议挫折"，引出学生对自己所经历的大小挫折的回顾和感受。接下来，在团体工作阶段设计了"心理小品"、"人生AB剧"和"抗挫DIY自助卡"等活动，让学生把"如何面对挫折"这个问题和自己的感受紧密联系起来。通过与同学的交流、分享，得出"挫折面前不要怕"、"要勇敢面对"的结论。最后通过巴塞罗那奥运会上英国运动员雷蒙德在赛场上的一段感人表现的视频，激励学生"逆境自应求奋起"的永不退缩的精神。整堂课没有单调枯燥的理论说教，提供了多个让学生自己去体验和感悟的活动环节，以学生为主体，引导他们在活动中体验、感悟，以培养他们对抗挫折的自助能力。

（浙江省富阳市永兴中学　申　莉　浙江省杭州市惠兴中学　邵爱莉　浙江省宁波市第七中学　罗　莉）

【活动参考资料】

挫折和艰难能增强我们的力量

南丁格尔伯爵是一位著名的激励演说家，他曾经讲过一次自己游览大堡礁的故事。他注意到在礁石的平静侧面生长的珊瑚虫，此处的海水平缓安宁，而这些珊瑚虫看起来苍白无生命力。可是,不断受到强大的波浪噬咬的珊瑚虫,却显得健康富有生命力。伯爵问导游何以如此。回答是:"很简单。在礁石平静面生长的珊瑚虫,由于遇不到成长和生存上的挑战而迅速死亡,而面对开放的海水的珊瑚虫,由于每天都受到挑战和检验而兴盛发达、成倍生长。"地球上的所有生物都是如此。如果我们从不挑战自己,就绝不会有成功的机会。我们可以选择维持现状,也可以利用我们生活中失败的挫折来加强自身,并帮助自己不断接受我们的目标。集中注意你过去的成功,忘掉过去的失败。从你的错误中学习,然后把它们从记忆中抹去。你在过去有过多少次失败并不重要。重要的是你愿意再做尝试。

(韦特利:《成功心理学——发现工作和生活的意义》)

活动专题29 我能"自信不攀比"(独行)

【活动参考目标】

1. 了解与理解

廓清学生对自我的模糊认识,使他们意识到任何人都有自己的长处与短处,学会自我接纳和自我欣赏。

2. 尝试与学会

通过活动使学生初步尝试客观地认识自己,学会欣赏自己的点滴进步,初步学会去勇敢地面对困难。

3. 体验与感悟

通过活动感悟到自己是一个有价值的个体,增强自信。

【活动参考课例】

做一只高飞的小小鸟
——我能"自信不攀比"

> 活动理念

俗话说："人比人，气死人。"部分同学盲目与他人攀比，总觉得自己这也不行，那也不行，陷入自卑与悲观之中。他们不愿"抛头露面"，不敢主动参与，表现得畏畏缩缩。长此以往，势必阻碍自身个性的发展，限制自身优势的增长，不利于其人格的健全完善。

本节心育活动课旨在引导学生感悟，其实每个人都是独特的"这一个"，是他人不可替代的，正如每朵花的美丽是独一无二的一样。

> 活动准备

课前调查（你是自信的人吗，如果不自信原因是什么，现阶段你最大的烦恼是什么），并将调查结果归类统计好；群口相声演员所用"五官"道具；小品等活动事先简单排练。

> 活动过程

一、团体热身阶段：小鸟面对风雨天

1. 播放歌曲《我是一只小小鸟》

有时候我觉得自己像一只小小鸟/想要飞却怎么样也飞不高/也许有一天我栖上了枝头却成为猎人的目标/我飞上了青天才发现自己从此无依无靠/每次到了夜深人静的时候我总是睡不着/我怀疑是不是只有我的明天没有变得更好/未来会怎样究竟有谁会知道/幸福是否只是一种传说我永远都找不到……

2. 教师导入

是啊，我们每个中学生都像是一只小鸟，渴望飞得更高更远，但现实生活却往往不能如愿，风雨中只能在低矮的天空中徘徊，并为之苦恼。但苦恼

的并不仅仅是小鸟们，世界上不如意、不公平的事情实在太多，连我们脸面上的五官也要"分三六九等"。下面，我们一起来看看眼、耳、鼻、口、眉的苦恼和叹息。

二、团体转换阶段：天生我材必有用

1. 群口相声表演：《五官叹息》

（1）内容简介

眼、耳、鼻、口、眉都叹息自己的无能和窝囊：嘴巴苦恼说不好话，常招致麻烦；鼻子则苦恼自己的塌鼻梁不雅观；眼睛则苦恼自己的小眼睛单眼皮；耳朵则苦恼自己的招风耳且分居两地；眉毛则苦恼自己颜色太浅又太稀疏。后来大家才明白各自不可或缺的独特功用，齐心协力地组合在一起，共同发挥着各自的作用，忠心耿耿地为主人服务。

（2）学生分享：看了这个群口相声，你有什么感想？

2. 公布课前的调查结果

（1）出示调查内容：①你是一个自信的人吗？如果不自信原因是什么？②现阶段你最大的苦恼是什么？

（2）出示调查结果：

问题	选项	人数
你是一个自信的人吗？	A. 自信 B. 不自信	24 31
我的烦恼主要来自 （可多选）	A. 学习成绩方面 B. 与同学、老师的交往方面 C. 自身性格、身材、容貌方面 D. 来自家庭方面的压力 E. 其他	32 12 15 9 11

（3）小组交流：在组内说说你现在的具体烦恼是什么。

（4）全班自由分享后，教师点评：唐朝大诗人李白说"天生我材必有用"，他也主张"多元智力理论"，而且比美国哈佛大学的教授加德纳还要早

1200多年。一个人总会在某一方面拥有优势，完全不必因为成绩不理想而全盘否定自己，要相信"心若在，梦就在"。

三、团体工作阶段：今日之我胜往昔

1. 小品：《第三只小板凳》

（1）小品情节。

"老师"提起一只小板凳（画在纸上）问："这是谁的小板凳？"无人应答。老师又重问。

一位小男生才怯生生回答："我的。"众人都哄堂大笑。"老师"嘲笑说：谁见过比这更丑陋的玩意儿？众人又笑。这时小男生抬起头坚定地说："有的。"说着从身边把另两只小板凳（画在纸上）举了起来，解释说："这是我以前做的两只小板凳。"众学生一愣，然后情不自禁地鼓掌。

（2）教师提问：这是爱因斯坦小时候的故事，你怎么看待他的做法，如果是你，你会怎么做？

（3）学生讨论，全班分享。

2. 案例分析

（1）教师引导：一个人生活在世上，不可能独来独往，不可能生活在一个完全自我的空间里。你不去比较，可能别人会与你比，老师或者父母有时也会有意无意地拿你与他人比。比如，在我们身边有这么一位女孩。

（2）展示案例。

一名女生小汪进初中的成绩并不理想，在班级居后列，但她并不气馁，而是珍惜一切学习时间，上课专注，作业认真。尽管成绩稍有上升，但距自己和父母的期望仍较大。有的同学不时地嘲笑她："你这么用功有什么用呢？还不如我这样轻轻松松地玩。"父母亲也会唉声叹气："你瞧人家小姜学得多好！人家肯定能进重点中学，可你呢？"小汪陷入了深深的苦闷和焦虑之中，接下去究竟该怎么办？

（3）小组交流：小汪同学究竟应该怎么办？

（4）全班分享：学生七嘴八舌，最后形成一致意见：继续努力，改进方法。其实尽到了自己的努力，就可以问心无愧了，完全不必用别人的目标来要求自己。如果一定要与他人比，那就记住："不比阔气比志气，不比聪明比勤奋，不比基础比进步。"

3. 自我纵向比较

（1）PPT 出示表达句式。

过去的我不自信，是因为……

小组交流：让学生用"过去的我不自信，是因为我在＿＿＿＿＿＿（如学习、体育、人际交往、性格、身材、家境等）方面不如＿＿＿＿＿＿（班里的某同学）"的句式，在小组里说一说自己的烦恼，从而使他们明白烦恼来自与他人不恰当的攀比。

（2）教师引导：人最重要的是与自己比，既看到自己的不足，更看到自己的长处，力争今日之我胜昨日之我，明天之我又能胜今日之我。哪怕每天进步一点点，他就是一个成功者。

（3）PPT 出示表达句式。

今天的我自信，是因为我知道……是因为我知道……是因为我知道……

小组交流：让学生用"今天的我自信，是因为我知道我在＿＿＿＿＿＿（如学习、体育、人际交往、性格、才艺、努力程度等）方面比过去的我有了＿＿＿＿＿＿（某些小进步、小改变），是因为我知道＿＿＿＿＿＿（别人是别人，我是我，适合别人的目标，并不见得适合我），是因为我知道＿＿＿＿＿＿（我坚持走自己的路，也同样可以获得成功）"的句式，在小组里进行交流。

（4）教师点评：刚才大家的分享说明我们每个人身上都蕴藏着巨大的潜能，关键是你能不能发现、愿不愿努力、有没有信心。只要你愿意每天改变一点点，就一定能取得成功！

4. 活动：我的优缺点树

（1）教师引导：请你设想一下，你正沿着一条路走，突然发现你前方有一棵很特别的树。这完全是你个人的一棵树，在它上面挂满了标志着你特别的能力和优点的硕果！在树上，也有一些被虫子咬了的果实，代表你的缺点。现在，请你仔细地观察这棵树：它是怎样的？枝干、树根如何？然后在纸上把那些硕大的果实清晰地描出来。可以选用自己喜欢的颜色，可以在果实上写上你的优点的名称（放舒缓的背景音乐）；至于被虫子咬过的果实，是否描出来由自己决定。

（2）学生完成"我的优缺点树"。学生有权选择是否署名。选一些作品通过展示台在全班展示（也可粘贴在黑板或墙壁上，学生轮流观看）。

*我的优缺点树

（3）师生交流，分享自己的优点。提醒学生时刻遵守活动规则：分享时只说自己的优点，自己的缺点心中有数就可以了；不能嘲笑任何一幅作品，要多给别人掌声和鼓励。

（4）教师点评：通过这个活动，我们更清楚地认识了自己，看清了自己的优点和不足。我们要保持优点，发挥优势；对明显的缺点、不足要努力去改变，而无关痛痒的缺点也算是一种个性吧。人无完人，关键是要接纳自己，不断地完善自己。

四、团体结束阶段：有明天就有希望

1. 录音故事：氢气球升起的原因

（1）播放录音。

美国著名的心理学家基恩博士讲了这样一个故事。

有一天，几个白人小孩在公园里玩耍。一个卖氢气球的老人来了，孩子们蜂拥而上，争着买气球，玩得十分开心。在公园的另一个角落里躺着一个黑人小孩，他不敢凑上去，呆呆地看着。等白人小孩追逐着离开后，黑人小孩才小心翼翼地走过去，低声地问道："您能卖给我一个氢气球吗？"老人乐呵呵地说："当然可以，当然可以。你要一个什么颜色的？"小孩鼓足勇气说："我要一个黑色的。"这位满脸沧桑的老人随即递给他一个黑色的氢气球。小孩开心地玩着，脸上露出灿烂的笑容。但他一不小心，手一松，氢气球飞了，在蓝天白云的映衬下非常美丽。老人看着渐渐升起的气球，对着这个伤心的孩子说道："你看，气球能不能升起，不决定于它的颜色、形状与大小，而是气球内是不是充满了氢气。同样，你长大了有没有出息，不取决于你的肤色和贫富，而是你心中有没有自信！"

他讲的这个黑人小孩就是基恩博士自己。

（2）全班自由分享：同学们听了故事后，从中得到什么启示？

2. 有明天就有希望

（1）教师小结：一个人能不能成功，关键是看他有没有自信。自信，是走向成功的伴侣，是战胜困难的利剑，是驶向理想彼岸的舟楫。有了自信，就不会总把眼睛盯住别人，就不会和别人盲目攀比，就会拥有真正的自我，拥有属于自己的成功，拥有明天的希望！

（2）播放配乐诗朗诵：《只要明天还在》（汪国真）。

只要春天还在/我就不会悲哀/纵使黑夜吞噬一切/太阳还可以重新回来
只要生命还在/我就不会悲哀/纵使陷身茫茫沙漠/还有希望的绿洲存在
只要明天还在/我就不会悲哀/冬雪终会悄悄融化/春雷定将滚滚而来

活动反思

处于青春期的孩子经常会有意无意地拿自己与他人作比较，发现不尽如人意处，便会黯然神伤，甚至自暴自弃。本节心育活动课紧紧围绕"自信"两字来展开活动，通过多种学生喜爱的活动素材，加深对盲目攀比危害性的认识，引导他们对自我进行客观评估、纵向比较，帮助学生发现自我、肯定自我和悦纳自我，从而增强自信，合理定位，走自己的路，并能激励自己在中考中取得尽可能好的成绩。

活动结束后，很多同学反馈说，这次活动对他们的启示颇大，把郁结于心的烦恼扫除了，不再背负着沉重的包袱上路，而是轻松上阵，自信面对，走自己想走、能走的路。当然，单靠一次活动想消除学生的所有烦恼，毕其功于一役，显然是不现实的。增强自信应是一个系列性的活动主题。比如，教给学生如何消除焦虑情绪的实用方法，就是今后活动的努力方向。

（浙江省富阳市永兴中学　周建标　浙江省杭州市惠兴中学　邵爱莉）

【活动参考资料】

五招增强你的自信

1. 自信的圆圈

（1）设想地面上有一个圆圈；（2）想想曾经让你感受到自信的经历；（3）踏入这个圆圈时，重新回想那样的经历；（4）调整保持一种自信的姿态；（5）然后踏出圆圈继续保持自信的姿态去行走或开展行动。

2. 镜前的确认

（1）站在一面镜子前；（2）调整保持自信的姿态（双肩收回放平，抬头，收腹）；（3）不要用"我"，而用"你"开头，面对自己反复讲述那些自我肯定、自我激励的话语。

3. 现在体验未来的成功

（1）脑海里展开丰富的想象，设想你即将要取得成功的场面；（2）看到想象中的自己即将获得最终的成功时，暂时停止想象；（3）问问自己：这个成功对你来说，为什么重要？它会带给你什么？（4）然后再跳回到你脑海里的画面中继续想象，你知道，那些成功都属于你，感受这些成功带给你的无穷喜悦；（5）当脑海里想象的画面结束的时候，把这些感觉随身带走，然后睁开眼睛；（6）写下五项你要立即开展的行动，这些行动会带你向成功再迈进一步。

4. 正确看待生活

（1）把你的一生想象成一条时间线；（2）把压抑、阻碍你的事情看做是小点，画在这条生命线上；（3）在你的脑海里退后一步，远距离地看看这些小点。

5. 规划你的梦想

（1）想象一下五年后自己可以达到怎样的水平；（2）写下这些细节：家庭、工作、业余消遣、朋友，等等；（3）每周至少要回顾一遍这个履历表；（4）创建一个真实存在的或者是虚构的杂志封面，你在某一领域获得了成就，你的照片就被放在了杂志封面上；（5）添加引人注目的标题和图片，描述你想要获得的成功；（6）定期浏览这个杂志封面，以便它可以一直激励你去实现你的目标。

（赛叶：《你，需要自信》）

活动专题 30 | 我能"直面对现实"（求实）

【活动参考目标】

1. 了解与理解

（1）初步了解如果理想自我与现实自我差距较大，会使我们陷入"我是谁"、"我要往哪里去"的迷茫之中。

（2）懂得接受现实是每个人必修的功课，接受现实是克服不幸的第一步。

2. 尝试与学会

（1）尝试为自己中考的结果做一个最坏的打算，然后制定一套应对的"预案"，包括在认知上如何应对、情绪上如何应对、行动上如何应对。

（2）通过同伴互助，重新评估自己有何条件、有何优势、想做什么、能做什么、该做什么，从而找到自己最恰当的自我定位。

3. 体验与感悟

感悟"换一个想法，心情就会改变"；只要开开心心地活着，人生就有希望。

【活动参考课例】

筑梦者和幻想者
——我能"直面对现实"

活动理念

进入初三之后，很多学生发现自己的现状与理想的距离越来越大，因此应引导学生平衡理想自我与现实自我之间的关系。我们鼓励学生努力超越自己的现状，但同时也要引导他们把要做的事情建立在自己的能力和其他可控因素之上。本节心育活动课旨在让学生正确地了解自己的现实，并调整自己的理想目标使之接近现实，从而激发学习动力，采取积极、正确的行动，努力去实现自己贴近实际的理想。

> 活动准备

  课件；印发"我的理想与现状"表格、"'筑梦者'的自我'实现'计划"表格，每人 1 份；4 人一小组排列。

> 活动过程

一、团体热身阶段：人人都有梦

  1. 播放视频：北京残奥会主题曲
  2. 教师点评

  刘德华的一首《每个人都是第一名》把我们带入了自己的梦想之中。的确，生活中，我们都拥有自己美好的梦想。可是，现实往往会把梦想击碎。今天，我们就来谈谈理想与现实的关系。

二、团体转换阶段：探究自己的现实

  1. 了解自己的理想与现实

  （1）课堂小调查：认为了解自己的现状的请举手，对自己的现状满意的请举手；要想改变自己现状的请举手，觉得自己能改变现状、实现自己三年理想的请举手。

  （2）教师点评：马克·吐温曾说："要想改变现状，你得先弄清现状。"遗憾的是，我们的现状常常与梦想背道而驰。有时，我们的愿望太强烈了，以致歪曲了对现实的认识。

  （3）填写表格："我的理想与现状"。

我的理想与现状

我初中三年的理想	我的现状	小组交流评语	（暂空）
	（我的位置、我的行为、我的选择）		

活动模块五 突破自我

(4) 小组交流：互相做一个评估。

(5) 教师点评：通过调查和填表，同学们对自己的现状有了一定的了解。到了初三阶段，现实与理想的矛盾会给大家带来很多苦恼，增加很大压力，那么其中的原因到底何在？我们先来看看小赵同学的学习现状。

2. 小品表演

(1) 情节简介。

期中测试成绩出来了，这是进入初三以来的第三次统测。

小赵坐在位子上，耷拉着脑袋，对着面前的一堆书发呆：我已经很努力了，为什么考试还是这样的分数？小赵纳闷自己为什么没办法进入状态，心里不是不着急，有时也害怕辜负了父母的期望，但手里拿着一本书，就是没办法安下心来看看。每天都是没精打采的，对自己没信心，上课容易走神，每次考试成绩总是不那么理想。这次又考了一个中等成绩，这样能实现自己和父母要考重点高中的目标吗？如果考不上，以后该怎么办呢？

(2) 小组讨论：小赵同学的现实状态确实不算好，但这是为什么呢？

(3) 全班分享后，教师点评：其实，我们一个班 50 多位同学所处的外部大环境是基本相同的，但每个人内心生成的小环境却是千差万别的。外部大环境是你必须面对的现实，内部小环境是各不相同的情绪、想法、理想等。这两个方面会有矛盾、冲突的地方，这时，要看你怎么去协调它们。

三、团体工作阶段：正确面对现实

1. 斯蒂芬·霍金面对的现实

(1) PPT 呈现。

斯蒂芬·霍金是国际著名数学家、理论物理学家，英国剑桥大学应用数学和理论物理系终身教授。这位生于 1942 年的当代享有盛誉的杰出学者，被称为在世的最伟大的科学家之一。

他在大学学习后期，开始患肌肉萎缩性脊髓侧索硬化症（简称 ALS，运动神经元疾病），造成半身不遂。这种病会使他的身体越来越不听使唤，只剩下心脏、肺和大脑还能运转，最后连心肺功能也会丧失。当时大夫预言他只能再活两年。

  1985年霍金丧失语言能力，表达思想唯一的工具是一台电脑声音合成器。他用仅能活动的几个手指操纵一个特制的鼠标器在电脑屏幕上选择字母、单词来造句，然后通过电脑播放声音，通常制造一个句子要五六分钟，为了合成一个小时的录音演讲要准备10天。

  一次学术报告结束之际，一位女记者问："霍金先生，疾病已将你永远固定在轮椅上，你不认为命运让你失去得太多吗？"霍金的脸庞充满恬静的微笑，他艰难地叩击键盘，于是随着合成器发出标准的伦敦音，宽大的投影幕上缓慢而醒目地显示出如下一段文字："我的手指还能活动，我的大脑还能思维。我有终生追求的理想，有我爱的以及爱我的亲人和朋友。对了，我还有一颗感恩的心……"

  （2）请一名同学有感情地朗读，同学们听完后看霍金图片，然后闭上眼睛，再感受霍金的严酷现实，然后完成句子。

  我认为霍金的现实很残酷，是因为_____；
  我认为霍金能获得成功，是因为_____。

  （3）请同学回答，全班交流。

 2. 我应该如何面对现实

 （1）请大家在小组里说出自己的现实，再说出自己的措施，补充填完刚才填写的表格，最后请其他同学对自己的发言进行评价、补充。

我的理想与现状

我初中三年的理想	我的现状	小组交流评语	我要解决的问题
	（我的性格、我的位置、我的行为、我的选择）		（利用你的所有资源、剔除不必要的事情、拥抱你所有的挑战）
	原因是：		

  （2）教师引导：如果中考后，现实极为严峻——你不能进重点高中，或者你进不了"实验班"，或者你只能上职高，到那时我们该如何面对自己的现实？

（3）小组议论，全班交流。

（4）教师点评：当上帝给你关上一扇门的同时，他又为你打开了哪一扇窗？每次累的时候，看看《每个人都是第一名》MTV中主人公的奔跑；每次不自信时，看看《每个人都是第一名》MTV中主人公的笑脸；每次焦虑时，看看《每个人都是第一名》MTV中主人公的微笑；每次迷茫时，看看《每个人都是第一名》MTV中主人公的假腿；每次，每次，你就会领悟《每个人都是第一名》，你就会领悟李白说的"天生我材必有用"！

四、团体结束阶段：筑梦者和幻想者

1. 筑梦者和幻想者

（1）教师引导：你看过《美国偶像》吗？如果你的理想非常依赖运气，那你很危险；如果你的理想完全依赖运气，那你就是生活在梦境当中。拉丁格言作家帕礼士·西勒斯说过："依赖好运是一件非常糟糕的事情。"最糟糕的幻想者——就像那些最差的《美国偶像》参赛者——几乎完全靠运气去实现梦想。他们持一种赌博心态。他们以为只要自己在对的时间出现在对的地方，一切就都搞定了！

（2）PPT出示。

幽默作家萨姆·李文森回忆他父母梦想来到美国的经历时说："我父母是移民，传说中美国的街道是用金子铺的，他们对此深信不疑。父亲来到这儿后发现了三件事：第一，街道不是金子铺的；第二，街道根本什么都没铺；第三，他得去铺路。"

现实……是幻想的敌人，但不是梦想的敌人。——鲁迪·休廷杰

（3）全班分享：看了这两段资料后，你认为抱有"幻想"与抱有"梦想"的人之间有何区别？

（4）教师点评：把梦想建立在现实之上的人（筑梦者）和活在梦境中的人（幻想者），实现梦想的方法大不相同。看一看他们实现梦想的不同之处：

筑梦者	幻想者
采取行动	寻找借口
产生动力	形成惰性
团队合作	孤立封闭
积极主动	被动等待
进行必要的冒险	逃避冒险
自己负责	让别人负责

2. 抛弃"幻想",做一个"筑梦者"

(1)下发"筑梦者"的自我"实现"计划表格:当你思索实现梦想的策略时,请紧紧围绕一个词——"实现"——来帮助你完成计划的过程。

"筑梦者"的自我"实现"计划

阐明你所处的位置	你的起点是什么? 你的终点是什么? 你打算采取什么步骤来实现从起点到终点的跨越?
考察你所有的行为	为了更靠近你的梦想,你每天该做些什么?
思索你所有的选择	为了向前迈进,你愿意改变哪些策略?
利用你所有的资源	什么资源是你所掌控的?(列出所有你能想到的)
剔除不必要的事情	你现在正在做的哪些事情对你实现梦想没有帮助?
拥抱你所有的挑战	你准备好去面对实现梦想过程中的那些问题、障碍和失败了吗? 你该做些什么去避免那些可以避免的事情? 你该做好哪些准备去迎接挑战? 你必须做好哪些准备去应对失败?

(2)教师引导学生当堂(或课后)完成:根据你对上述问题的回答,写出:①每日行为;②每月目标;③一个长期计划,然后付诸行动。但你要记住:在未来的几个星期、几个月中,你将不得不作出一些改变。每次你改变计划时,你都是在完善它,在为你的成功增加可能。

(3)教师建议:完成表格后,请每个同学贴在课桌上,也可贴在班级墙上展示。

3. 教师小结

不要对自己的成就有过高的要求，适合自己的才是最好的。

不要对自己所处的现实抱有幻想，不要企望"公平"。

不要对他人的错误和伤害抱有怨恨，那样其实是自己和自己过不去。

不要在情绪高涨时昏了头，牢牢记住凡事过犹不及、乐极生悲的道理。

不要在处境不利时丧失前进的勇气，要相信天无绝人之路，除非你自己瘫倒在地。

活动反思

活动，是心育活动课的灵魂。本次活动是针对理想自我与现实自我差距较大的学生设计的，目的是引导学生正确面对现实，讨论实现理想的方法。

本节课中的"人人都有梦想"、"探究自己的现实"、"正确面对现实"、"筑梦者和幻想者"四个环节清晰明了，环环相扣，结合初三面对中考即将到来的现实，势必能引发学生"心灵深处的碰撞，内心真情的告白"。我们的想法很简单，就是要以老师的真情去触动学生内心的真情！在本次活动中，我们始终有一种感觉，我们和我们的学生，彼此很尊重、很和谐。在这一节课中，我们和学生一样，感受情绪的变化，在辅导学生的同时我们也得到了成长！

（浙江省富阳市永兴中学　陈雪勇　浙江省杭州市惠兴中学　陈雪芬）

【活动参考资料】

彻底做你自己

有时人们很小就决定了人生的目标，这些目标大部分是被我们所谓的"自我理想"所设定的。对一个正常人而言，他最终的目标就是完成自我理想。但问题是，每当你在追寻一个目标时，就跟自己当下的事实分开了。你不但没有活在当下，而且拒绝了当下的自己。

另一种生活方式则是活在当下这一刻，彻底做自己，并体尝到圆满和充实的滋味。这其实也意味着自我实现。任何一刻你就是你,你不需要变成任何东西或达成什么目标。就因为无法做自己,你才会制造出这么多目标。因为真正的你不见了,所以再也找不到真实的方向了,你的人生因而变得无意义、无价值、无重要性。若是能允许自己存在而不企图变成什么,你就会发现人生的每一件事都是重要而有意义的。

这样的人生并没有把目标排除在外。一个活在当下的人也可以有目标,不过他的目标并不是要变成什么,而是要表达出他在当下的真实状态。

(阿玛斯:《自我的真相》)

◆ **活动模块六**

迎接挑战

阶段目标：

找到合理的目标定位，增强自我同一性，以良好的心态迎接成长道路上的第一次重大挑战。

适用年级：

初一、初二、初三年级，以初三下学期为主。

活动专题 31 | 我能"不求太完美"（容短）

【活动参考目标】

1. 了解与理解

（1）理解：只要是人，就不可能绝对完美。

（2）了解每个人的生命和能力都是有限的，凡事须量力而行，不必为过高的目标未能达成或偶尔的失误而烦恼、伤感、自责。

2. 尝试与学会

（1）能识别哪些想法属于追求完美主义的想法，并能记下来，学着去反驳它，再列出比较现实的、有助于解决问题的想法去替代它。

（2）通过自己反思和同伴互助，发现与纠正自己的完美主义想法。

3. 体验与感悟

（1）体验当我们放下心中对自己的苛求时，会感到一身的轻松。

（2）感受"放下"意味着我们真正解放了自己。

【活动参考课例】

活出真实的自己
——我能"不求太完美"

活动理念

人无完人，没有谁是十全十美的，这个道理大家都知道，可要人接纳不完美的自己，却不容易。

随着中考临近，众多初三学生都有各自的奋斗目标。而大部分同学和家长的目标高于甚至远远高于学生的实际能力，由此带来一系列的问题——学业负担加重、缺乏自信心、人际关系紧张、无法面对哪怕一点的小错误和小挫折、情绪容易崩溃……对于自我调节能力还不够强的初中生而言，这些问题大大影响了他们学习和生活的质量。

这节心育活动课旨在引导学生理解：只要是人，就不可能绝对完美。追求完美一定要适度。要特别注意通过自己或者同伴互助，发现与纠正自己的完美主义想法。当我们放下心中对自己的苛求时，才会感到一身的轻松——这表明，我们真正解放了自己。

活动准备

制作多媒体课件，包括背景音乐、图片等；每人准备 A4 白纸 1 张和笔 1 支。

活动过程

一、团体热身阶段：别人眼中的我

1. 教师自述

我眼睛小，而且一大一小，个子不太高，身材不太好，牙齿不白，脸蛋不漂亮，等等，实在太不完美了（可根据开课教师的特点加以调整）。

2. 学生眼中的某某老师

（1）让同学谈谈他们眼中的某某老师。

不完美的我，也挺可爱！

（2）教师点评：我这位老师长得一般，但这并不妨碍我成为一位好老师，并不妨碍你们欣赏我，并不妨碍我们之间的交流，并不妨碍你们对我的认可和爱戴。我会为你们的改变和进步感到无比的高兴，感谢你们给予我快乐。我有疼我的父母，我爱我的丈夫，我有健康活泼的儿子，我有很多好朋友。一切的一切，都让我这个不完美的人感受到快乐。

3. 说说自己的不完美和快乐之处

（1）学生自由发言，教师可以有意识地让一些比较开朗、乐观的学生发言，以起到引导作用。

（2）教师点评：我们的外表不完美，也同样可以很快乐！我们不完美，但从不缺少来自父母、老师及同学的关爱！

二、团体转换阶段：两个案例一条根

1. 案例分析，引出主题

【案例一】 一名16岁的初中生因期末成绩不理想，郁闷之下喝了农药。随后，这名学生被送到市第一医院进行抢救。第二天早上在医院急诊室，记者见到了仍然处于昏睡状态的这名女孩，她的父母一脸焦急地陪在床边。经过了解，女孩姓徐，今年16岁，目前读初三。她妈妈说，期末考试成绩出来后，考得不是很理想，父亲说了女儿几句。没想到，女儿回房后就喝了一口农药，当天中午女儿吃饭时，父母发现她已经昏昏沉沉，就立即将她送到医院。

【案例二】 有一位山村小女孩，转学到一座大城市里的学校读书。尽管她的成绩在班里名列前茅，但陌生的环境还是让她不知所措。尤其是她黝黑的皮肤、朴实的衣着和浓重的乡音，使她感觉自己与城市里的孩子格格不入。她觉得自己很"土"，总认为周围的人瞧不起她。于是她刻意模仿其他同学，希望自己也变得摩登、亮丽，却忽略了自己朴实的品质和勤奋的本性，因而整日生活在恐慌和自责之中。

2. 分组讨论

（1）是什么原因让她们烦恼甚至自杀？两个案例的共性是什么？

（2）小组讨论后学生自由发言。

3. 教师点评

只要是人，就不可能绝对完美。追求完美是好事，但要"适度"。接纳不完美，残缺也是一种美。完美主义是导致抑郁和强迫的重要根源，也是抑郁的强迫特征之一。

三、团体工作阶段：紧急援助

1. 分组讨论"救援方案"

（1）组织两个"救援队"，一起来帮两位女生出谋划策（A、B组分析案例一，C、D组分析案例二）。

（2）每组代表发言。教师随机归纳点评，如：

案例一：1. 目标不要过高，给自己留有余地。

2. 帮她找出考试不好的原因，有针对性地制订学习计划。

3. 与父母沟通。

案例二：1. 她只看到自己的缺点，没看到自己的优点（成绩好、朴实、勤奋）。

2. 把自己的缺点转化成优点，如皮肤黑不是"黑里俏"吗？

3. "舌头"的启示。

①投影故事一则。

有一个国王派他的使者出去寻找世界上最糟糕的东西，然后带回到他面前。使者出发几天后，空手回来了。国王问："你究竟找到了什么？全世界最糟糕的东西在哪里？"使者回答："我的舌头是全世界最糟糕的东西，因为它会撒谎，会传播邪恶的话语。当我们过度放纵自己的舌头时，就会把自己弄得筋疲力尽，况且我的话还会伤害到别人。总之，我的舌头是全世界最糟糕的东西。"国王对这样的解释很满意，于是又派使者出去寻找全世界最美妙的东西。

过了几天，使者又空着手回来了。"这一次又是怎么回事？全世界最美妙的东西在哪里？"国王质问道。这次使者一言不发，又伸出了舌头。"怎么可能？赶快解释清楚！"国王叫道。使者回答："我的舌头是全世界最美妙的东西，因为它可以表达爱与美，可以传播诗歌和童话。它还赋予我发现味觉，让我能够品尝美食。总之，我的舌头是全世界最美妙的东西。"国王非常满意。于是提升了使者的官职。

②小组讨论：如果用这个故事来帮助那两位痛苦的女孩，你想让她们感悟到什么？

③全班充分交流并分享，允许争论。

④教师点评：同样的东西，从不同的角度和心态去面对，看到的效果是完全不一样的。同理，我们做每一件事从积极的心态去对待和处理，那你就会远离烦恼了。

2. 我的心灵花园

（1）走进自己的心灵，认识你自己。

教师给每人发放一张 A4 纸（同时播放音乐），指导学生做以下练习。

进行以下的练习时，必须集中注意力，达到全神贯注的状态。你所寻找的答案都在你的内心之中，但只有在安静的时候，你才能听见内心的声音。

闭上眼睛,深呼吸五次,每次吸气五秒钟,等待五秒钟,然后缓缓将气送出。深呼吸的目的是让你全身放松下来,把全部注意力都集中在呼吸的过程上,这是让心安静下来的最好方式之一。

放松下来之后,依次问自己下面的几个问题,不要着急,静静等待内心的回答。得到一个问题的答案之后,睁开眼睛,把答案记录在 A4 纸上。记录速度要尽可能快,想到什么就记什么。不必在乎你写下的具体内容,只要让自己心中的情感充分释放出来就可以了。当你记下了第一个问题的答案后,再闭上眼睛,放松下来,回到内心深处的花园里,深呼吸两次,然后再问自己第二个问题。任何时候都不要着急,要给自己足够的时间。

● 现在我心里最害怕的是什么?
● 我生活或学习的哪些方面需要改变?
● 我最害怕别人发现我的哪些缺点?
● 在我努力改变自己生活的过程中,当前最大的障碍是什么?

教师引导:找到所有问题的答案以后,给自己充分的时间,把心中所有的想法都在 A4 纸上记录下来。

(2)小组分享:如果我有完美主义的心结,我该如何救助自己?

(3)教师点评:老师欣赏你们自己回答问题的勇气,希望在以后的时间中,大家能学着去反驳那些完美主义的想法,能列出比较现实的、有助于解决问题的想法去替代它。当我们放下心中对自己的苛求时,这表明我们真正解放了自己。

四、团体结束阶段:挑战极限

1. 挑战极限

(1)教师引导:全体起立,伸出右臂从肩上屈臂向下伸,同时伸出左臂从左侧向右上方伸,两手尽量靠近,最终两手紧紧地、完美地握在一起(这个动作几乎很少有人能做到)。

(2)全班分享:当你因为做不到双手

挑战极限

反握在一起而放弃的时候，你有什么感受？

（3）教师点评：在这个活动中，有时可能根本不能做到"完美"，而且，再有能力的人也会在一些游戏活动中失败。但成功和失败不是最重要的——关键是通过参与学到东西。对于看起来似乎"不可能完成"的事情，有些的确无法办到，但有些却也未必。总之，大家重在参与，乐在其中。

2. 教师小结

心理学家荣格曾问："你究竟愿意做一个好人，还是做一个完整的人？"

每个人都是不完美的，阴暗面也是生命的一部分，只有真心拥抱它，我们才能活出完整的人生。——我把这句话送给全体迎接中考的同学们！

活动反思

此次心育活动课是针对初三学生过于追求完美，因为过高的目标未能达成或偶尔失误而出现烦恼、伤感、自责等消极情感体验而设计的。整个设计从学生实际情况出发，通过案例分析引出主题，让学生分组讨论分析，并制定"救援方案"来帮助解决问题等环节，让学生达到"心理自助和互助"，环节紧凑，水到渠成。最后通过"舌头"的启示和"挑战极限"小活动，进一步让学生明确只要是人，就不可能绝对完美，同时又让学生明白做每一件事都应该以积极的心态去对待和处理。

（浙江省宁波市第七中学　毛姗姗　浙江省富阳市永兴中学　沈卫华）

【活动参考资料】

识别完美主义信念

（1）双极化思考（全有全无、非黑即白）。

（2）过度高标准（不切实际的要求）。

（3）负向关注细节（负面的选择性摘要）。

（4）负向猜心术（从负面猜测和揣摩他人的心思）。

（5）过度高估可能性（夸大负向事件发生的几率）。

(6) 拘泥细节（追求完美因而导致谨小慎微、降低效率）。

(7) 人际敏感（过度在意别人的意见特别是别人的赞美）。

(8) 灾难化思考（夸大事件的严重性）。

(9) 过度僵化的标准（缺乏弹性、不肯降低标准）。

(10) 过度责任感（过多的检查以避免错误）。

(11) 过度控制欲（对他人百般挑剔、苛求他人）。

(12) "应该" & "必须" 思维（预设绝对的做事规则、为自己设置许多 "不应该"）。

(13) 难以相信别人（对别人总不放心、事事过问）。

(14) 不恰当的社会性比较（专比 "大个子" 来 "矮化" 自己）。

（安托尼 等：《永远不够完美》）

活动专题 32 我能"培养好情绪"（稳定）

【活动参考目标】

1. 了解与理解

了解消极情绪对学习、生活所带来的危害，懂得消极情绪是可以克服的。

2. 尝试与学会

(1) 学会厘清并表达自己的情绪和情感。

(2) 学会承认并正视自己的负性情绪。

(3) 尝试用 "倒空情绪"、改变想法来调控自己的负性情绪。

3. 体验与感悟

(1) 激发和强化调节自己负性情绪的愿望。

(2) 感悟 "知足才能常乐"。

【活动参考课例】

想法换一换，情绪大变样
——我能"培养好情绪"

> 活动理念

学生进入初三阶段，由于学习强度大，来自各方面的压力多，很容易造成心理上的种种不适。诸如对成绩的忧虑，对前途的担心，对父母唠叨的反感，对没完没了的作业的厌烦，对即将到来的中考的恐惧，甚至对好成绩的嫉妒等。出现这种心理不适现象是初三这个特殊学习阶段不可避免的，属正常现象。但是如果不注意调适，轻者影响学习，影响中考，重者甚至会发展为心理疾病。因此，初三学生应注意对自己的心态进行必要的调适。本节课旨在通过活动，让学生掌握通过改变想法来培养好情绪的方法，并能将其运用到日常的学习生活中。

> 活动准备

小品排练；课件；"我的情绪垃圾"自我检核表每人1份；小方块每人1只（材质不限）；4人小组排列。

> 活动过程

一、团体热身阶段：向快乐出发

1. 播放 Flash《向快乐出发》

大屏幕呈现林依轮的"向快乐出发"的 Flash 动画，营造快乐的氛围，引出向快乐出发的主题。

2. 集体按摩操

请全体同学起立，大家共同朝向同一个方向，为自己前面的一位同学按摩，让同学放松。看谁做得好，最能让同学放松并快乐。

3. 教师点评

在生活学习中，总有许多事情能让我们感到快乐，就看我们能不能发现，能不能抓住快乐。

二、团体转换阶段：可是，我不快乐

1. 心理小品：《我，不快乐》

(1) 播放网络歌曲《我不快乐》。

(2) 表演小品，内容概要。

王东最近一直闷闷不乐，总是避开同学们的交谈，独自黯然离开，连他最喜欢的篮球也已经好几天没碰了，好像有满腹心事。

班长叫住了王东：王东，你最近怎么了？不打球，也不理人的。

王东：没什么，最近功课比较忙！又快中考了，我觉得有些紧张。

班长：功课忙也应该休息啊，课后一起打球去，我、你还有小光，我们和2班打三人赛，怎样？

王东：不了……

班长：还想着上周二的那场考试吗？

王东：上次的考试我考得太差了，虽然我爸妈没说我，但从他们的表情中我看出他们很失望，肯定是对我失去信心了。尽管班主任说上次考试可能是失误，叫我继续努力，可我感觉他看我的眼神也都和以前的眼神不同了，我想他肯定认为我很差劲。不仅如此，那天小光在同学面前大声问我说，东东你是不是又考得很好啊，我想他肯定是故意讽刺我的，还害得其他同学都来看我的卷子，害我在同学面前丢了脸。中考马上就要来了，可我对自己一点没信心，我想肯定是考不好了。

班长：王东，你想得太多了，怪不得失魂落魄的。没事啦，你爸妈昨天送你来学校不是还说你要注意休息别太累了，他们可没对你失去信心。班主任也不会这样想的，我看他昨天还问你复习得怎样了，而小光是一时之间乱说话而已，他心里肯定不是那么想的！

王东：你别安慰我了，这几天班里同学看我的眼神都怪怪的。我自己也很紧张，饭也吃不下，书也看不进去。

班长：王东，我觉得你应该改变一下你的"一根筋"，遇到什么事情，不要光往坏处想，要多朝积极的方面想想哦！

(3) 小组讨论：你觉得王东的不快乐是怎么造成的？

(4) 全班分享后，教师点评：体会艾萨克·辛格的一句话："如果你不停地说事情糟透了,你一定会有机会成为先知。"

生活中有很多这样的感受,当你想到开心的事情时,就会越想越开心,情绪越来越好,你的行为也就越和善,做事越有耐心。当你想到不开心的事情时,你会越想越不开心,情绪越来越消极,行为就懒散,对别人也会产生攻击性。

2. 不快乐的后果

(1) 多媒体显示"艾尔玛情绪实验"。

美国生理学家艾尔玛的实验研究:将人在不同情绪状态下呼出的气体收集在玻璃试管中,冷却后变成水,发现:

● 在心平气和状态下呼出的气体冷却成水后,水是澄清透明的。

● 在悲伤状态下呼出的气体冷却成水后,水中有白色沉淀。

● 在愤怒、生气状态下呼出的气体冷却成水后,将其注射到大白鼠身上,几分钟后大白鼠死亡。

(2) 学生分享:你从中得到什么启示?

(3) 教师点评:由此艾尔玛认为人在生气时的生理反应非常剧烈,同时会分泌出许多有毒性的物质。消极情绪长期存在,生理变化不能复原时,情绪压力就会损害健康。不良情绪的长期存在与发展会转化为心理障碍和心理疾病,所以我们应形成主动调适情绪的意识。

三、团体工作阶段:处理情绪垃圾

1. 一吐为快

(1) 教师引导:刚才的"艾尔玛情绪实验"提醒我们,当我们心里有不愉快的事情时,第一件要做的事情就是赶快"倾倒情绪垃圾",找一个好朋友去倾诉。现在请大家想想,自己在最近半个月内,有没有不良情绪发生过,请在小组里清理你的"情绪垃圾"。

(2) 以小组为单位,向同学一吐烦恼。

(3) 全班分享。生1:和朋友闹矛盾,他误会了我,我非常痛苦。生2:考试成绩不理想,我感到伤心。生3:父母老拿我和他们同学的孩子比,说我不如他们,我很郁闷。生4:别人有好朋友,自己没有,我很难过。生5:老师当着同学的面大声批评我,我心生怨恨。生6:同学说我脸上都是痘痘,这么丑,我很自卑。生7:老是有同学在背地里说我坏话,我真恨他们……

2. 分类处理

(1) 教师引导:"情绪垃圾"倾倒出来之后,不能乱堆乱放,要进行分类处理。分类的办法就是仔细检查这些"垃圾"的背后,是什么样的不合理想法在主导自己。然后请你对情绪背后的非理性想法分分类,尝试着给出一个关键词。

(2) 小组活动:把自己经历过的与不良情绪有关的事及当时的想法写下来,然后相互交流一下,看看哪一些想法有类似特点,可以如何归类命名。

"我的情绪垃圾"自我检核表

事件(引起消极情绪的经历)	消极情绪	当时的想法	非理性想法的类别

(3) 全班交流:重点是给一些消极情绪背后的想法归类命名。

(4) 教师点评:从大家提出的分类命名中,可以概括出非理性想法的几个特点:灾难化、绝对化、以偏概全、自我放大、乱贴标签、乱下结论、过分自责、完美主义等。

3. 变废为宝

(1) 教师引导:情绪垃圾如果处理得好,还可以"变废为宝",我们可以来试试看。

(2) 观看图片,从图片中让学生切实感受到换个角度想问题所带来的快乐。

(3) 同伴互助:将刚才写好的表格在四人小组成员之间交换一下,请你的同学帮忙想一想,遇到同样的事情,能不能换一种想法——一种全新的积极的想法,从而使你的情绪和行为面貌一新。

(4) 全班分享:请大家分享一下你原本的想法和同学给你提供的新想法,你觉得前后的心情怎么样?

4. 加工"口头禅"

（1）指导语：不知同学们有没有说口头禅的习惯，尤其是进入初三之后，老师也经常听到有些同学在说："烦死了！""这次考试完蛋了！"你们知道这样简单的几个字对我们的危害有多大吗？

（2）加工"口头禅"：活动规则是，把消极的措辞改成积极的措辞，把否定词改成肯定词。比如，当快要考试时，如果你平时喜欢说"这次考试我完蛋了！""糟了，刚才背的全忘了！"等口头禅，把它改成"这次考试我有信心！""我作好了充分的准备！"等。

（3）活动步骤：四人小组加工"口头禅"，由小组长做记录。每人将自己平时的一些消极的"口头禅"交流出来。每个人再把积极的口头禅记在自己经常翻看的本子上。

（4）全班交流，评出最佳"积极心态口头禅"。

（5）教师出示PPT，提供"帮助你平心静气的口头禅"。

①冷静，放松点！
②别和他一般见识！
③识时务者为俊杰，不要硬碰硬。
④车到山前必有路，总会有办法的。
⑤没有生气的必要。
⑥多往好处想想吧！
⑦我可不能被他气倒，气坏身子划不来。
⑧大人不计小人过，算了吧。
⑨他不是认真的啦，没有关系啦！
⑩总不能事事都遂我的愿吧！

四、团体结束阶段：情绪开心果

1. 制作"情绪开心果"

以小组为单位，用桌上的小方块制作一个"情绪开心果"，即在方块的六个面分别贴上一张纸，纸上可以写几句积极的口头禅，也可以画一个笑脸，还可以写几句简短的积极的想法，使方块不论翻到哪一面都是积极开心的。这样的"开心果"可以要求学生每人回去做一个，也可以将它做得更好看。

2. 教师小结

开心、快乐的方法有许多，只要我们记住：人生没有一帆风顺，退一步海阔天空，没有过不去的坎，也没有解不开的结。虽然我们即将面临人生第一大考，我们也即将面临一些抉择，这些大事件可能会增加我们的烦恼，引起我们的坏情绪，但法国作家雨果曾说过这样一句话："世界上最宽阔的是海洋，比海洋宽阔的是天空，比天空更宽阔的是我们的心灵。"因此，每天对自己说这样一句话："我的心比天宽，快快乐乐每一天。"

活动反思

在这节心育活动课中，我们以活动方式让学生亲自体验不同的情绪，让学生感悟不同想法、不同情绪会对同一件事情造成不同的影响。整节课注重学生心理感受及心理体验，总体感觉思路比较清晰，活动开展顺利，气氛营造得比较好，学生参与热情较高，能达到自己预定的目标。同时，虽然课前我们对活动课推进的状况也进行了许多的设想，但是在真正上课的时候，学生反映出来的东西和教师最初的种种设想还是有不少的差距。在这种情况下，如何恰到好处地进行应对和引导，还要依靠教师的功底和积累。

（浙江省杭州市临平第一中学　施叶娟　浙江省浦江县白马镇中学　黄杭娟　浙江省富阳市永兴中学　董忠明　金青青　浙江省杭州市惠兴中学　张　玲）

【活动参考资料】

理性情绪疗法的三种辩论策略

1. 经验主义的发问方式：

（1）你必须……的依据在哪里？

（2）有一种道理说你必须……吗？

（3）你不能忍受它的理由是什么？

（4）你已经忍受它多久了？

（5）我能理解你说这件事是不好的，但为什么又说它是糟糕至极的呢？

（6）你是引发了哪些想法，才使你如此沮丧的呢？

2. 逻辑性的发问方式：

（1）你认为"应该……"的逻辑是什么？

（2）只是因为有些事情不好，就能在逻辑上推论出这是很糟糕的吗？

（3）你相信"因为你想要做到……，你就必须做到……"是合理的逻辑吗？

（4）是否会有这样的逻辑，只是因为你强烈地希望某些困难不存在，因此它们就绝对必须不存在呢？

3. 注重实效的发问方式：

（1）如果你持这样的信念："我必须……"、"我不能忍受它……"、"这真的很糟糕……"、"我一点没有价值……"，那么你的生活会变成什么样子呢？

（2）如果你放弃上面这些想法，你的生活又会变成什么样子呢？

（3）你认为障碍和困难不应该存在的想法有什么实际意义吗？

总之，辩论的主要目标是：

（1）教给来访者科学思维的艺术；

（2）教给来访者作多种假设的艺术；

（3）教给来访者寻找证据支持或者反对其假设的艺术。

（埃利斯：《压力咨询》）

活动专题 33 | 我能"宣泄减压力"（纾解）

【活动参考目标】

1. **了解与理解**

引导学生对压力有一个正确的认识：人离不开压力，适度的压力能够帮助人提高学习效率；而过度的压力则会消耗大量的能量，降低我们学习与生活的质量。

2. 尝试与学会

（1）通过活动使学生在遇到各种压力情境时学会设想"幸亏事情没有变得更糟"，能够从更多的角度来思考问题。

（2）能够主动尝试自我辩驳，调整想法，从而关注当下，把精力更多地放在考虑"怎么做"上面。

3. 体验与感悟

（1）通过感受同学对压力事件的不同解读来体会事物的多面性，尝试感悟生活中的辩证法。

（2）能把对得失成败的过分关注降低到最低限度，使自己拥有一颗平常心。

【活动参考课例】

天使与魔鬼
——我能"宣泄减压力"

活动理念

随着中考的临近，众多初三学生越来越明显地感受到心理压力。这种压力来自许多方面（学业负担、家长期望、自我期待），对于抗压能力不强的学生而言，它们大大地影响了其学习和生活的质量。本节课旨在通过活动，让学生了解自己真实的压力感受及其对学习效率的影响，同时初步掌握通过改变想法来应对压力的方法，并能将其运用到日常的学习生活中去。

活动准备

课件；学生压力测试卷每人1份；4人一小组排列。

活动过程

一、团体热身阶段：压力小测试

1. 有趣的图片

（1）教师引导：请看大屏幕上的这张图片，你看到了什么，在转动吗？

（2）教师点评：心理学家发现，这张图片，不同的人看到会有不同的感觉。心理压力感受越强烈的人看着会觉得转动越快。离中考已经越来越近啦，大家是不是也越来越感觉到压力了呢？

2. 体验一杯水之重

（1）教师引导：你我皆凡人，生在人世间，就不得不受到来自各方面的力的作用。从物理学角度讲，人既可以施力于它物，也可以受力于它物。将一杯水放在我们的手掌上，就可以感受到这杯水作用于我们的力——压力。让我们一起来体验一下这杯水能带给我们的压力。

（2）请参与体验的学生托起水杯，然后请其他同学来判断一下：认为他这样托举着不晃动且能保持5分钟的请举手示意；认为他能保持半小时的请举手；认为他能保持一小时的请举手；认为他能保持一天的……举手的人数随时间的延长骤减，但这杯水好像并不重。

（3）请参与体验的学生和观看的同学谈谈他们的感受与想法。

3. 压力小测试

（1）教师引导：为了更好地了解自己的压力状况，我们先来完成一个小测试。请你根据自己的情况回答下面的问题，同时进行计分，回答"没有"计0分，"有时"计1分，"经常"计2分。

最近一个月内的感觉	没 有	有 时	经 常
1. 我觉得牵挂很多事情，晚上难以入睡			
2. 我觉得很容易发脾气			
3. 我觉得肩部或腰部酸痛			
4. 我觉得与人交流、说话变得很不起劲			
5. 我觉得做事时无法专心			

续表

最近一个月内的感觉	没 有	有 时	经 常
6. 我觉得想问题或做事情有些迟钝			
7. 我觉得总有许多事情要做			
8. 我觉得吃下的东西像沉积在胃里			
9. 我觉得很容易感觉到烦			
10. 我觉得比以前没信心			

（2）反馈结果：请大家计算你的总分，不同的分数代表着不同的压力感受。大家不妨对照一下，看看和你的情况是否吻合。

5分以下　压力感受较低，看来你目前的情绪状态很稳定，是个懂得适时调节情绪及纾解压力的人，但是适当的压力也是必需的哦！

6分~10分　略有压力感，你最近有些情绪起伏，的确也有些事情在对你造成困扰？不过没问题，你并没有太多地受到它们的影响，在这个面对压力、处理压力的过程中你能得到更多的成长。

11分~15分　你较多地感受到了压力，有许多事压在心上，肩上总觉得很沉重？试着了解情绪产生的原因，给自己多一点关心，有的时候适当地放松一下，对事情也许会有更好的帮助！

16分~20分　现在的你感到十分不顺心，无法展露笑容，一肚子苦恼及烦闷，有着十分强烈的压力感。建议你找个朋友聊聊，多运动运动，给心情找个出口吧！同时你还可以寻求辅导老师或家人的协助。

（3）教师点评：通过刚才的小测试，同学们对自己的压力状况已经有了一些了解，老师现在进行一个简单的统计。（学生举手反馈自己的得分）总的来看，大家对压力的感受是很不同的，我们可以发现有着较高压力感的同学还是不少。看来在中考临近的这个阶段，压力不是个别同学的独特感觉，而是很多同学的共同感受。

二、团体转换阶段：压力正反辩

1. 两则对话的启示

（1）教师引导：大家都看到了自己的测验分数，你们觉得是分数高更有利于学习，还是分数低更有利于学习？（学生回答）下面老师播放两则对话的录音，请大家仔细听，听完以后说说它们带给你的启示。

【第一则对话】

问：学习辛苦吗？　　　　　　　　　　答：不是很辛苦。

问：你想取得好成绩吗？　　　　　　　答：当然想！

问：那你会不会很拼命地去追求好成绩？答：很少。

问：你有信心考一所好的高中吗？　　　答：没有啊，成绩不好。

问：那你会因为成绩不好而感到有压力吗？答：不会。反正都是不好。

【第二则对话】

问：学习辛苦吗？　　　　　　　　　　答：辛苦！

问：学习有压力吗？　　　　　　　　　答：有！

问：为什么感到辛苦？为什么有压力？　答：学习任务重啊！

问：很重吗？　　　　　　　　　　　　答：当然，我每天六点半就到教室读书，从六点半起就一直忙到晚上十点半。

问：既然辛苦，那为什么还那么用功？　答：我不用功别人也会用功，不用功我就会比别人差！

问：那你的压力真的很大！　　　　　　答：对！

问：有信心考上好高中吗？　　　　　　答：有。

（2）学生分享各自的感受。

（3）教师点评：在日常经验里，大家也已经发现了，压力不全是坏事情，很多时候，它能够增加我们学习的动力，提高我们学习的效率。只是压力也不能过度，过度了就会有不良影响。心理学家的研究也得到了和大家一样的结论。

2. 出示压力曲线图

教师解释压力曲线图：看来我们也不能把"压力"一棍子打死了，我们要做的是学会更好地与压力相处，让它发挥好的作用，而减少坏的影响。

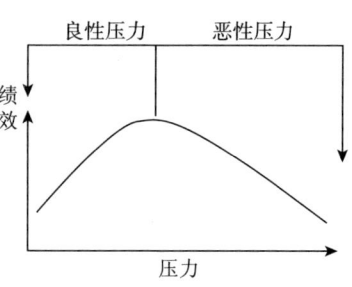

三、团体工作阶段：天使与魔鬼

1. 交流：我的压力源

（1）教师引导：请同学们闭上眼睛，先深呼吸进行放松，然后好好感受一下有什么东西压在自己的背上……然后再完成句子。

我觉得_____给我带来压力，因为_____。

（2）学生完成句子，并在小组里交流。

2. 角色扮演：天使与魔鬼

（1）活动说明：在四人小组中，一位同学扮演"凡人"，要求具体地说出一起引起他压力感受的事件；另外两名同学分别扮演"魔鬼"和"天使"。"魔鬼"的任务是更多地说明这个压力事件的不良影响，进一步打击"凡人"。而"天使"的任务则是提出这个压力事件另外的解释，说明它没有想象中的那么坏，甚至还有好的方面，同时给予"凡人"一些好的应对建议。最后一名同学充当组织者和观察员，维持活动的秩序，同时记录"天使"和"魔鬼"的主要观点。

（2）教师示范：由老师充当"凡人"，来说一件让自己感到有压力的事情，然后请两位同学分别试着来当一下"天使"与"魔鬼"，感受一下活动的基本要求。然后由教师扮演"天使"，由学生扮演"凡人"和"魔鬼"，再做一次示范。（示范过程中教师适当指导）

（3）小组活动：先由"凡人"说出他的压力事件，然后"魔鬼"和"天使"轮流发表意见，请组织者维持秩序和记录，5分钟后，我们的活动停止。（老师参与学生小组活动）

（4）展示反馈：请2~3个小组团队上台进行角色扮演。

（5）教师引导"凡人"思考：听到"魔鬼"的言论感觉怎样？自己有过这样的想法吗？听到天使的话呢？天使的哪一句话最让你感觉良好？

3. 讨论交流

（1）小组讨论：这个活动带给你什么启示？我们怎样才能做好自己的"天使"？

（2）全班交流活动感受，老师点评。

四、团体结束阶段：天使助我应对压力

1. 描绘"压力应对树"

（1）根据课堂的收获，每个小组描绘"压力应对树"，并在树枝处写上能够帮助自己缓减压力的方法或想法，小组合作完成。完成后贴到黑板上。

（2）小组代表在全班面前分享本小组的观点。

2. 教师小结

人的一生就是不断面对压力、对抗压力的过程。人无压力轻飘飘，有压力才有效率。许多承受巨大压力的人依然能把事情安排得井井有条，是因为他们有着良好的心态，善于与压力共处。当遇到压力的时候，他们能够想到"事情其实也没那么糟"，从而关注当下，把注意力更多地放在"怎么去做"上面。在今天的课堂里，大家有了很多的感受和体验，只要我们能尝试着把今天的收获运用到自己的生活中，尝试着做自己的"天使"，相信我们每个人都能够做到面对压力，泰然处之。

活动反思

本活动设计着眼于初三学生较重的压力感受。我们认为，初三学生压力感较重，一方面是该年段本身固有的压力，如学业负担重、家长关注多等；另一方面则是由于学生缺乏应对压力的经验，尤其是不会多角度看待问题，容易走入思维的误区。因此在活动设计中，我们以"天使与魔鬼"的思维辩论环节作为本节课的核心。而在实际操作中，这一个环节也成为学生课堂活动的难点，因为学生不善于从别人的角度去思考问题，更不习惯多角度地去思考问题，结果很多学生在扮演"魔鬼"的时候表现还好，而到了扮演"天使"的时候却不知道说什么，只是简单地安慰"凡人"，找不到合适的切入点。"凡人"们纷纷表示"天使"很无力，感觉不好。所以，我们加入了一个"教师示范"活动，以便对"天使"进行引导，拓宽学生看待问题的角度和思路,这样后面的活动就进行得比较好一些了。此外,我们还尝试着把宣泄压力的方法也作为"天使"发言的方向,进一步降低难度,这样学生在活动中的表现好了很多。

(浙江省绍兴县实验中学　苏　林　浙江省杭州市惠兴中学　曹敏柱)

【活动参考资料】

安其不安,安其所安

心理的整合性中,包含着意识与潜意识的整合,自我与自性的整合,甚至是"社会化"与"自然本性"的整合,其目的和意义是为了实现自性化的完整的或整体的人格。如果……成功地实现了其各种目标和最终目的的话,那么一个人在其生活中将会有这样的机遇,那些阻碍个人以一种热情、深切、诚恳的态度对待生活的情绪和防御机制,就会被削弱,而这个人就会获得对心灵现实及其深刻含蕴的无限欣赏,其天赋就会得到充分的培育和发展。

我常用这样三个句子来呈现心理分析的意义和实践。安其不安:医心与心理治疗;安其所安:安心与心理教育;安之若命:明心与心性发展。这是心理分析可以包含的三个层面。医心、安心、明心,体现的是以心为本的心理分析的宗旨。

人们在社会化的心理发展过程中,意识与潜意识或意识自我与内在自性趋向分离,而分离甚至是分裂往往导致冲突,产生人们的种种心理问题或心理发展的阻碍。因此,心理分析的过程,可以作为对"安其所安"的进一步理解,即要重新建立意识自我与潜意识自我的整合与和谐。同时,让潜在的"自性",人的真正本性,尽情地发挥与实现。

若是想做好心理治疗,那么就应该在适当的时候,用适当的方式,做适当的事情。

$$心理健康指数 = \frac{心理压力 + 心理症状}{自我认识 + 自信心 + 应对方式 + 社会支持 + 自性化发展}$$

(申荷永:《心灵与境界》)

活动专题 34 | 我能"放松与冥想"（守神）

【活动参考目标】

1. 了解与理解
（1）了解长时间持续的紧张焦虑会带来身心疲惫，甚至是机体的损伤。
（2）懂得放松可以使自己的身心状态得到松弛和改善，是需要且必要的。

2. 尝试与学会
（1）学习基本的放松技巧，包括呼吸放松、渐进式肌肉放松和音乐放松。
（2）尝试通过冥想放松身心。

3. 体验与感悟
（1）关注自己的呼吸，集中自己的注意力，感受放松时身体的感觉。
（2）感受每一组肌肉群的紧张与松弛状态。
（3）想象自己自信而成功地应对压力情境，保持愉悦的心境。

【活动参考课例】

进入心灵花园
——我能"放松与冥想"

活动理念

初三学生面临中考，压力重重。学业上的要求、教师与家长的期望、自我的想法等都如同大山一般地压了过来。当学业成绩因"模考"受挫、中考的时间越来越近、内心的焦虑也变得越来越强烈之时，学生特别需要给他们"磨刀"的时间，需要及时教给他们放松身心的技巧，做好迎考心态的调整，亦即所谓的"文武之道，一张一弛"。本次活动旨在引导学生学习放松的几种基本方法，让身心在压力下找到一处松弛之地，给心灵一个自由空间，从而为自己中考的冲刺积蓄更多的能量。

> 活动准备

每人1个气球；彩笔若干；要求学生带笔、纸。

> 活动过程

一、团体热身阶段："吹气球"

1. 游戏：吹气球

（1）游戏规则：将气球吹到你认为的极限（也就是不能再吹了，再吹气球就破了）；气球吹得最大的三位同学获胜，他们将各得到一份小奖品。

（2）学生活动，并评出把气球吹得最大而又没有吹破的三位同学为胜利者。

2. 分享感受

（1）请获胜者、吹破气球者分别谈谈体会。

（2）教师点评：第一种情况是压力太小——气不足，气球瘪瘪的，不够饱满，状态不佳。第二种情况是适度压力——气球不仅饱满，而且弹性依然非常好。你压它，它不会破；你放开气孔，它依然能恢复到原来的状态。第三种情况是压力超标——当压力太大，超越了气球的承受力时，虽然气球没破，但是放开气孔，我们会发现，气球已经受伤了，恢复不到原来的状态。第四种情况是压力严重超标——当我们不顾气球的极限不断地吹啊吹啊，最终气球会被撑破。

事实上，我们人也好比一个气球，学业压力对于我们的影响也是一样的。现在我们来看看压力及其对我们的影响。

二、团体转换阶段：有时人很需要放松

1. 压力与学业表现的关系

（1）教师引导：想想吹气球的四种状态，对照这幅曲线图，大家有什么想法？

（2）小组讨论：压力与学业表现有何关系？

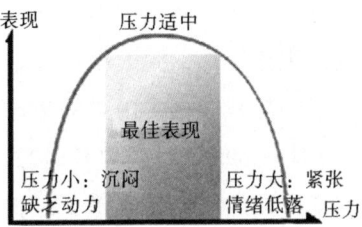

（3）全班分享后，教师点评：依着倒 U 形理论，每一个人都有一个最适当的压力水平。当压力太小时，我们会觉得学习沉闷，注意力难以集中，没有强烈的动机，表现也不太好。当压力太大时，我们会感到过于紧张，情绪低落，也大大影响学习表现。而当压力适中时，我们的身心处于良好的唤醒水平，此时压力变动力，而且不会感到过分紧张，令我们表现更佳。

2. 长期压力对身体的影响

（1）教师引导：下图显示了长期压力对表现的影响，看了这幅图，大家有什么想法？

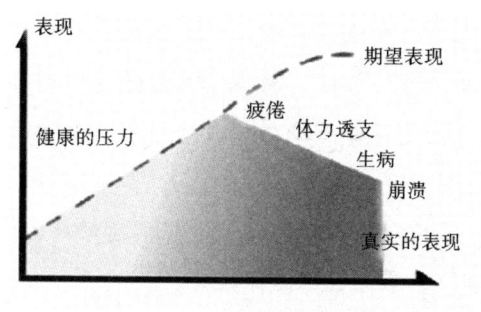

（2）学生自由发言。

（3）教师小结：当长期处于压力中，我们会感到疲倦，体力透支，生病，甚至崩溃。起初，我们都有足够的能量去面对挑战，所以表现不太受影响。经过一段时间后，我们会感到很疲倦、紧张和不开心，学习、工作表现亦相继受到影响。久而久之，我们会有失败的感觉，时常生病。假若情况严重，我们便会感到失落、崩溃、神经紧张，甚至导致严重的疾病。

所以，我们的结论是：人有时很需要放松自己。

三、团体工作阶段：走进心灵花园

1. 渐进式放松法

（1）教师引导：我们在小学六年级已经学习过呼吸放松法和想象放松法①，这两种是面对压力时最常用的放松技巧。今天老师再给大家介绍一种新的放松方法——"渐进式放松法"。

（2）请同学们跟老师一起来学习和体验一下吧。（背景音乐响起）请跟随我的指导语。

现在，把你的身体调整到最舒服的姿势。

---

① 参见《班主任心育活动设计 36 例》（小学 4～6 年级卷）专题 36。

请将眼睛闭起来，眼睛一闭起来，你就开始放松了。

注意你的感觉，让你的心灵像扫描仪一样，慢慢地，从头到脚扫描一遍，你的心灵扫描到哪里，哪里就放松下来。

从现在开始，你发现你的内心变得很平静，好像你已经进入另外一个奇妙的世界，远离了世俗，你走进了自己的心灵花园。你只会听到我的声音和背景音乐的声音，其他外界的杂音都不会干扰到你。甚至如果你听到突然传来的噪音，你不但不会被干扰，反而会进入更深更舒服的放松状态。

现在，注意你的呼吸，你要很深、很深地深呼吸，有规律地深呼吸，慢慢把空气吸进来，再慢慢把空气吐出去。深呼吸的时候，想象你把空气中的氧气吸进来，空气从鼻子进入你的身体，流过鼻腔、喉咙，然后进入你的肺部，再渗透到你的血液里。这些美妙的氧气经由血液循环，输送到你全身每一个部位、每一个细胞，使你的身体充满新鲜的活力。

吐气的时候，想象你把身体中的二氧化碳通通吐出去，也把所有的疲劳、烦恼、紧张通通送出去，让所有的不愉快、不舒服都离你远去。

每一次的深呼吸，都会让你进入更深沉、更放松、更舒服的状况。

注意你的呼吸，当你专注于呼吸的时候，会察觉空气在你体内流动，感觉氧气进入全身每一个细胞，你的身体就会自动开展补充能量的过程。你越能集中注意力在你的呼吸上，你的身体就会更健康、更有活力。

从现在起，继续深呼吸，你一边深呼吸，一边聆听我的引导，很自然地，你什么都不必想，只要跟着我的引导，很快你就会进入非常深、非常舒服的放松状态。

现在，注意你的头顶，让你的头皮放松，头盖骨也放松；注意你的眉毛，让眉毛附近的肌肉放松；放松耳朵附近的肌肉；放松脸颊附近的肌肉；放松下巴的肌肉；放松你的脖子；放松你的肩膀；放松你的左手；放松你的右手；注意你的胸部，让胸部的骨头、肌肉都放松；放松你的背部，让你的脊椎与背部肌肉都放松；彻底放松你腹部的肌肉，毫不费劲地，然后你的呼吸会更深沉、更轻松；放松你的左腿；放松你的右腿。

继续保持深呼吸，每一次呼吸的时候，你会自己更放松、更舒服。你可以花点时间，好好体会全身的感觉，尽可能地记住这种感觉，把全身的感觉储存在记忆之中，以后你就可以找出这种感觉，并根据你的愿望而放松。现在，在你回到完全清醒之前，花一些时间，唤醒你的身体——动动你的手指和脚趾，动动肩膀，动动手、脚……眼睛保持闭着，确定你能感觉全身各部位，用手按摩大腿和手臂的肌肉，动一动你的头，现在做个深呼吸，让身体完全清醒，充满能量。现在睁开眼睛。

（3）小组讨论：做完这样一个训练，你的感觉如何？你会在一天中的哪个时候用它？

2. 音乐放松法

（1）教师引导：现在我们再来做一次渐进式放松，进入我们的心灵花园。但是这一次加入了音乐的成分，请大家体验一下有何感觉。

（2）教师播放班得瑞轻音乐《仙境》，再次引领学生进行渐进式放松（指导语略）。

（3）小组交流：你对加上音乐后的渐进式放松有何感觉？放松的深度如何？

（4）教师点评：音乐放松要注意几个问题。第一，要选择轻松柔和的音乐。你喜欢的比较舒缓的音乐几乎都是可以用的，轻松柔和的背景音乐才可以使你的心情放松放松再放松。你用的音乐可以是吉他、小提琴，或者是其他，但是绝对不可以有歌词。第二，身体的姿势，要坐直，放松，闭上眼睛，腰身完全挺直，双手放在大腿上，双腿稍稍分开，深呼吸，同时专心听。第三，不要有干扰，要找个不会有干扰的地方听。如果有干扰，很多刺激就会接踵而来，就无法达到放松的目的。第四，要和渐进式放松结合起来。这样效果更好。第五，每天早晚空腹时各听一次。只是要注意的是晚上不要躺着听，因为你有可能会睡着。而一旦睡着，那些自我确认的信息就不再进入你的潜意识，也就不能达到放松的目的。

四、团体结束阶段：最希望的人生

1. 希望人生

教师指导语：最后让我们闭上眼睛，调整呼吸，想象自己坐在心灵花园的神圣席位上。这是心灵花园里最安全、最舒适的地方。问自己：你最希望的人生是什么样子？如果只有半年时间，或者只有一个月，你能改变什么，你能做些什么？

请仔细聆听内心深处传来的回音——"你生来就是成功者!"

你曾考虑过在你诞生之前就已战胜过许多战役吗?

遗传进化学家舍菲尔德说:"在整个世界史中,没有任何别的人会跟你一模一样。在将会到来的全部无限的时间中,也不会有像你一样的另一个人。"

你是一个很特殊的人。为了生下你,数以亿计的细胞参加了激烈的竞争,然而其中一个赢得了胜利——就是构成你的那一个!

"你生来就是成功者!"

下定决心,改变自己,让梦想能够实现;下定决心,永远追随内心的指引,永远朝着心中向往的方向努力。无论需要多大的努力,我都一定能够做到!

2. 让我们一起大声呼喊

我生来就是成功者!

无论需要多大的努力,我都一定能够做到!

> 活动反思

临近中考,我们发现学生中本来表现比较好的部分同学情绪焦躁不安:有的学生,动不动就大动肝火,打架闹事;有的学生沉溺于卿卿我我;有的学生上课走神,做白日梦;有的自修课上废话连连,影响他人学习……其实,这些都是初三学生内心压力和躁动不安的表现。所以,在初三阶段教会学生如何放松很有必要。

放松能够使学生更好地进入"入静"状态,从而达到真正的松弛。学生只要每天有意识地放松自己,在静的状态下调整自己的呼吸速度,一般都能达到缓解压力、改善情绪的效果。

放松有利于培养学生上课需要的良好的心理氛围,有利于学生快速入静和高度专注。使用了放松引导的课堂纪律更好,学生精神更饱满、思维更深入、注意力更集中、学习效果更好。

训练学生进行自我放松,可以帮助他们感受身心与自然的融合,感受内心的愉悦与自由。只要学生能够持之以恒,树立信心,注意调整心态,坚持放松训练，一定可以收到良好的效果。

（浙江省富阳市永兴中学　赵卫卫　浙江省杭州市惠兴中学　罗国兰）

【活动参考资料】

每天练习放松使你的身心感觉更好

　　处理压力的一个良好方式是进行简单的放松或深思。尝试待在一个安静舒适的房间里，集中你的思想于某个让人平静的单词或短语。闭上你的眼睛，缓慢地深呼吸，放松你的肌肉。使这个平静状态持续20分钟。每天安排放松时间，你的身心都将会感觉更好。

　　听音乐是另一个放松的良方。慢速音乐比快速音乐更有镇静作用，器乐比声乐更具安抚作用。如果你的压力非常大，那你也许想在开始时放些与你的心境相称的、快速的、大声的音乐，然后逐渐转变为更圆润柔和的音乐。精心挑选你的音乐流派，从古典音乐到爵士乐、摇滚乐再到电子音乐，或者录制天籁之音。一些人放松于海浪、细雨或雷雨、草原上的鸟类和昆虫的声音之中。

　　观察自然会比聆听自然更使人放松。如果你不能去公园、小径、湖泊或海滩，那就尝试坐在壁炉或鱼缸前，并沉浸于对事物的观察之中。另一个减少紧张的方法是采取渐进式肌肉放松，全身肌肉短暂的绷紧和释放。按摩是另一种有效的放松技巧。锻炼是一种减缓压力的有力手段。锻炼包括散步、跑步、有氧训练、瑜伽和其他可帮助你减缓紧张的身体活动。锻炼可增加你的心率、提高你的血液循环。弯曲肌肉创造按摩效果并帮助消除紧张。锻炼也可燃尽血液中的肾上腺素。理想情况是参加某些心血管类的健康活动，这些活动需要持续20到30分钟的运动，直到大量流汗为止，每周进行五次或更多。稳定的、有节奏的有氧活动是必要的，比如游泳、走路、慢跑或骑自行车。

（韦特利：《成功心理学——发现工作和生活的意义》）

活动专题 35 | 我能"正向做暗示"(自勉)

【活动参考目标】

1. 了解与理解

对正向暗示的积极作用有初步认识,遇事能将事件和感觉向积极方向牵引。

2. 尝试与学会

(1) 通过活动使学生学会通过放松和冥想清空自己所有的消极想法,并向积极方向进行正向暗示。

(2) 能够主动为自己设计一些肯定自己的、充满激情的短句来进行自我正向暗示。

3. 体验与感悟

(1) 感悟消极的自我暗示带来的负面影响,从而明确正向暗示的重要性。

(2) 通过多种情境的实践演练总结正向暗示的技巧,体验积极的自我暗示所带来的强大的积极力量。

【活动参考课例】

我们的心中充满阳光
——我能"正向做暗示"

活动理念

人生就像股市行情图,有涨有跌,有起有伏,时缓时急,充满着变数。人生注定是具有挑战性的。我们可以规划自己的人生,却无法预料人生的细节与安排。这是上天为我们留下的一个缺口,也是它赐予我们的一项生命特权。这个缺口需要经由我们发挥生命力量去弥补。这种可以帮助我们完善自我人生的力量就是正向思考和正向暗示。所谓正向暗示,就是在人们遇到困难或挫折时，大脑中所产生的一种将事件和感觉向积极方向牵引的暗示。这种暗示可以为我们带来强大的积极力量，帮助我们保持心态的平和与积极，使我们的心灵变得坚韧，充满弹性，能够接受一切困境，并企图找到方法改变现状。可以说，正向暗示驾驭了我们的成功、快乐和幸福。本节心育活动课就是依据这样的理念，来引导初三学生在面临中考的许多不确定因素时，能够自觉地将自己的力量集中到正向的事件上去，把握好自己的心态，让自己的心中充满阳光，坚定自信地去迎接人生的第一次重大挑战。

活动准备

课件；发给每人1张"积极的正向暗示练习卡"和1张"正向暗示爱心卡"；制作配乐寓言故事《狮子和标签》（也可下载视频）；准备小说《最后一片叶子》故事梗概。

活动过程

一、团体热身阶段：暗示也是双刃剑

1. 播放配乐寓言故事：《狮子和标签》

狮子醒来，愤怒地团团转，吼声打破了宁静，凶猛威严。

有个野兽和它开了个玩笑：在它的尾巴上挂了张标签，上面写着"驴"，有编号，有日期，有圆圆的公章，旁边还有个签名……

狮子很恼火。怎么办？从何做起？这号码，这公章，肯定有些来历。撕去标签？免不了要把责任承担。

狮子决定合法地摘去标签，它满怀气愤地来到野兽中间。

"我是不是狮子？"它激动地质问。

"你是狮子，"胡狼慢条斯理地回答，"但依照法律，我看你是一头驴！"

"怎么会是驴？我从来不吃干草！我是不是狮子，问问袋鼠就知道。"

"你的外表，无疑有狮子的特征，"袋鼠说，"可具体是不是狮子我也说不清！"

"蠢驴！你怎么不吭声？"狮子心慌意乱，开始吼叫，"难道我会像你？畜生！我从来不在牲口棚里睡觉！"

驴子想了片刻，说出了它的见解："你倒不是驴，可也不再是狮子！"

狮子徒劳地追问，低三下四，它求老狼作证，又向豺狗解释。同情狮子的，当然不是没有，可谁也不敢把那张标签撕去。

憔悴的狮子变了样子，为这个让路，给那个闪道。一天早晨，从狮子洞里忽然传出了"呃啊"的驴叫声。

2. 分享感悟

（1）小组讨论：狮子为什么会发出"呃啊"的驴叫声？

（2）全班分享后教师点评：一张标签，特别是一张权威的标签，给狮子的潜意识里打下了深深的印记。在众多动物的负性信息的强化下，狮子渐渐失去了往日的凶猛和威严，最后终于通过一声驴叫接受了自己不再是狮子的身份。这则寓言看来滑稽，但却生动地告诉我们：暗示的力量有多么巨大，暗示也是一把双刃剑。就看你愿意接受正向的暗示，还是愿意接受负向的暗示。

二、团体转换阶段：暗示的神奇力量

1. 赏析世界名篇《最后一片叶子》

（1）教师引导：美国著名的短篇小说作家欧·亨利写下了一篇感动全世界千千万万读者的名篇佳作《最后一片叶子》，让我们领略了暗示的神奇力量和老画家贝尔曼的伟大人格魅力。

（2）PPT出示《最后一片叶子》故事简介。

患了肺炎的穷画家琼西住在一个画室里，持续发着高烧，身体极其虚弱。她的朋友苏请来了医生为她诊疗，医生看了之后，对苏说，琼西的病只有十分之一的恢复希望，这一分希望就是她要有想活下去的念头。可是医生看出来，琼西好像十分沮丧，心事重重，她断定自己是好不了的了。看着窗外对面墙上的常青藤叶子不断被风吹落，她说，最后一片叶子代表她，它的飘落，代表自己的死亡。于是她天天躺在床上一片一片数着窗外对面墙上的常青藤叶子，从100多片数到只剩下最后一片了。那个风雨交加的夜晚，琼西预言明天早上，那最后一片树叶必定落下来，而她自己也将摆脱一切烦恼离开人世。当晚，苏把琼西的情况告诉了住在楼下的老画家贝尔曼。贝尔曼也得了肺炎，但他一声不响连夜冒着风雨在对着琼西窗户的墙上画了那最后一片常青藤叶子，锯齿形的边缘已经枯萎发黄，但靠近茎部的部分却还是深绿色。第二天早上，琼西让苏拉开窗帘，发现虽然经历了一夜风吹雨打，可那片常青藤叶子还是傲然挂在离地20多英尺的藤枝上。琼西的眼睛开始闪光了。两天后，她的病慢慢好起来。而贝尔曼却因为受了一夜的风雨，加剧了病情，不幸死去了。但他画的这最后一片常青藤树叶，却是他一生最伟大的杰作。

（3）学生自由畅谈读后感受。

2. 心理探究

（1）小组讨论：一开始，琼西的肺病为什么每况愈下？后来，她的病情为什么会神奇地发生好转？

（2）全班分享。教师随机适时追问："最后一片叶子"在琼西的病情发展过程中发挥了什么样的作用？

（3）教师点评：人们对自身的感觉、自身的信念，如果无条件加以接受，就具有自我暗示的作用，就会影响人的心理和生理，而且对疾病的治疗也有重大的影响。同样是"最后一片叶子"，当琼西认为它象征着自己的命运时，它的去留就会让琼西命悬一线。也同样是这"最后一片叶子"，老贝尔曼的伟大就在于他把叶子的正向暗示作用发挥到了极致，让它挽救了一个年轻的生命。

3. 理解"暗示"

（1）教师引导：通过名篇佳作《最后一片叶子》的赏析，你现在认为什么叫"暗示"？

（2）小组讨论，各抒己见。

（3）PPT出示：理解"暗示"要把握几个要点。

①暗示往往通过语言传递信息。当十个人都非常真实地重复一句话"你有病，不正常，很厉害，需要去检查"时，结果你就真的认为自己已经有病，而且很可能就检查出了疾病。

②动作、表情、环境也可以传递信息，给你以暗示。当我们见到大海时，我们受到大海的暗示，心胸不由得开阔；我们见到高山时，受到高山的暗示，

不由得感到庄严而宁静。所以，暗示无处不在。

③暗示可以分为"积极暗示"和"消极暗示"，还可以分为"他人暗示"和"自我暗示"。

④暗示离不开重复。重复多次的积极暗示，可以替代你原有的消极信念；重复多次的消极暗示，也可以替代你原有的积极信念。

⑤暗示离不开想象。在练习气功中，想象气从胸部下沉到腹部，或者想象细雨洒身，或者想象自己身处鸟语花香的境地，都会对人的生理功能有良好影响。

三、团体工作阶段：积极暗示助成功

1. 正向阻断法

（1）教师引导：你在学习与生活中是否也有与琼西相似的经历？在小组里议论一下。

（2）小组讨论：你是否不自觉地用过许多消极暗示？

（3）全班分享：例如，与同学发生分歧就老是想着今后两个人之间会有隔阂；考试成绩不理想就想自己是否已经是强弩之末、"江郎才尽"了；手脚有一点不舒服就想着是否会向更糟糕的情况发展，等等。最后都导致自己心情郁闷，学习效率降低。注意：教师针对学生发言随机引导时，要把"暗示"与一般的"非理性认知导致情绪行为偏差"加以区别。

（4）延伸讨论：以后碰到这些消极自我暗示在起破坏作用时，我们可以怎么做？

（5）全班分享，教师归纳。

①截断负向的自我暗示。首先截断这些负面情绪、想象、言语对你的消极影响，提醒自己必须拦截这些负面情绪的蔓延。

②引入正向暗示。将事情朝向美好的方向思考，放下一切思想包袱，让自己轻松面对一切，将正向暗示带入身边的每一件事。

2. 形象预演法

（1）教师引导：形象预演是指我们用想象力在脑海中按照自己的意图，事先勾勒出一幅某种目标进行中以及实现后的情景或画面。

（2）小组讨论：你如何运用形象预演法来为自己的中考加油？

（3）全班分享后，教师归纳。

①想象自己喜欢的事物。②置身于一个舒适的地方，躺着或坐着，使身体完全放松，放松身上每一个细胞。③开始想象那与自己愿望中一模一样的事物。如果是一个情景或事件，就想象自己身在其中，每一件事都像自己所希望的那样发生，还可以想象人们在说什么，或其他使这件事显得真实的细节。④把以上形象或念头保持在自己的头脑中，在内心对自己做一些十分积极的、肯定的陈述。⑤在说过这些肯定的话后，在结束自己的想象之前，对自己说一段坚定的话："我设定的目标一定会实现！""积极的思想和行动使我成功！"

3. 誓言诵读法

（1）教师引导：暗示的重要工具是言语。你对自己说的话会影响你的人生，你的誓言会非常有效。但是，不要在它们开始实现之前就放弃。写下自己的誓言，天天诵读。给自己两年时间，看看是否奏效。在写誓言的时候，记住以下要点。（PPT 呈现）

①使用现在时态，不用过去或将来时态。
②誓言不是空想，必须是经过努力可能实现的。
③不用绝对的词语，例如"永远"或"决不"。
④使用肯定、正向、富有情感的词语，不使用否定词，如"不能"、"千万不要"等。
⑤句子结构要简洁。

（2）在发给大家的"积极的正向暗示练习卡"上，写下10句最能激发你的灵感、最有深刻内涵的"力量誓言"。终其一生，每天诵读多次。例如：

我是天才，我要运用我的智慧。
我是阅读高手，不管读什么，我都能记住。
我持之以恒，竭尽全力。
我爱我所为，我为我所爱。

（3）学生写完后，在小组内进行分享交流。

（4）教师点评：建议大家将这些誓言录制到 mp4 里。录制时，可以使用你喜爱的背景音乐。然后，每天反复听，早晚充满感情地朗诵它们。

4. 情境演练

（1）教师引导：请用正向暗示解决你身边的事。例如，在考场中你总是很紧张，你应该怎样进行正向暗示？

（2）学生在"积极的正向暗示练习卡"上写下自己的正向暗示语。

（3）小组内交流，全班分享。如：我知道我能应付这个考试。记住！放松！慢慢地、小心地做。我有能力去解答这些问题。今天的精神真好，我一定可以考好。我就知道，我一定可以做得很好。头脑要冷静，我要打起精神，面对这次挑战。

四、团体结束阶段：正向暗示助同伴

1. 制作"正向暗示爱心卡"

（1）教师引导：正向暗示技巧不仅可以用在自己身上，也可以用在别人身上。请大家制作一份"正向暗示爱心卡"，送给你认为最需要的同学。

（2）学生制作"正向暗示爱心卡"，用一些正向暗示的语言鼓励你最好的朋友或者最需要的同学。如，"你很棒"、"你一定能＿＿＿"、"你肯定＿＿＿"、"我相信你能＿＿＿"，等等。

2. 教师小结

一帆风顺的人生少之又少，我们时常会面对人生的起伏跌宕，挫折、烦恼、伤害、磨难也许会毫无预兆地闯进我们的生活，使人生变得不再美好、顺畅，甚至变得灰暗、毫无生气。但是只要我们积极调动自己的思想，发挥正向暗示的作用，就能驱走一切阴霾，拥有快乐、美好的人生。

活动反思

该活动设计着眼于初中学生在遇到困难或挫折时总是出于本能地产生一些负面的情绪，从而阻碍了正向暗示的力量。因此在活动设计中，我让学生通过小说《最后一片叶子》的感人故事，明确负向暗示的危害和正向暗示的重要性。然后我让学生在多种情境的实践演练中总结正向暗示的主要技巧，为他们带来强大的积极力量，帮助他们保持心态的平和与积极，使他们的心灵变得坚韧，充满弹性，能够激励自己找到积极的方法来改变现状。最后，又提示他们在同伴之间也需要经常性的积极暗示，以营造一个充满积极向上力量的班级氛围。

这节心育活动课在理念上容易出现的偏差，是教师很容易将"积极的自我暗示"与"理性情绪疗法"中"改变你的想法，就可以改变你的情绪和行为"混同起来。其实两者之间的区别，就在于"暗示"的重点在于"暗"，是不知不觉把一种积极的观念植入潜意识。而"理性情绪疗法"的"A—B—C"技术在于"明"，是明确、理性地对不合理信念进行公开的辩驳，它是在意识层面进行的。如果不分清这两者的差异，教师在活动中的引导、设问和回应都可能出现偏差。这是要特别加以注意的。

（浙江省富阳市永兴中学　凌旭群）

【活动参考资料】

每天花半小时思考愉快的事情

1. 研究显示，人的大脑有"快乐型"和"忧郁型"之分，一半决定因素来自基因，另一半则可以通过自己的生活态度和日常行为控制和调节。

2. 实验证明，一个人的性情脾气很大程度上由基因决定，基因可控制50%的快乐情绪。剩余的50%中，40%由一个人的日常所思所为决定，10%与他的生活环境有关，比如，他住在哪里、赚多少钱、婚姻是否幸福、相貌如何，等等。

3. 近年来，积极心理学领域的发展让越来越多的学者开始关注，如何通过改变人们的日常行为和思维方式来提升快乐的感觉，而不是通过药物。柳博米尔斯基认为："抗抑郁药不能让人感到更加快乐，他们只是降低和抑制了消极情绪。既然40%的快乐可以由我们通过有意识的活动来控制，那我们就应当积极地改变自己的日常思维和行为。""快乐的人会在生活中有更多积极、善意的举动，这些行为使他们乐在其中，从而避免陷入痛苦和烦恼。"

还有其他诸多因素影响着人们对快乐的感受，例如，处理人际关系的能力。此外，有明确的生活目标也能让一个人快乐起来。

4. 实验显示：一个人如果每天花半小时思考一些愉快而美好的事情，并且心生怜悯，他的大脑会在两周内发生明显的变化。这可能是神经科学领域内近20年来最重要的发现。我们的大脑可以被改变，我们应当担负起责任，使大脑向着更积极的方向变化。

（引自2008年2月5日新华每日电讯）

活动专题36　我能"临考好心态"（调心）

【活动参考目标】

1. 了解与理解

（1）引导学生认识到：考场中的超常发挥就是考生处在一种高度心理流畅的状态，它是积极心态的作用，能极大限度地激活考生的答题热情。

（2）了解关于复习、考试的认识误区、基本技巧和一个好心态的基本表现。

2. 尝试与学会

（1）学会正视自己的情绪，运用积极自我暗示的方法调整好应考前的心态。

（2）学会考试前、考试中、考试后的基本应对技巧。

3. 体验与感悟

（1）想象与感受古罗马恺撒大帝"我来了，我看见了，我征服了"那样的一种豪迈气概。

（2）放松自己，保持一颗平常心。

【活动参考课例】

我来了，我看见了，我征服了！
——我能"临考好心态"

活动理念

临近中考，学习压力增大，学生的焦虑情绪也在不知不觉中蔓延。适度的焦虑可以帮助学生较好地进入临考状态，从而在考试中发挥出最好的水平，但过度的焦虑则会起到相反的作用。因此，本次活动的设计，旨在让学生对自己目前的心理状况有一个比较清晰的了解和把握，引导学生正确看待自己情绪中出现的问题；同时，从应试技巧上对学生进行必要的训练，增强学生的自信与力量，帮助他们把自己的心态调整到最佳，从而从容应对中考。

活动准备

PPT课件"小狗刀刀感悟记"（需配音乐《飞得更高》）；印发《科学的应试技巧》资料，每人1份；6人一小组围坐。

活动过程

一、团体热身阶段：网络名狗"刀刀"的感悟

1. 游戏：看谁反应快

（1）游戏规则：教师喊1，学生拍双手3下；教师喊2，跺右脚三下；教师喊3，起立跳一跳；教师喊4，挥动双手。我们小组之间来比一比如何？看看哪一组反应快。

（2）游戏过程：教师的口令可以为：第一组，1；第二组，3；第三组，2……（教师的速度越来越快）。

（3）分享感受：刚才在游戏的过程中，大家等待老师喊口令时，有什么感觉吗？

2. PPT 展示组图（配放歌曲《飞得更高》）

（1）观看一只名叫"刀刀"的狗对生活的感悟图文。

（2）学生自由分享"感悟的感悟"。

3. 分享中考前的感觉

（1）教师引导：同学们现在已经是初三毕业班的学生了，耳边现在听得最多的词应该就是"中考"了吧！大家能够说说现在面对中考的感觉吗？

（2）PPT 出示。

请填一个描写情绪或行为的词语。

面对毕业考，我_____（害怕，逃避，哭泣，兴奋，微笑，紧张，压力大，有点兴奋……）

（3）学生自由发言，教师即兴点评。

二、团体转换阶段：奥运名将的教训

1. 从掌心滑落的金牌

（1）教师引导：适度的考试紧张心理是正常的，它说明你对学习有一定的责任感。对考试持无所谓、马马虎虎应付的态度是不可取的。但是过犹不及，过度的焦虑心理对我们的学习是有影响的。

（2）PPT 出示。

在刘翔之前，中国男子田径选手在奥运会上的最好成绩属于朱建华。在 1984 年洛杉矶奥运会上，朱建华夺得跳高铜牌。赛前，国人都认为他能够夺得金牌，在 1983 年 6 月到 1984 年 6 月整整一年时间里，朱建华令人难以置信地三次打破过跳高世界纪录。洛杉矶奥运会男子跳高冠军成绩是 2.35 米，跟朱建华保持的 2.39 米的世界纪录有相当差距（即使在 20 年后的雅典奥运会上，男子跳高冠军也只跳过 2.36 米），但朱建华在洛杉矶奥运会上只跳过了 2.31 米，与金牌无缘。

（3）小组讨论：你认为朱建华奥运失利是何原因？你能描述朱建华决赛前、决赛后心里可能产生的想法吗？

（4）全班分享，教师即兴点评。

2. 名将遗恨留下的启示

（1）教师引导：朱建华痛失金牌，留给我们最大的启示是什么？请各组讨论出一个关键词出来。

（2）小组讨论，全班分享，达成共识：心态。

（3）全班自由发言：你认为什么是赛前、考前的好心态？什么是赛前、考前的不良心态？

（4）PPT展示。

赛前、考前好心态的表现：①自信、有恒心、有毅力。②有合适的期望目标。③给自己适当加压。④正确对待考试结果。⑤有正确的复习方法。⑥不受他人消极评价的影响。

赛前、考前不良心态：①缺乏自信、毅力、恒心等。②受失败经历的消极暗示。③学习水平的估计过低，与过高期望值之间有落差。④过分看重考试结果。⑤来自外部过大的学习压力。⑥易受他人消极评价的影响。

（5）教师点评：过高或过低的焦虑都对学习不利，适度焦虑有利于问题的解决。

三、团体工作阶段：保持"考试好心态"

1. 坚定的应考信念

（1）教师引导：许多时候，不是因为有些事情难以做到，我们才失去自信；而是因为我们失去了自信，有些事情才显得难以做到。

（2）PPT呈现：推销员的故事。

两个推销鞋子的推销员来到非洲，结果发现这里的人都是不穿鞋子的。其中一个推销员叫苦连天："这么个地方怎么会卖得出鞋子呢？"于是打道回府了。另一个推销员却喜出望外，他想："如果这里所有的人都穿上鞋子，那么我的市场该有多大啊！"怎么办？这个推销员首先找到土著长老，说："你穿上我的鞋子吧，其他人都没有鞋子，你穿上了多神气。"土著长老心动了，买走了一双皮鞋,在土著祭祀大会时穿上它亮了相。推销员又说:"你回到家里穿皮鞋多不舒服。"这样,一双拖鞋又销售出去了。在推销员的建议下,长老又买了一双运动鞋,在打猎的时候穿。当然,长老又买走了袜子、鞋垫,这样穿着才舒服。后来呢,当然整个部落的人都穿上了鞋子,穿上鞋子以后,就都再也脱不下来了。

（3）全班分享：这个故事说明了什么道理？

（4）教师点评：不同的心态，不同的认知，决定了不同的结果。

2. 适度的考试焦虑

（1）全班分享：如何才能保持适度的焦虑？

（2）教师点评：四条措施——积极面对压力，制定恰当目标，加快运作节奏，注意劳逸结合。

（3）全班分享：如果焦虑过度了怎么办？

（4）教师点评：四种方法——呼吸放松法、想象放松法、渐进放松法、音乐放松法。由于在前面几次心育活动课上我们都已训练过，今天只做提示。但要补充一种"脑力放松操"。

（5）现场训练：脑力放松操。

教师指导语：当你复习紧张、疲劳甚至有些焦虑的时候，请放松你的身体，抛开一切杂念，做一做"脑力放松操"。请跟我做。

①吐气握拳（拇指握在掌心），然后用力吸足气，并放开手指；重复若干次。②吸足气用力握拳，然后用力吐气，同时急速依次伸开小指、无名指、中指、食指。左右手各做若干次。注意：吸气要轻缓，吐气要用力，放松重在吐气。③用一只手的食指和拇指揉捏另一只手的手指，从大拇指开始，每指做5~10秒；然后用食指、中指、无名指、小指依次按压拇指。④双手手腕伸直，使五指靠拢，然后张开，反复做若干次。

3. 积极的心理暗示

（1）教师引导：积极的心理暗示是一种预防性的激励措施，不管有无过度焦虑的心态，积极的自我暗示都要坚持不断。

（2）在心里默默诵读你为自己制定好的积极自我暗示的句子，至少诵读三遍。

4. 科学的应试技巧

(1) 教师引导：科学的应试技巧可以让你应考时有条不紊，胸有成竹。下面，我们按"考试前"、"考试中"、"考试后"三类应试技巧，在小组内分别进行研究。请按老师下发的应试技巧要点进行分析、补充。然后每个小组派代表，在全班面前进行交流。

(2) 群策群力：分小组研究、修改、补充"科学的应试技巧"资料。

考试前：①按照学校课程表来准备考试，你制订的任何一个备考日程表都要参考学校上课的课程表。②从考试前两周，最后四分之一的复习内容要在课堂上学习，不要另外花时间重新复习这部分内容，这样总复习量就会减少25%左右。③一周中没有完成的计划，放在星期六和星期天学就可以了。所以下个星期就可以再重复一次。这样就可以重复学习两遍。算上考试期间的学习，总共可以重复三遍。也就是说，到真正考试时可以复习三遍。④用4小时认真看一遍，不如用1小时看一遍，总共看四遍。重复是背诵的秘诀。要想记得牢，需要抓住"开始变模糊的那一刻"再重复背上一遍。⑤复习之后一定要让大脑休息。记忆后睡眠两小时记住的东西是不睡的两倍，而睡眠8小时的人是不睡的人的5倍还要多。⑥最后一分钟学习技巧。在笔记卡片上写下公式、关键词、数据、定义和要点。温习你的笔记卡片。通过笔记卡片，你可以在短短几分钟内就复习一遍要点。

考试时：①提早到场。做几次深呼吸，在心里为自己默默打气。②让自己井井有条。一旦考试开始，就赶紧用铅笔把与考题相关的重要词汇、要点、公式、数据、原理或统计数字简要写在考卷背面或空白处，以免等到审完题时紧张得忘光了。③字迹清晰。如果你的字迹很难读懂，那么你的考试分数肯定会受到影响。④简短答题，并且要答到点子上，避免使用不必要的词汇和冗长的句子。⑤细读和聆听所有的指示。把试卷粗略地通读一遍。审题时看看哪些题目很快就能做好，哪些题目需要的时间更多一些。⑥为自己分配好时间。让你的时间用其所值。看好每道题的分值，然后根据每个部分的重要性来分配时间。⑦检查。做完考题后，把试卷再重新看一遍，检查一下答案或拼写错误。不要提早交卷。

考试后：①不和别人对答案。②洗个热水澡、散散步、睡个好觉。③全神贯注于下一门学科的复习。

（3）各小组代表在全班交流分享，教师即兴做点评。

四、团体结束阶段：中考，我来了！

1. 拿出恺撒大帝的气魄

（1）PPT 出示资料。

相传古罗马著名统帅恺撒公元前 47 年率部在小亚细亚吉拉城一举击溃帕尔纳凯斯的军队。整个战役只用了五天时间。恺撒写信给罗马的一个友人，报捷时只用了三个音节简练、音响铿锵的拉丁词：Veni, vidi, vici（我来了，我看见了，我征服了）！

（2）教师激励：让我们拿出恺撒大帝的气魄，共同高呼："中考，我来了！我看见了！我征服了！"

2. 教师小结

人的一生会面对许许多多、形形色色的考试，会多多少少地存在一些焦虑。成功的人之所以能成功，不是由于他们没有焦虑，而是因为他们有着良好的心态，能把注意力更多地放在怎么去做上面。只要我们尝试着把今天活动中的收获运用到自己的复习生活中，相信我们大家在面对中考时，都能满怀自信地高呼："中考，我来了！我看见了！我征服了！"

活动反思

活动伊始，有关"刀刀"的图片就吸引了学生的注意力，那些充满生活智慧的感悟引起了学生内心的共鸣。在整个活动过程中，大部分学生的情绪被调动起来，尤其是在对奥运名将赛场失利原因的探究过程中，他们更是体验到了心灵的震撼，深深感受到心态的重要性。在工作阶段，我们设计了四个关键性技巧，引导学生把握调整心态的基本规律，并从"考前"、"考中"、"考后"三个操作层面上，对"科学的应试技巧"重点加以训练，收到了良好的效果。由于调动了各小组探究、分享的积极性，课堂氛围比较活跃。最后高呼恺撒大帝的名言，更是把学生勇于面对挑战的积极心态推向了高潮。

（浙江省富阳市永兴中学　白　瑶　浙江省杭州市惠兴中学　陈雪芬　浙江省浦江县黄宅镇初级中学　赵联苹　浙江省宁波市象山县丹城中学　王燕芝）

【活动参考资料】

准备一套简洁的自我激励语句

要是你有一套自己的自我激励方式，练习起来的效果会更为显著。自我激励的措辞越是简短、积极，其效果越好，复杂的词句可能很难被你的潜意识接受。以下一些自我激励的句子，你可以参考，也许能从中获益。

- 我总体上还是很好的。
- 为了生存，我奋力拼搏，我有价值。
- 我有正当的需求。
- 我满足了自己的需要，我认为合适，这就行了。
- 我对自己的生命负责。
- 我接受自己所作所为的后果。
- 我对自己充满热情和关爱。
- 我一贯做事尽自己最大努力。
- 我有犯错误的权利。
- 我所做的一切都是为了满足我的正当需求。
- 我力求开阔视野，争取作出更加明智的选择。
- 我要忘掉过去的不明智之举。
- 我可以做自己想做的事，但我的所想受我的认知制约。
- 我所做的每一件事都要付出代价。
- 作出选择的时候，我做我意识允许的事。
- 憎恨别人的行为是愚蠢的——他们也是在做他们意识所允许的事。
- 每个人都在竭尽自己的所能，我深有同感。我以存在证明自己的价值。
- 吸取错误的教训，我不带愧疚和痛苦。
- 每个人的认知不同，比较毫无意义。
- 如果对所做的事没有把握，我会以结果为准。

想象中融入自我激励不无裨益。在想象的场景中间或结尾附上一句简短的自我激励，就如同催眠时的一句暗示，将一条有声的信息直接渗透进潜意识中，强化了视觉、听觉和触觉的信息。对你而言，自我激励是对已发生的某件事的一种有力的、情感丰富而确定的声明。下面有几个非常有效的自我激励范例供你参考：

●我爱自己。

●我有信心。

●我事业有成。

●我尽了力。

●我热爱生活。

●我觉得这样很好。

（麦凯 等：《完美自信手册》）

参考书目

[1] 阿玛斯. 自我的真相 [M]. 胡因梦, 译. 深圳: 深圳报业集团出版社, 2009.

[2] 埃利斯. 压力咨询 [M]. 北京: 中国轻工业出版社, 2007.

[3] 安托尼 等. 永远不够完美 [M]. 黄政昌, 等, 译. 台北: 心理出版社, 2008.

[4] 巴里斯 等. 培养反思力 [M]. 袁坤, 译. 北京: 中国轻工业出版社, 2001.

[5] 比肯比尔. 记忆导图 [M]. 刘勇强, 等, 译. 北京: 东方出版社, 2010.

[6] 博赞. 快速阅读 [M]. 丁叶然, 译. 北京: 中信出版社, 2009.

[7] 恩莱特. 宽恕是一种选择 [M]. 黄世铮, 译. 南昌: 江西人民出版社, 2009.

[8] 费里特. 追求卓越——大学生成功秘诀 [M]. 顾肃, 等, 译. 北京: 中国人民大学出版社, 2009.

[9] 戈布尔. 第三思潮——马斯洛心理学 [M]. 吕明, 等, 译. 上海: 上海译文出版社, 2001.

[10] 古德 等. 心理学与人生 [M]. 田文慧, 译. 北京: 世界图书出版公司, 2009.

[11] 华莱士. 互联网心理学 [M]. 谢影, 等, 译. 北京: 中国轻工业出版社, 2001.

[12] 黄天中、吴先红. 生涯规划——体验式学习 [M]. 北京: 北京师范大学出版社, 2010.

[13] 胡佩诚. 性健康十五讲 [M]. 北京: 北京大学出版社, 2009.

[14] 金堂. 优秀中学生的16个学习习惯 [M]. 北京: 石油工业出版社, 2006.

[15] 金伟. 最高效的50个学习方法. 北京: 中国广播电视出版社, 2006.

[16] 李荣建. 社交礼仪 [M]. 武汉: 武汉大学出版社, 2005.

[17] 李晓文 等. 现代心理学 [M]. 上海: 华东师范大学出版社, 2003.

[18] 林清玄. 林清玄散文自选集 [M]. 石家庄: 河北教育出版社, 2010.

[19] 刘易斯. 榜样——青少年品格塑造指南 [M]. 王建中, 等, 译. 西安: 陕西师范大学出版社, 2010.

[20] 卢森堡. 非暴力沟通 [M]. 阮胤华, 译. 北京: 华夏出版社, 2009.

[21] 麦凯 等. 完美自信手册 [M]. 长春: 吉林出版集团有限责任公司, 2009.

[22] 迈瑞尔 等. 21世纪的学校心理学 [M]. 刘翔平, 等, 译. 上海: 华东师范大

学出版社，2007.

[23] 朴哲范. 一日学习法——韩国学习大王朴哲范的奇效学习法［M］. 鲁可，译. 桂林：漓江出版社，2010.

[24] 赛叶. 你，需要自信［M］. 王瑞，译. 北京：北京联合出版传媒股份有限公司，2010.

[25] 申荷永. 心灵与境界［M］. 郑州：郑州大学出版社，2009.

[26] 斯滕伯格. 青春期——青少年的心理发展和健康成长［M］. 戴俊毅，译. 上海：上海社会科学院出版社，2007.

[27] 苏霍姆林斯基. 怎样培养真正的人［M］. 蔡汀，译. 北京：教育科学出版社，1992.

[28] 孙云晓 等. 21世纪教师与父母必读［M］. 北京：北京出版社，1999.

[29] 唐思群 等. 师生沟通的艺术［M］. 北京：教育科学出版社，2001.

[30] 瓦西列夫. 情爱论［M］. 赵永穆，等，译. 北京：生活·读书·新知三联书店，1984.

[31] 韦特利. 成功心理学——发现工作和生活的意义［M］. 顾肃，等，译. 北京：中国人民大学出版社，2010.

[32] 岳晓东. 我是你的粉丝：透视青少年偶像崇拜［M］. 上海：上海人民出版社，2007.

[33] 张采鑫 等. 爱情是什么——全球136位大师谈爱情［M］. 北京：九州出版社，2007.

[34] 张成扬. 嫉妒论［M］. 上海：学林出版社，1999.

[35] 张玲. 当代学校心理健康指导［M］. 北京：教育科学出版社，2010.

后　记

《班主任心育活动设计36例（初中卷）》终于杀青了。

回顾这几个月，实在是感慨万千！其工作难度之大，完全超出了我的预想。正如我在总序中所说的，由于这些年来，在心育活动课的主题选择上，有一些学生发展的实际需要和学校面临的实际问题被严重地淡化，甚至忽略了。在初中，客观地说，除了一些特别重视心理健康教育的典型学校，会有比较连贯、比较有特色的校本心育课程之外，在大多数初中，由于专职教师编制普遍不足，心育活动课往往只在初一年级开设，到了初二、初三，基本没有开设。较为重视一点的学校则会在一个学期内开2~3次心理健康教育讲座，而讲座当然无法替代发展性心理辅导。至于学生进入初二、初三年级必然遇到的许多实际问题，更没有被初中阶段的发展性心育活动课程所覆盖。因此，收入本书中的心育活动课例，有一半以上的专题都属于全新的构想与设置。也就是说，在以往十几年的初中心育活动课中，这些专题有许多从来没有被提及过，没有先例可循，没有成文的活动设计可供参考。所以，我特地邀请了一些有志于探索发展性心育活动课规律的初中骨干班主任和心理教师来做这样一件应该说是"开创性"的工作，从头开始，从零开始。

参与《班主任心育活动设计36例（初中卷）》活动设计的作者，分布于全国各地的初级中学，其中，以浙江省的初中教师居多。这几十位作者当中，大多数与我有过各种接触，他们开出的心育活动课，或者是我去听过、点评过的，或者是我直接参与了设计方案的修改、指导工作。在这个过程中，我与他们当中的很多人成了好朋友、忘年交。应该说，这套丛书的出版，凝聚着这样一支初中心育骨干团队的集体智慧和心血汗水，我对他们的辛勤工作充满敬意和无尽的感激！

其中，要特别感谢浙江省富阳市永兴中学的各位领导和有关的几十位老师；特别感谢杭州市惠兴中学的各位领导和有关的几十位老师。由于这两个单位的领导亲自挂帅、具体组织、认真督促和严格把关，才使得这些新开辟的活动专题几经周折终于圆满地呈现在我们的面前。令我深受感动的是，这两所学校的老师们所设计的每一个活动方案，都在学生中多次试教，接受实践的检验，并多次进行反思和修改。他们以认真负责的态度，践行了积极心理学中的"性格力量"和"美德标准"。

特别是本丛书在出版过程中遇到了一些运作技术上的具体困难，致使原来设想的"一题多案"的架构难以实现，而被迫"瘦身"、"合并"、"嫁接"，执行"一题一案"的新架构。这样，就要忍痛割爱数十篇设计，只保留了这些设计中的部分"倩影"和作者的姓名。这件事让我很矛盾、很纠结，几个夜晚都难以入睡，苦苦思索解决问题的可行途径。我内心对这些作者充满了歉疚，但是当我向部分作者谈起这个难以两全的苦恼问题时，却得到了这些一线老师的理解和宽容。为了成全我们共同的梦想，他们收起了心中的遗憾，没有半句抱怨，这使我再次涌上一种难以言表的感恩之情，并将这种感恩深藏心底！

在这里，我以满怀敬仰的心情，衷心感谢我国著名的心理学家、国际心理科学联合会副主席、中国心理学会原理事长、中国科学院心理研究所原所长、博士生导师张侃先生。他在繁忙的学术研究与公务当中，抽时间亲自为这套丛书写了推荐序，这是对我们中小学心理健康教育工作的极大关怀，也是对我们中小学心理教师坚持开好心育活动课的极大鼓舞！

本丛书在编写过程中，曾得到各地教育行政部门、科研部门、基层学校的诸多领导、同行的大力支持，在此也要向他们致以崇高的敬意和衷心的感谢！

本丛书能顺利付梓，还要特别感谢源创图书策划人吴法源先生，没有他的远见、创意、魄力和督促、包容，本丛书或许还只是笔者脑子里盘旋的几个概念与符号。

由于成书时间仓促，加之本人水平有限，书中的谬误、缺憾都在所难免，诚恳地期待各位专家、同道的批评指正！

钟志农

2012年1月15日于钱塘江畔

出 版 人　所广一
责任编辑　池春燕
装帧设计　未了工作室
责任校对　贾静芳
责任印制　叶小峰

图书在版编目（CIP）数据

班主任心育活动设计36例.初中卷／钟志农主编.
—北京：教育科学出版社，2012.3（2024.4 重印）
（班主任心育活动设计丛书）
ISBN 978－7－5041－6265－6

Ⅰ.①班… Ⅱ.①钟… Ⅲ.①心理健康—健康教育—课程设计—初中　Ⅳ.①G479

中国版本图书馆CIP数据核字（2012）第 039096 号

班主任心育活动设计丛书
班主任心育活动设计36例（初中卷）
BANZHUREN XINYU HUODONG SHEJI 36 LI (CHUZHONG JUAN)

出版发行	教育科学出版社				
社　　址	北京·朝阳区安慧北里安园甲 9 号		邮　　编	100101	
总编室电话	010－64981290		编辑部电话	010－64989593	
出版部电话	010－64989487		市场部电话	010－64989009	
传　　真	010－64891796		网　　址	http://www.esph.com.cn	
经　　销	各地新华书店				
印　　刷	运河（唐山）印务有限公司				
开　　本	720 毫米 × 1020 毫米　1/16		版　　次	2012 年 3 月第 1 版	
印　　张	18.25		印　　次	2024 年 4 月第 15 次印刷	
字　　数	290 千		定　　价	49.80 元	

图书出现印装质量问题，本社负责调换。